DER KRIEG IN MIR

Sebastian Heinzel
Der Krieg in mir

Projektmanagement: Marianne Nentwig
Lektorat: Ursula Kollritsch
Umschlaggestaltung: Kerstin Fiebig
Coverfoto: © Heinzelfilm GmbH
Autorenfoto: © Charlotte Fischer
Innenteil, Layout/Satz: Wilfried Klei
Druck & Verarbeitung: Westermann Druck Zwickau

info@kamphausen.media | www.kamphausen.media

ISBN Printausgabe: 978-3-95883-280-0
ISBN E-Book: 978-3-95883-281-7

2. Auflage 2020

Bibliografische Information der Deutschen Nationalbibliothek
Die Deutsche Nationalbibliothek verzeichnet diese Publikation in der Deutschen Nationalbibliografie; detaillierte bibliografische Daten sind im Internet über **http://dnb.de** abrufbar.

DAS BUCH ZUM FILM

Sebastian Heinzel

DER KRIEG IN MIR

*Welche Spuren haben
die Erfahrungen der Kriegsgeneration
in uns hinterlassen?*

Für meine Liebste

Andacht

Was Menschen wollen,
Das führt zu Blut und Schuld und Schlachtenrollen.
Wer dich, Natur, erst fand,
Dem wird zur heiligen Heimat jedes Land
Und jeder Mensch verwandt.

Wind weht und Wasser fällt
In aller Welt,
Und blaue Luft und Meerkristall
Ist überall.
Goldwolke zart am Horizont
Und sanfter Mond,
Tierschrei im Wald, gedehntes Seegestade,
Vogelgezirp, Berg, Birken, Felsenpfade –
Das ist mein Schatz, ist meines Herzens Gut,
Mein Seelentrost, in dem sich's sicher ruht.

Miß keine Schuld an andrer Schuld!
Miß dich und deinen Schritt
An der Natur unendlicher Geduld;
Sie trägt dich mit.
Bei ihr sei du zu Haus,
Und Abend trifft und Morgen
Dich fährdelos geborgen
Im Vaterhaus.

Hermann Hesse

Einleitung

Liebe Leserin, lieber Leser,

eine kleine Vorbemerkung, bevor es losgeht: Auch wenn wir uns vielleicht gar nicht persönlich kennen, spreche ich dich in diesem Buch mit du an, weil ich dich gerne ganz direkt mit dem erreichen möchte, was ich zu erzählen habe. Die Du-Form scheint mir dafür natürlicher und geeigneter zu sein.

Wenn du diese Zeilen liest, dann wird ein Traum für mich wahr. Schon als kleiner Junge wollte ich Schriftsteller werden. Ich liebte es, mir Geschichten auszudenken und sie mit kleinen Details auszuschmücken. Später wurde ich Journalist, und als ich erkannte, dass das Leben die besten Geschichten schreibt, habe ich angefangen, Dokumentarfilme zu drehen.

Ich bin kürzlich vierzig geworden. Es hat also eine Weile gedauert. Aber wenn du dieses Buch in den Händen hältst, ist das der Beweis dafür, dass Träume und tiefe Herzenswünsche in Erfüllung gehen können. Von diesen Fragen handelt das Buch: Wie kann ich mein volles Potenzial entfalten? Auf welche Weise begegne ich den Herausforderungen und Hindernissen, die sich mir dabei in den Weg stellen? Und wie finde ich Frieden mit mir und meiner Geschichte?

Ich lebe seit zehn Jahren auf einem Biobauernhof in einem kleinen Schwarzwalddorf, das so idyllisch ist, dass es schon einmal zum zweitschönsten Dorf Deutschlands gewählt wurde. Hier sind meine beiden Kinder auf die Welt gekommen. Von außen betrachtet scheint mein Leben in Ordnung zu sein. Doch in mir gibt es etwas, das mich nicht zur Ruhe kommen lässt. Der Auslöser für die Arbeit an diesem Projekt sind meine Träume vom Krieg. Ich habe wiederkehrende Alpträume, in denen ich als Soldat im Einsatz bin. Oft

in Russland. Es sind Szenen, die im Zweiten Weltkrieg spielen. In diesen Träumen sitze ich auf einem Panzer und schieße um mich. Oder ich versuche verzweifelt, einen Zug Richtung Heimat zu erwischen. Oder ich bin als Häftling in einem Kriegsgefangenenlager in Sibirien eingesperrt. Und das, obwohl ich natürlich nie selbst im Krieg gewesen bin.
Woher kommen diese inneren Bilder?

Ich habe mich auf die Suche nach dem Ursprung meiner Kriegsträume gemacht und bin zu einer Spurensuche aufgebrochen, die mich bis nach Weißrussland geführt hat. Dort bin ich Menschen begegnet, die den Krieg noch selbst erlebt haben. Sie haben mir ihre Geschichten erzählt. Vieles von dem, was sie mir berichtet haben, lässt sich heute nicht mehr im Einzelfall überprüfen. Doch mir ist es wichtig, diesen letzten Zeitzeugen ihre eigene Stimme zu geben. Ich habe auch mit jüngeren Weißrussen gesprochen, Menschen meiner Generation. Auch sie fühlen sich – wenn auch ganz anders als ich – von den Folgen des Krieges auf besondere Weise berührt. In Zeiten eines neuen Kalten Krieges, der von mächtigen politischen Interessen herbeigerufen wird, ist mir der Brückenschlag zwischen uns Menschen im Westen und im Osten ein echtes Herzensanliegen. Wir sind uns näher, als es vielen manchmal scheint.

In den sechs Jahren, die ich an diesem Projekt arbeite, wird mein Leben ziemlich durcheinandergewirbelt. Ein innerer und äußerer Prozess, der mich an meine Grenzen bringt. In dieser Zeit bin ich mir selbst und meiner Familie nähergekommen.

Mein großer Wunsch ist es, dich mit meiner Geschichte dazu zu inspirieren, dich selbst und deine Geschichte besser kennenzulernen. Licht in die verborgenen Winkel der eigenen Biografie zu bringen, kann ungeheure Kräfte freisetzen und viel Positives in deinen zwischenmenschlichen Beziehungen bewirken. Genau das habe ich selbst erlebt in den vergangenen Jahren.

Ich wünsche dir eine inspirierende Lektüre und freue mich, wenn du dich mit deinen Eindrücken bei mir meldest.
Im Internet haben wir ein Portal zu diesem Projekt ins Leben gerufen.

Unter **www.derkrieginmir.de** und auf einer eigenen Facebook-Seite gibt es die Möglichkeit, mehr zum Buch und zum Film zu erfahren, Kontakt aufzunehmen und deine Erfahrungen mit mir und mit anderen zu teilen. Ich freue mich, von dir zu lesen.

Mit herzlichen Grüßen

Sebastian Heinzel, Oktober 2019

1. TEIL:
DER UNSICHTBARE FADEN

Kapitel 1: **Im Garten meiner Kindheit**

Ich bin ein Kind der Siebzigerjahre. Im Februar 1979 wäre ich fast im Krankenwagen auf die Welt gekommen. Es war bereits zwei Wochen über dem errechneten Geburtstermin, und die Ärzte hatten meiner Mutter an einem Freitag gesagt, dass sie die Geburt einleiten, wenn bis Montag nichts passiert. Doch das wollte ich mir nicht bieten lassen. Pünktlich am Montagmorgen bekam meine Mutter heftige Wehen. Die Straßen waren so sehr verschneit, dass mein Vater sich nicht traute, meine Mutter mit dem Auto ins Krankenhaus zu fahren. Also rief er einen Krankenwagen und fuhr ihm hinterher.

Geboren wurde ich im Kreissaal in einem Krankenhaus in Kassel. Ich bin das zweite Kind meiner Mutter und das einzige Kind meines Vaters. Dorothea, meine Mutter, war früh schwanger. Meine Schwester Tamara kam 1971 auf die Welt. Doch die Ehe meiner Mutter mit ihrem ersten Mann hielt nur zwei Jahre. Ein paar Jahre später lernte sie meinen Vater Klaus kennen, in einer Disko. Die beiden tanzten zu Stevie Wonder und Hot Chocolate und verliebten sich ineinander. Meine Mutter hat mir erzählt, dass es die ruhige und gelassene Stimme meines Vaters war, die ihr das Vertrauen gab, dass er der Richtige für sie ist. Mein Vater zog zu meiner Mutter in das Haus ihrer Eltern nach Bad Emstal, ein kleiner Ort, zwanzig Kilometer vor Kassel. Sie heirateten 1977, zwei Jahre vor meiner Geburt. Meine Mutter hatte eine Lehre als Erzieherin gemacht und arbeitete im Kindergarten in der Mitte des Dorfes. Mein Vater machte seine ersten beruflichen Schritte im Vertrieb eines Autohauses. Deshalb hatte er ständig andere Autos.

Meine Eltern bauten das Haus meiner Großeltern großzügig aus. Um die Kredite bei der Bank abzubezahlen, gingen sie beide arbeiten. Es gab eine Absprache zwischen meiner Mutter und meiner Großmutter Lisa. Wenn meine Mutter noch ein Kind bekommen würde, wollte sich Oma Lisa um das Kind kümmern, so dass meine Mutter weiterarbeiten konnte. Als ich auf die Welt kam, hatte meine Großmutter allerdings selbst eine Stelle in einem Altenheim in Kassel angenommen, so dass sie nicht in der Lage war, mich vormittags zu betreuen. Deshalb erklärte sich mein Großvater dazu bereit, sich um mich zu kümmern. Acht Wochen nach meiner Geburt stillte mich meine Mutter ab und ging wieder halbtags arbeiten. Während sie im Kindergarten andere Kinder betreute, passte Opa Fritz auf mich auf.

Ich habe keine konkreten Erinnerungen an diese ganz frühe Zeit. Es gibt kleine quadratische, warmstichige Farbfotos von mir und meinem Großvater: Wir sitzen in der Küche, neben uns ein Kofferradio, in dem immer HR 4 lief. Meine Großeltern liebten Schlager, und auch Opa Fritz war ein leidenschaftlicher Sänger. Ich erinnere mich an den Duft von Pflaumenmus. Im August ernteten wir die Zwetschgen im Garten, schälten die Früchte gemeinsam in der Küche und kochten sie in einem großen Topf ein.

In meiner Erinnerung ist der Garten meiner Kindheit ein wunderbarer Ort. Wie rau sich die Äste anfühlten, wenn ich als kleiner Junge auf den Pflaumenbaum und die große Kirsche geklettert bin. Die langgezogene Johannisbeerenhecke war ein kleines Paradies. Es gab Himbeeren, Erdbeeren und auch große gelbe Pflaumen, die viel süßer schmeckten als die dunkelblauen Zwetschgen.

Ich erinnere mich an meinen Opa, wie er mit nacktem Oberkörper, den rheumageplagten Rücken schwer gekrümmt, mit einer Hacke Unkraut aus den Beeten jätet. Sein Hemd hat er sich oft um den Kopf gebunden. Und ich erinnere mich an sein Lachen, das manchmal etwas gequält aussah, so als ob sich dahinter ein Schmerz verbarg, den er selbst kaum spüren konnte.

Im Winter, wenn es schneite, saß mein Großvater in seinem Lehnsessel im Wohnzimmer und blickte starr nach draußen. Er mochte den Schnee nicht. Später erfuhr ich, dass ihn der Schnee an seine Zeit als Soldat in Russland erinnerte. Als ich etwas größer war, erzählte er mir davon. Ich hörte gebannt zu, wenn mein Großvater vom Krieg sprach. Das war spannend für mich und klang nach einem großen Abenteuer. Opa Fritz war Maschinengewehr-Schütze an vorderster Front. Allein

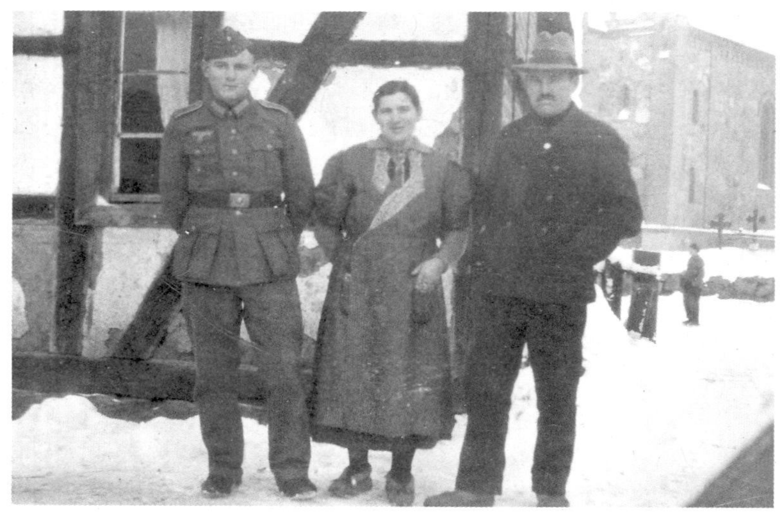

Opa Fritz mit seinen Eltern in Pommern im Jahr 1942, kurz vor seinem Aufbruch an die Ostfront. Er wird seinen Vater nie wiedersehen.

die Vorstellung, dass er so ein großes Maschinengewehr hatte, faszinierte mich als kleiner Junge. Deshalb wollte ich die Geschichten wieder und wieder hören, ich bat ihn: „Opa, erzähl mir vom Krieg!"

Und dann erzählte mir Opa Fritz, wie er als junger Mann nach Russland kam:
Er wächst als ältester von drei Söhnen in einem kleinen Dorf in Pommern auf. Als kleiner Junge spielt er auf den weiten Wiesen und Feldern. Sein Vater ist Landwirt. Den Hof sollte Fritz einmal übernehmen. Doch der Krieg kommt ihm dazwischen. Mit 17 Jahren wird er einberufen. Er verlässt sein Heimatdorf und wird nie wieder dort leben. Im Frühjahr 1943 kommt er an die Ostfront, als die Wehrmacht bereits auf dem Rückzug ist. Als MG-Schütze landet er direkt an vorderster Front. Auf den russischen Winter sind die Soldaten schlecht vorbereitet.

Opa Fritz erzählte mir, wie kalt es dort war und wie sie als Soldaten, nur mit Reisig bedeckt, im Schnee schliefen. Besonders aufregend fand ich es, wenn er davon sprach, wie seine Einheit eingekesselt wurde von den russischen Truppen. Ich stellte mir dann einen großen Kreis aus

Panzern und Soldaten vor und in der Mitte meinen Opa mit erhobenen Händen. Bei einer dieser Schlachten wird mein Großvater schwer verwundet, weil eine Granate in seiner Nähe explodiert. Er liegt allein auf dem Schlachtfeld, seine Kameraden sind bereits geflüchtet, und die anrückende Rote Armee rollt mit schweren Panzern auf ihn zu. In letzter Sekunde kehrt sein Offizier zu ihm zurück und trägt ihn auf dem Rücken durch die Schützengräben davon.

Seine Verwundung rettet Opa Fritz nicht nur das Leben, sie bewahrt ihn auch davor, in russische Kriegsgefangenschaft zu geraten. Er wird zurück nach Deutschland transportiert. Später hat mein Großvater nach dem Offizier gesucht, der ihn damals gerettet hat, um ihm zu danken. Er startet einen Suchauftrag beim Roten Kreuz. Doch finden kann er ihn nie.

Nach Kriegsende kommt Fritz in ein Lazarett im Nachbarort des Dorfes, in dem ich aufgewachsen bin. Nach seiner Genesung lernt er dort meine Großmutter Lisa kennen. Sie hat zwar einen Freund, doch der war noch in russischer Kriegsgefangenschaft. Zum großen Unmut ihrer Eltern verliebt sich Lisa in Fritz, der mittlerweile als Knecht auf einem Bauernhof arbeitet. Die Arbeit ist ihm vertraut. Den Hof in Pommern hat seine Familie durch den Krieg und die Flucht verloren. In Nordhessen ist Fritz für die Einheimischen ein Fremder, „einer von drüben“. Dieses Stigma behält er für lange Zeit, und seine Schwiegereltern akzeptieren ihn nur notgedrungen. Mein Großvater passt sich so gut es geht an und versucht, sich Status und Anerkennung durch harte Arbeit zu erkämpfen. Erst hilft er im kleinbäuerlichen Betrieb der Familie mit und baut das Bauernhaus mit aus. Später bekommt er eine Stelle beim nahegelegenen VW-Werk in Baunatal. Er wird Fließbandarbeiter. Trotz seiner Verwundung und des Rheumas, das er sich in den kalten Wintern an der Ostfront zugezogen hat, arbeitet er unermüdlich.

War die harte, disziplinierte Arbeit für ihn auch eine Kompensation, um das Grauen, das er im Krieg erlebt und mitgebracht hatte, nicht zu spüren?

Ich wurde der Liebling meines Großvaters. Vielleicht lag es daran, dass wir schon in meinen ersten Jahren so viel Zeit miteinander verbracht haben. Später, als ich älter war, begleitete mich Opa Fritz zu jedem meiner Fußballspiele. Er stand am Spielfeldrand und feuerte mich an. Bei meinem allerersten Spiel in der F-Jugend schoss ich gleich fünf Tore. Mein Großvater schwenkte begeistert seinen Spazierstock und war riesig stolz auf mich. Ich spielte eine wichtige Rolle in seinem Leben. Er sagte oft: „Wenn ich sterbe, das ist nicht schlimm. Die Hauptsache ist, dem Basti geht es gut."

Opa Fritz starb früh. Ich war zehn Jahre alt, als abends ein Anruf aus dem Krankenhaus kam. Nach einer routinemäßigen Darmspiegelung waren Komplikationen aufgetreten und mein Großvater lag auf der Intensivstation. Uns wurde empfohlen, zu ihm zu fahren, wenn wir ihn noch einmal lebend sehen wollten. Meine Eltern nahmen mich mit. Am Krankenhausbett erkannte ich meinen Großvater kaum wieder, er sah blass und abgemagert aus. Sein Gesicht war hinter den vielen Schläuchen schwer zu erkennen. Er war kaum bei Bewusstsein. Als ich nähertrat und seine Hand nahm, drückte er sie, und ein Lächeln huschte über sein Gesicht. So, als ob er mich erkannt hätte.

Am nächsten Morgen war er gestorben. Ich war noch nie so traurig. Es ist meine erste Erfahrung mit dem Tod. Wie gerne hätte ich meinem Opa noch das Fußballtor gezeigt, das ich mit meinem Vater im Garten gebaut hatte.

Kapitel 2: **Was hat das mit mir zu tun?**

Mit dem Tod meines Großvaters verschwindet zunächst auch der Krieg aus meinem Leben. Auf dem Fußballfeld vermisse ich Opa Fritz. Ich erinnere mich daran, wie er seinen Stock schwenkte und mir zurief: „Basti vor, noch ein Tor!“ Manchmal komme ich mitten im Spiel ins Träumen und vergesse alles um mich herum. Dann stehe ich völlig gedankenverloren auf dem Rasen, bis mich ein Mitspieler oder der Trainer in die Wirklichkeit zurückruft.

Mein Vater ist zwar längst nicht so fußballbegeistert, wie mein Opa es war, doch gemeinsam liefern wir uns spannende Spiele, unten auf dem Rasen im Garten und oben in meinem Zimmer am Tischkicker. Als Geschäftsmann ist er viel unterwegs. Deshalb genieße ich es, Zeit mit meinem Vater zu verbringen. Mit ihm kann ich gut lachen.

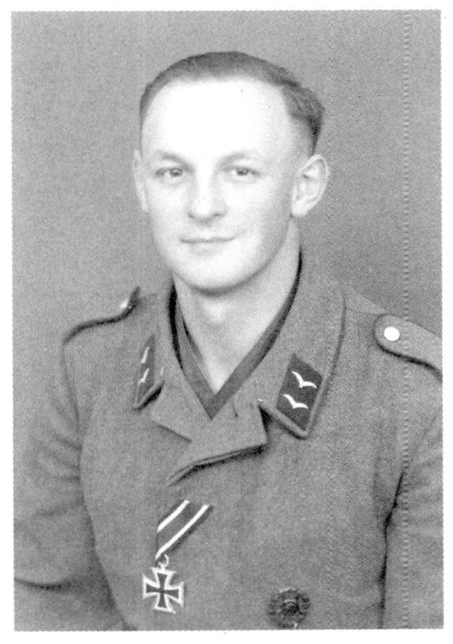

Hans Heinzel als Soldat der Luftwaffe, undatiert

Am Wochenende fahren wir manchmal gemeinsam nach Dörnhagen zu den Eltern meines Vaters, in der Nähe von Kassel. Opa Hans und Oma Gretl wohnen mit der Familie meiner Tante Gudrun in der Friedenstraße. Das Haus hat mein Großvater selbst gebaut. Ich besuche ihn gerne in seiner Werkstatt. Bevor er in Rente ging, war Opa Hans Schreinermeister. Mich beeindruckt besonders, dass er an einer Hand nur noch vier Finger hat.

Opa Hans war auch im Krieg. Doch von ihm erfahre ich gar nichts über seine Zeit als Soldat. In der Familie meines Vaters wird über diese Zeit geschwiegen. Das wird mir allerdings erst später klar.

Als Jugendlicher will ich vom Dritten Reich und dieser Zeit nichts mehr hören, weil wir im Geschichtsunterricht und im Fernsehen mit der Schuld der Deutschen, mit unserer Schuld regelrecht bombardiert werden. Was hat das mit mir zu tun? – frage ich mich. Warum soll ich mich schuldig fühlen für etwas, das ich gar nicht selbst getan habe?

Ich beginne, mich für andere Dinge zu interessieren. Das Fußballspielen hänge ich bald an den Nagel. Ich entdecke die Mädchen und die Musik. Ab jetzt höre ich amerikanischen Hip-Hop und laufe in schlabbrigen Baggy Jeans durch unser Dorf. Nichts ist cooler, als mit meinen älteren Freunden im Auto durch „unseren Hood" zu cruisen und einen Joint nach dem anderen zu rauchen. Wir rappen auf Englisch und gründen eine Band mit den langhaarigen Musikern aus dem Ort. Wir proben in einem Kellerraum, der genau unter dem Kindergarten in der Mitte des Dorfes neben einer öffentlichen Toilette untergebracht ist. Es ist absurd. Dort, wo ich meine ersten Jahre als Kind verbracht habe, sitze ich nun mit den anderen in einem dunklen, völlig versifften „Ü-Raum" im Kreis. Wir sind ein bunt zusammengewürfelter Haufen und für eine Weile scheint es sogar, als ob wir erfolgreich werden. Bei einem Nachwuchswettbewerb gewinnen wir den ersten Platz und treten auf einem Festival vor über tausend Zuschauern auf. Doch schon wenige Zeit später zerfällt die Band. Der Schlagzeuger entwickelt schizophrene Züge, der Trompeter kommt unter ungeklärten Umständen in seinem Badezimmer ums Leben und unser Bassist landet im Gefängnis, weil er beim Handeln mit Hasch erwischt wird. Ohne es zu merken, habe ich mich in eine andere Welt geflüchtet. Doch irgendwie gelingt es mir, die Kurve zu kriegen. Als ich siebzehn bin, entscheide ich mich selbst für einen anderen Weg.

Meine Eltern bekommen von alldem nur wenig mit. Meine Mutter macht eine Ausbildung zur Gesundheitsberaterin und eröffnet den ersten Bioladen in unserem Dorf. Mein Vater macht Karriere in der Elektrowerkzeugindustrie und steigt zum Verkaufsleiter auf. Er verbringt viel Zeit in der Firma und auf der Autobahn. Der innige Kontakt, den ich als Kind zu ihm hatte, wird – wie das oft ist – brüchiger. Die Tore, die wir gemeinsam im Garten gebaut haben, verwittern zwischen den Brennnesseln.

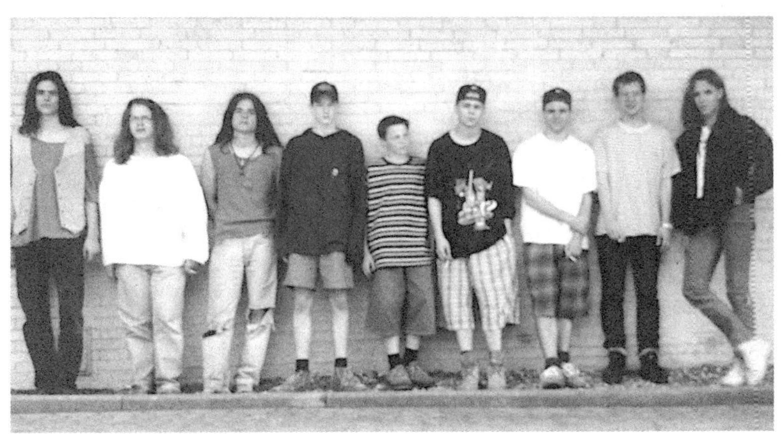

Unsere Band, 1993: Ich bin der Jüngste in der Mitte.

Nach dem Abitur muss ich zur Musterung. Soldat zu sein, ist für mich unvorstellbar. Ich verweigere den Wehrdienst und gebe an, dass ich aufgrund der Geschichte meines Großvaters nicht in der Lage bin, jemals eine Waffe in die Hand zu nehmen.

Über einen Freund erfahre ich von der Möglichkeit, meinen Zivildienst im Ausland zu leisten. Die Idee begeistert mich und ich bewerbe mich auf unterschiedliche Stellen in Neuseeland und in den Vereinigten Staaten. Bald bekomme ich die Zusage einer anthroposophischen Gemeinschaft in Pennsylvania. Auch wenn es mir schwerfällt mein vertrautes Umfeld zu verlassen, zieht es mich in die Ferne. Als mich meine Eltern und meine Schwester zum Flughafen bringen, ist mir nicht klar, dass auch ich nicht mehr in mein Elternhaus zurückkehren werde.

Mitten in den Wäldern von Pennsylvania lebe ich für über ein Jahr mit geistig behinderten Kindern und Jugendlichen in Hausgemeinschaften zusammen. Es ist eine extreme Herausforderung für mich, rund um die Uhr Verantwortung für andere, äußerst hilfsbedürftige Menschen zu tragen. Was mir hilft, ist die Freundschaft mit den anderen Freiwilligen, die aus der ganzen Welt hierher kommen und die Begegnung mit den „special children", wie die jungen Menschen mit Behinderung hier genannt werden. Ihre Eigenartigkeit berührt mich.

In ihren Gesichtern finde ich die ersten Motive für meine neu entdeckte Leidenschaft – das Fotografieren. Ich übernehme die Aufgabe, einmal im Monat das Community-Magazin herauszubringen. Hier kann ich meine ersten Bilder und Geschichten veröffentlichen.

Am Telefon erfahre ich von meinen Eltern, dass sie umziehen wollen. Mein Vater hat ein Stellenangebot in der Nähe von Stuttgart bekommen. Für meine Mutter ist es die Gelegenheit, ihr Elternhaus nach über 40 Jahren zu verlassen. Als ich nach fünfzehn Monaten nach Deutschland zurückkehre, wohnen meine Eltern bereits im Schwabenland. Sie haben mir ein Zimmer in ihrer neuen Mietwohnung eingerichtet, doch hier hält es mich nicht lange. Ich ziehe nach Köln. Über Chris, einen Freund aus unserer ehemaligen Band, bekomme ich die Chance, ein Praktikum beim Musikfernsehen zu machen. Weil ich durch meine Zeit in den USA mittlerweile gut Englisch spreche, darf ich Interviews mit den deutschen und amerikanischen Hip-Hop-Stars führen, die ich schon als Jugendlicher verehrt habe. Es ist eine aufregende Zeit. Ich drehe mit den Black Eyed Peas, Dr. Dre und den Absoluten Beginnern. Nach meiner Zeit bei VIVA studiere ich Theater-, Film- und Fernsehwissenschaften. Doch das Theoretische ist mir zu trocken. Mit Freunden fange ich an, eigene Filme zu drehen. Auf Video und auf Super-8. In meinem ersten Kurzfilm gibt es eine Szene mit einem Banküberfall. Völlig naiv drehen wir an einem Sonntag ohne Genehmigung im Außenbereich einer Bank in der Kölner Südstadt. Chris stürmt mit Strumpfmaske und Spielwaffe aus dem EC-Bereich, ich filme ihn dabei. Kurze Zeit später tippt mir ein Zivilbeamter auf die Schulter und teilt mir eindringlich mit, dass der gesamte Chlodwigplatz von Polizisten umstellt ist. Es gab besorgte Anrufe von Anwohnern. Ich habe Riesenglück, dass ich den Einsatz nicht bezahlen muss.

Kurz nach der Jahrtausendwende breche ich mein Studium ab und gehe nach Berlin. Im „creative village“, einer Praktikumsinitiative mehrerer Unternehmen, mache ich Bekanntschaft mit Maxim, einem jungen Weißrussen. Wir sind eine Gruppe junger Kreativer und keiner von uns weiß irgendetwas über dieses Land. Maxim überzeugt uns, für eine Woche mit ihm nach Weißrussland zu reisen, in die Republik Belarus, wie das Land in der amtlichen Landesprache heißt.

Ich bin 23 Jahre alt, und es ist meine erste Reise in den Osten. Für mich geht ein Fenster auf, das bislang verschlossen war. Meine Eltern sind oft mit uns verreist. Wir haben Urlaube in der Provence oder in der Toskana verbracht. Nun in diese Richtung zu reisen, ist für mich ein Abenteuer: Polen, Belarus, die Ukraine und das unendlich weite Russland sind für mich unentdeckte Gebiete: Neuland für einen anstrebenden Regisseur auf der Suche nach Geschichten für seine Filme. So kommt es, dass es nicht bei einer Reise nach Belarus bleibt. Die Filmaufnahmen, die ich von dort mitbringe, wecken das Interesse eines Berliner Produzenten, und er fragt mich, ob ich einen längeren Dokumentarfilm über die junge weißrussische Generation drehen will. Meine Arbeit ist unbezahlt, aber ich ergreife die Chance und werde zum Dauergast in der Weißrussischen Botschaft in Berlin, um Visa für meine zahlreichen Aufenthalte im Ausland zu beantragen. Ich verbringe Wochen und Monate damit, junge Leute meines Alters in ihrem Alltag dort zu begleiten und sie zu fragen, wie frei sie sich wirklich fühlen in einem Land, das bei uns im Westen oft die „letzte Diktatur Europas“ genannt wird.

Bei einem dieser Drehs lerne ich Igor kennen, einen jungen Mann, der gar nichts davon hält, dass man sein Land als Diktatur bezeichnet. Auch von den Widerstandskämpfern, mit denen ich drehe und die die Mauern in Minsk mit Graffiti bemalen und beschreiben, ist er nicht begeistert. Er nimmt mich mit aufs Land, um mir zu zeigen, wie das wirkliche weißrussische Leben aussieht. Er geht mit mir Enten jagen und Wodka trinken. Bei einem dieser Ausflüge stellt er mir seine Großmutter vor. Babuschka Vera lebt in einem kleinen Dorf, in dem es fast keine Männer mehr gibt, sondern nur noch alte Frauen. Die Ironie daran ist, dass die Frauen indirekt für das Verschwinden ihrer Ehemänner mitverantwortlich sind. Sie brauen einen Selbstgebrannten, dem die Männer hoffnungslos verfallen sind.

Schon als Kind wusste Vera, wie man Schnaps brennt, und sie erzählt mir eine Anekdote aus Kriegszeiten: Als kleines Mädchen rettete sie ihr Dorf vor den deutschen Soldaten. Alle Bewohner waren in den Wald geflüchtet, aus Angst davor, erschossen zu werden. Nur die kleine Vera war noch zu Hause und brannte den berüchtigten

„Samagon“ (Selbstgebrannter). Sie bot den Eindringlingen von ihrem Schnaps an, und im Gegenzug verschonten die Deutschen ihr Dorf. Ihre Geschichte berührt mich so, dass ich einen kurzen Film über Babuschka Vera mache, der rund um die Welt geht und einige Preise gewinnt. So wie ich selbst, sind auch viele Zuschauer berührt von der Einfachheit des Lebens in der weißrussischen Provinz und von der charismatischen Ausstrahlung der Menschen dort.

Ich bekomme weitere Anfragen, Projekte in Belarus zu drehen. An der Volkshochschule in Berlin belege ich einen Russischkurs und lerne, Kyrillisch zu lesen. Und doch ist es keine einfache Beziehung, die ich zu dem Leben im Osten habe. Belarus ist ein Land voller Kontraste. In den Geschäften und auf der Straße sind die Menschen oft unfreundlich und abweisend. Die Weißrussen, die ich persönlich kennenlerne, sind meist herzlich und aufgeschlossen. Sie laden mich nach Hause ein, bieten mir Tee an und nehmen mich gleich in ihre Familie auf. Das Leben in der Hauptstadt Minsk ist wild und unberechenbar. Termine, die man heute macht, sind morgen schon vergessen. Viele verdienen ihr Geld mit schlecht bezahlten Jobs oder gehen auf den Markt, um Glühbirnen zu verkaufen. Auf dem Land ist es anders, bodenständiger und beschaulicher. In manchen Orten kommt das Wasser noch aus dem Brunnen, und die Menschen versorgen sich selbst. In den kleinen Dörfern mit den sandigen Straßen fühle mich in eine andere Zeit versetzt. Mir gefällt dieses einfache Leben und die Zeiten, die ich mit den Bewohnern in ihren kleinen bunten Holzhäusern verbringe, gehören jetzt schon zu den unvergesslichen Momenten meines Lebens.

Es gibt auch eine Schattenseite. Das verbreitete Klischee, dass im Osten viel Wodka getrunken wird, ist nicht aus der Luft gegriffen. Überall, wo ich hinkomme, wird gerne und viel getrunken. Und als Gast fühle ich mich oft verpflichtet, mitzuhalten. Das ist mehr als gewöhnungsbedürftig. Der maßlose Alkoholkonsum, auf den ich hier bei vielen Menschen treffe, stößt mich ab. Auf meinen Reisen gibt es immer häufiger Situationen, in denen ich mich frage, was ich eigentlich in diesem fremden Land suche.

Im Sommer 2013 begleite ich eine Gruppe deutscher Jugendlicher mit der Kamera in die weißrussische Provinz. Im Rahmen eines Hilfsprojekts verbringen sie ihre Ferien damit, die Häuser älterer Menschen auf dem Land zu renovieren. Es sind alte Frauen und Männer, die den Zweiten und manchmal sogar noch den Ersten Weltkrieg selbst erlebt haben. Nun stehen wieder Deutsche vor ihrer Tür, diesmal mit guten Absichten. Es sind besondere Begegnungen, die viel in mir aufwühlen. Da ist ein alter, kränkelnder Mann, der uns unter Tränen erzählt, dass ihn der Dienst in der Roten Armee seine ganze Jugend gekostet hat. Und da ist die resolute Katja, eine 90-jährige Frau, die allein in einem verlassenen Dorf lebt, sich noch selbst versorgt und uns lachend erzählt, wie sie mit den deutschen Offizieren im Krieg getanzt habe. Was damals noch so alles passiert ist, lässt sie aus. Nachdem die Jugendlichen unter ihren genauen Anweisungen ihr Haus gestrichen haben, bekommen sie Rühreier mit Speck und dürfen an ihrem Wodka nippen. Nirgends in der Provinz bekommen wir Vorwürfe zu hören. Mich wundert das.

Während der Dreharbeiten taucht ein starkes inneres Bild in mir auf. Eines Morgens, als ich meine Kamera für den Dreh richte, sehe ich mich vor meinem inneren Auge selbst als Soldat, der sein Gewehr zusammensetzt und sich bereit macht, in den Kampf zu ziehen. Als ich an diesem Tag mein Objektiv auf die Menschen richte, die wir teilweise ganz spontan in ihren Häusern besuchen, komme ich mir wie ein Eindringling vor. Wie wir mit unserer großen Reisegruppe und dem Filmteam bei den Menschen eintreffen, wirkt auf mich wie eine erneute Invasion. Und das, obwohl wir mit guten Absichten hier sind.

Auf dieser Reise denke ich oft an meine Großväter, und plötzlich taucht die Frage in mir auf, ob sie wohl auch hier waren, in diesem Land. Ist das der Grund, warum es mich immer wieder hier hinzieht?

Kapitel 3: **Der unsichtbare Faden**

Mit meinen Filmen, die ich in Belarus drehe, habe ich meine ersten Erfolge als Regisseur. Mein Traum, an einer Filmhochschule zu studieren, geht nach vielen Absagen endlich in Erfüllung. Ich bewerbe mich erneut um einen der begehrten Studienplätze und bekomme eine Zusage von der Filmakademie Baden-Württemberg in Ludwigsburg.

Auch während meiner Studienzeit lässt mich der Osten nicht los. In meinem dritten Studienjahr drehe ich einen Film in der Ukraine über die Folgen von Tschernobyl. Bei einer gemeinsamen Veranstaltung zum Jahrestag der Katastrophe lerne ich die Autorin Merle Hilbk kennen. Wir sind beide – unabhängig voneinander – in der verstrahlten Zone unterwegs. Wie ich reist auch sie schon seit Jahren nach Osteuropa und findet dort die Stoffe für ihre Reportagen und Bücher. Sie schreibt über den Krieg in Tschetschenien, den Völkermord in Bosnien und die Auswirkungen von Tschernobyl. „Trümmerthemen" nennt sie ihre Arbeiten und kann sich zunächst auch nicht erklären, warum sie immer wieder Richtung Osten fährt: „Warum ist es ausgerechnet diese russische Geschichte, die mich Westkind wie an einem unsichtbaren Faden durchs Leben zieht?", fragt sie sich.

Neben unserer Arbeit in Osteuropa stellt sich noch eine weitere Gemeinsamkeit zwischen uns heraus. Auch Merle träumt vom Krieg. Sie erzählt mir von einem wiederkehrenden Traum: „Ein Junge quetscht sich mit seinen Eltern in einen überfüllten Zug. Er rennt über einen Acker und wird verfolgt von einem Tiefflieger. Mit letzter Kraft erreicht er eine Siedlung und trommelt gegen eine Tür. Er schreit, als niemand öffnet, und fühlt, wie sich Angst und Einsamkeit in ihm ausbreiten, als um ihn herum die Bomben einschlagen." Dann wird sie wach.

Als Merle ihrem Vater von ihrem Traum erzählt, bricht dieser in Tränen aus – bis dahin hat sie ihn noch nie weinen sehen. Ihr Vater gesteht ihr, dass es sich bei diesem Traum um ein reales Erlebnis aus seiner Kindheit handelt. Wie Merle es geträumt hat, hat sich ihr Vater als kleiner Junge auf der Flucht vor Tieffliegern über ein Feld in einen Hauseingang gerettet. Zum ersten Mal erfährt Merle, was ihr Vater ihr bislang verschwiegen hat, dass er als Kind Flucht und Vertreibung erlebt hat.

„Mein Vater hat mit mir nie über den Krieg geredet. Mir genügte das, was meine Mutter mir gesagt hat: dass ihnen nichts wirklich Schlimmes passiert sei im Krieg." Dass ihr Vater aber als kleiner Junge aus Westpreußen fliehen musste und dabei zum Teil auf sich allein gestellt war, ist Merle neu.

Merle sieht ihre Kindheit und Jugend vor ihrem inneren Auge vorbeiziehen, sieht ihren Vater, ihre Mutter und spürt „die Angst, die Einsamkeit und die Wut, die nicht meine war". Dutzende kleiner Szenen gehen ihr durch den Kopf: „die seltsamen Seufzer meiner Oma, wenn sie sich unbeobachtet wähnte; der Fernseher, den sie sofort abschaltete, wenn dort etwas über irgendeinen Krieg gesendet wurde. Mein Opa, der mir jeden Wunsch erfüllte, mich aber ‚Susannchen' nannte, wie die Tochter, die er im Krieg verloren hatte. Die andere Oma, die weinte, wenn ich ihre Schnitzel nicht essen wollte. Mein stiller westpreußischer Vater, der manchmal wegen Nichtigkeiten in Zorn geraten konnte, meine Mutter aus dem Ruhrgebiet, die wie ein Wasserfall redete, aber eigentlich nie etwas über sich erzählte." Ihre Fragen kommen bei ihren Eltern wie ein Vorwurf an. „Der Krieg war eine staubige Akte, die sie in einer Kiste im Keller deponierten und vergessen wollten", sagt Merle.

Doch auf dem Dachboden ihres Elternhauses wird sie schließlich fündig: Vor ihr liegt ein großer staubiger Koffer voller Erinnerungen des Großvaters. Aus den Feldbriefen, Fotos und Dokumenten erschließt sich, dass ihr Großvater Kriegsschreiber war. Für Merle ist dies eine wichtige Entdeckung: „Nichts anderes mache ich doch auch." Sie findet in der Aufgabe des Großvaters eine Verwandtschaft zu ihrem eigenen Leben, ihrem Drang, Geschehnisse und Erlebtes zu dokumentieren. Zum ersten Mal ist sie stolz auf das, was ihr das Leben sonst so mühsam erscheinen lässt, auf den „Versuch, Worte zu finden für das, was hinter den Nebeln verborgen liegt".

Merle Hilbk empfiehlt mir die Bücher von Sabine Bode. Die Kölner Autorin beschreibt in ihrem 2004 erschienenen Buch „Die vergessene Generation“ erstmals das Leid der zwischen 1930 und 1945 geborenen Deutschen, die als Kinder den Zweiten Weltkrieg miterlebt und darüber in den meisten Fällen geschwiegen haben. Das Buch wird ein Bestseller. Nach der Veröffentlichung erhält Sabine Bode über 500 Dankesbriefe – aber nicht von den Kriegskindern, die Bombenkrieg und Flucht erlebt hatten, sondern von deren im Frieden aufgewachsenen Kindern. Viele von ihnen können ihre verschlossenen Eltern nun besser verstehen und äußern die Bitte: „Warum schreiben sie nicht auch mal ein Buch über uns?“ Zunächst weiß Bode nicht, wie sie das, was die Kinder der Kriegskinder belastet, beschreiben soll: „Das Aufwachsen in einem Vakuum.“

Im Jahr 2007 hilft Bode einigen Kriegsenkeln, ein Seminar mit dem Titel „Was die Eltern weitergaben“ zu organisieren. Nach dem Treffen beschließen die Teilnehmer, sich als Gruppe weiter zu treffen. Es entstehen zahlreiche Gruppen, deren Mitglieder sich untereinander vernetzen, per Facebook und über ein „Forum Kriegsenkel“. Sie gründen den Verein „Kriegsenkel e. V.“ mit bundesweit über ein Dutzend Gesprächsgruppen. 2009 erscheint Sabine Bodes Buch „Kriegsenkel – Die Erben der vergessenen Generation“. Ebenfalls mit großer Resonanz.

Ich lese das Buch und habe viele Fragen. Schon bald taucht eine Gelegenheit auf, um mit Sabine Bode in Kontakt zu kommen. In einer Buchhandlung in der Nähe von Freiburg gibt sie ein Seminar für Kriegsenkel. Im Anschluss nimmt sie sich Zeit für mich. Spätabends setzen wir uns in die leere Buchhandlung. Die Autorin berichtet mir von den vielen Gesprächen, die sie mit den Kindern der Kriegskinder geführt hat. Seit beinahe zwanzig Jahren beschäftigt sie sich mit den Spätfolgen des Krieges und gehört zu den Pionierinnen, die ein bislang tabuisiertes Thema in die Mitte der Gesellschaft gebracht haben. Lange konnte sie sich nicht vorstellen, darüber zu schreiben, weil sie Schwierigkeiten hatte, die Probleme dieser Generation zu verstehen: „Ich konnte mir nicht vorstellen, dass das so belastend für die Kinder sein sollte“, sagt Sabine Bode zu mir. „Also, mal ehrlich, mein erster Gedanke war: Stellt euch nicht so an. Was habt ihr schon Schlimmes erlebt?“

Als Autorin war es für sie leichter, Worte zu finden für das Drama der Kriegskinder: Das Elend des Krieges, der Horror der Bombenangriffe, die Erlebnisse der Flucht. Doch die Spuren, die der Krieg bei den Kriegsenkeln hinterlassen hat, sind filigraner und schwerer zu fassen als das, was deren Eltern als Kinder im Krieg durchgemacht haben. „Da muss man viel von der Biografie, von der Familienkonstellation, vom Familienklima und natürlich vom historischen Hintergrund wissen“, sagt Bode und setzt hinzu:
„Das Neue ist, dass hier eine große Gruppe von Menschen in ihrer Kindheit Verheerendes durchgemacht hat, aber in der absoluten Mehrheit überhaupt nicht das Gefühl hatte, etwas besonders Schlimmes erlebt zu haben. Das war für sie normal und sie haben es nicht revidiert im Erwachsenenalter.“

Es ist Sabine Bode wichtig zu betonen, dass diese Kriegsfolgen nicht die gesamte Generation betreffen. Die Forschung geht davon aus, dass sich etwa ein Drittel der Kriegskinderjahrgänge nicht von ihren frühen Schrecken und Verlusten erholt hat und noch heute unter ihren Beeinträchtigungen leidet. „Die meisten wissen allerdings nicht, dass es Spätfolgen sind, was sich bei ihnen psychosomatisch zeigt“, sagt Bode. „Wenn die Eltern der Meinung waren, sie hätten nichts besonders Schlimmes erlebt, wie um Gottes willen sollten dann deren Kinder auf die Idee kommen, dass ihre Eltern etwas aus dem Krieg mit sich herumschleppen. Das ist ausgeschlossen, das geht nicht“, sagt Sabine Bode nachdrücklich. So funktioniert Familie.

Aus Sicht der Autorin sind es zwei Generationen, die auf völlig unterschiedlichen Planeten leben: Die Kriegskinder und deren Kinder, die Kriegsenkel. Ich frage sie nach den Merkmalen der Kriegsenkel. Was sind die filigranen Spuren, die der Krieg bei ihnen hinterlassen hat? „Viele Kriegsenkel zeigen unerklärliche Ängste, die man nicht auflösen kann. Sie berichten häufig, dass sie als Kinder und Jugendliche wiederkehrende Alpträume vom Krieg hatten. Sie berichten von Elternhäusern, die eher unterkühlt waren und leistungsbetont. Sie sind nicht wirklich abgenabelt von ihren Eltern. Sie sind von frühester Kindheit an, schon im Säuglingsalter, geprägt worden auf den Glaubenssatz: ‚Ich bin dafür da, dass es meinen Eltern gutgeht‘. Und sie haben oft das Gefühl, ihre Potenziale nicht auszuschöpfen.“

Mit dieser Aussage erwischt mich Sabine Bode. Spätestens jetzt fühle ich mich mit meinen Kriegsträumen, meinen diffusen Ängsten und meinem Gefühl von Heimatlosigkeit nicht mehr ganz so allein. Ich habe den Eindruck, dass ich manchmal noch auf der Handbremse stehe. Dass ich das, was an Kreativität und Talent in mir schlummert, nicht voll zum Ausdruck bringen kann. Gibt es etwas in mir, das mich aus Angst vor Ablehnung zurückhält, ganz ich zu sein?

Ich erzähle Sabine Bode von meiner Kindheit, vom Aufwachsen mit meinem kriegsversehrten Großvater. Sie findet es naheliegend, dass mich diese frühkindliche Beziehung maßgeblich geprägt hat. Dadurch, dass ich bereits als Säugling so viel Zeit mit ihm verbracht habe, hat er ja die Rolle eines Elternteils übernommen. Sie sagt: „Kleine Kinder sind äußerst feinfühlig, und sie spüren ganz genau, ob es ihren Eltern gutgeht oder nicht. Auch wenn Eltern sagen, es ginge ihnen gut, merken die kleinen Kinder am Tonfall und an der Körpersprache, ob es stimmt. Um zu überleben, brauchen Kinder starke Eltern. Sie spüren, wenn Eltern das nicht sind, und übernehmen unbewusst diese Aufgabe: Ich bin dafür da, dass meine Eltern glücklich sind, dass es denen gutgeht. Denn nur dann, wenn es ihnen gutgeht, können sie mich ernähren. Das ist reine Biologie."

Bode spricht von einer „unguten Fürsorge", die Kinder für ihre Eltern übernehmen. Psychologen bezeichnen dieses Phänomen als ‚Parentifizierung': Wenn Kinder in die Rolle der Eltern schlüpfen. Habe ich etwa bei meinem Großvater diese Rolle übernommen? Es gibt ein markantes Bild von uns beiden. Opa Fritz sitzt zusammengesunken auf dem Sofa. Ich stehe als Dreijähriger vor ihm und habe ein Stethoskop in der Hand, um ihn zu untersuchen. Es ist nur ein Spiel. Doch was drückt dieses Foto über unsere Beziehung aus?

Als Kind war ich der Sonnenschein in unserer Familie. Ich war das Wunschkind, das alle glücklich gemacht hat. Meine Mutter, meinen Vater, meinen Großvater und meine Großmutter. Alle liebten mich, vor allem natürlich dann, wenn ich das liebe Kind, eben der Sonnenschein, war. Auf diesem Weg bekam ich viel Aufmerksamkeit und Zuwendung. Was ja an sich etwas Schönes ist. Doch daraus hat sich bei mir ein Muster entwickelt, das sich bis heute erhalten hat: Der

Wunsch nach Anerkennung ist so stark in mir ausgeprägt, dass ich mich aus Angst vor einer möglichen Ablehnung eher brav und angepasst verhalte. Das war schon in der Schule so. Rebellion und wütendes Aufbegehren sind mir fremd. Ist das ein Relikt meiner frühen Kindheit? Oder bilde ich mir das ein?

Sabine Bode verneint entschieden: „Das sind keine Einbildungen – das habe ich eben am Anfang auch gedacht – das sind wirkliche Blockaden. Wenn Menschen sich dieser Hintergründe bewusstwerden und einen anderen Blick auf die Eltern entwickeln, dann fühlen sie sich ja auch entlastet. Dann sagen sie auch, dass diese Ängste gar nicht in mein Leben gehören, sondern in das Leben meiner Eltern. Sie können sich dann eher von ihren Ängsten verabschieden und machen meistens einen Schub. Dann können sie das nutzen, was sie vorher schon an Möglichkeiten, sich zu entwickeln, angesammelt haben. Es lag rum, es lag brach. Und wenn sich die Blockaden lösen, dann beginnt ein neuer Lebensabschnitt. Das habe ich eigentlich immer festgestellt."

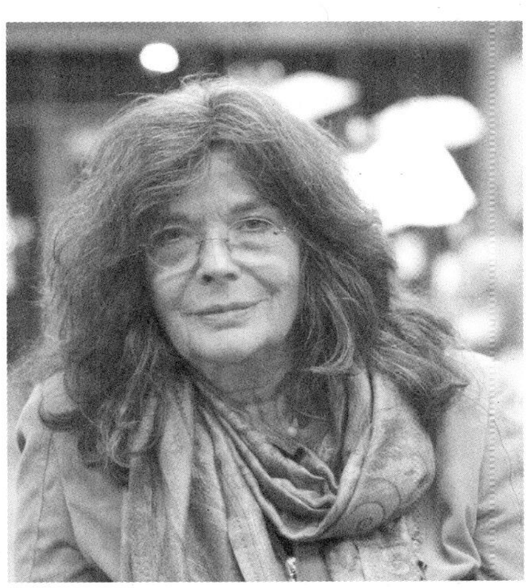

In der Buchhandlung mit Sabine Bode, Kirchzarten

Das gibt Grund zur Hoffnung. Zu den 14 Menschen, deren Schicksale Bode in ihrem Kriegsenkel-Buch vorstellt, hat sie heute noch Kontakt. Nach der Auseinandersetzung mit diesem in ihrem Leben so wichtigen Thema haben sich signifikante Veränderungen in ihrer Biografie eingestellt: „Sie haben Lebenspartner gefunden, teilweise Kinder gekriegt, gute Jobs bekommen, sich mit den Eltern ausgesöhnt oder einen Umgang gefunden, der für sie gut ist. Meistens heißt das: ein bisschen mehr Abstand, um sich nicht so sehr gegenseitig auf die Nerven zu gehen."

Es ist spät geworden. Ich schalte die Kamera aus. Mit Sybille, der freundlichen Buchhändlerin, sitzen wir noch bis Mitternacht bei einem Glas Wein zwischen Tausenden von Büchern. Ich erzähle Sabine Bode von meinen Zweifeln – davon, dass ich mich manchmal frage, ob ich überhaupt etwas herausfinden werde über meinen Großvater und das, was damals passiert ist. Sie macht mir Mut: „Dass du dich schon seit Jahren damit beschäftigst, deutet darauf hin, dass da auch etwas ist."

Ich erzähle ihr von meinen Problemen, eine Finanzierung zu bekommen für meinen geplanten Dokumentarfilm. Vielen Menschen bereitet der Stoff Schwierigkeiten. Vom Krieg zu erzählen ist leicht nachvollziehbar, aber etwas über die Spätfolgen des Krieges in der dritten Generation zu drehen – das erscheint manchen Verantwortlichen im öffentlich-rechtlichen Fernsehen doch etwas weit hergeholt. Das Interesse ist zwar spürbar. Trotzdem erhalte ich eine Absage nach der anderen. Für den WDR ist das Thema „zu rückwärtsgewandt", die Filmförderung findet meinen Ansatz „zu persönlich", der SWR meint, es könne noch viel persönlicher sein. In der Redaktionssitzung beim ZDF heißt es, der Stoff sei „esoterisch angehaucht". Die Übertragung von Kriegstraumata von einer in die andere Generation sei nur behauptet und längst nicht nachgewiesen. Christian Cloos, ein engagierter ZDF-Redakteur bei „Das kleine Fernsehspiel", setzt sich stark für mein Thema ein, und ich bekomme die Chance, mein Drehbuch ein weiteres Mal einzureichen. Die Auflage der Redaktion ist eine erneute Recherche und eine wissenschaftlich fundierte Untermauerung meiner These.
Ich reise nach Zürich, wo sich spannende Kontakte ergeben.

Kapitel 4: **Von Mäusen und Menschen**

Im Institut für Hirnforschung an der Eidgenössischen Technischen Hochschule Zürich bin ich mit Professorin Isabelle Mansuy verabredet. Sie leitet eines der weltweit renommiertesten neurowissenschaftlichen Forschungszentren. Für ihre Arbeit wurde die 49-jährige Französin mit dem nationalen Verdienstorden Frankreichs ausgezeichnet. Im Labor für Epigenetik erforscht sie mit ihrem Team an Mäusen, wie ein Trauma von einer Generation an die andere vererbt werden kann.

Isabelle Mansuy ist eine zierliche, entschieden wirkende Frau mit dunklen Haaren und grünen Augen, die auf mich etwas traurig wirken. Sie empfängt mich in ihrem lichten Büro. Aus dem Fenster hat man einen weiten Blick über Zürich. Ich frage sie, ob sie mir ihre wissenschaftliche Arbeit in einfachen Worten beschreiben könne. Mansuys Stimme klingt sanft und ihr Englisch hat einen angenehmen französischen Akzent:

„Ich bin jemand, der gerne Dinge entdeckt, die wichtig für uns als Menschen sind“, sagt sie. „Die epigenetische Vererbung ist ein junges Feld, das sehr abenteuerlich ist, weil es Grenzen überschreitet und mit bestehenden Vorstellungen bricht. Es ist bekannt, dass Gene bestimmen, wer wir sind, was wir von unseren Eltern erben: unsere Persönlichkeit, unsere Gesundheit und der Typ Mensch, der wir sind. Es ist eine ziemlich neue Vorstellung, dass die Umgebung auch eine sehr große Rolle spielt und uns beeinflussen kann. Wer wir sind, hängt nicht nur von unseren Erfahrungen ab, es kann auch unsere Gesundheit beeinflussen.“

Die Epigenetik bricht mit dem Dogma, dass die Vererbung alles für den Menschen ist, erklärt mir die Professorin: „Epigenetik bedeutet, dass du nicht nur durch deine Gene bestimmt wirst, sondern auch durch deine Umwelt und deine Erfahrungen. Das ist eine völlig neue Art des Denkens. Ich bin daran interessiert, wie der Einfluss der

Umwelt auf uns über Generationen hinweg übertragen werden kann."
Wir gehen durch die langen Flure des neurowissenschaftlichen Instituts. Isabelle Mansuy eilt mit schnellen kleinen Schritten voraus. Ich folge ihr in ein Labor. Eine junge Frau sitzt an einem Mikroskop. Eloise Kremer hat ihre Doktorarbeit über die epigenetischen Forschungen an Mäusen geschrieben. „Ich extrahiere DNA aus dem Plasma von Mäusen. Im Moment bin ich dabei, die DNA zu waschen", erklärt sie mir.
„Kann man die DNA sehen?", frage ich etwas naiv und neugierig wie ein kleiner Junge.
„Wenn man genug DNA hat, geht das. Ich benutze eine spezielle Salzlösung, dann kann man einen weißlichen Faden erkennen. Wir führen spezifische Analysen durch und befassen uns mit bestimmten Genen, an denen wir interessiert sind."
„Das klingt magisch", sage ich.
„Ja, irgendwie ist es magisch", stimmt mir Isabelle Mansuy zu. „Epigenetische Mechanismen gibt es in jeder Zelle: im Gehirn, in der Haut, sie sind sogar im Blut. Es sind viele kleine Spuren auf der DNA, die ihre Aktivität regulieren. Was Eloise tut, ist, sich einige dieser Spuren auf der DNA anzusehen", erklärt mir die Wissenschaftlerin.
Was folgt ist eine sehr komplexe Erläuterung der Vorgänge auf der Zellebene, die ich vereinfachend so zusammenfasse:
Bei epigenetischen Veränderungen der Erbsubstanz werden an einzelne Bausteine der DNA kleine chemische Verbindungen, Methylgruppen, angeheftet. Auch die sogenannten Histone, Proteine, welche die Erbsubstanz verpacken, sind modifiziert. Dies hat Auswirkungen auf die Genaktivität, verändert aber nicht den genetischen Code. Durch die Folgen traumatischer Ereignisse werden gewisse Abschnitte auf der DNA – wie Schalter – aktiviert oder deaktiviert. Diese Markierungen werden in die nächsten Generationen vererbt.
„Wir konnten im Mausmodell zeigen, dass Verhaltensänderungen bis zu den Enkeln manifestiert sind, obwohl diese kein Trauma erfahren haben. Dazu haben wir Mäuse während der ersten zwei Wochen nach der Geburt täglich für mehrere Stunden zu unterschiedlichen Tageszeiten von ihren Müttern getrennt – das ist für sie ein enormer Stress. Als erwachsene Tiere verhielten sie sich deshalb auffällig. Interessant

war, dass ihre Nachkommen, die ganz normal aufwuchsen, dieselben Verhaltensstörungen aufwiesen. Auch ihr Stoffwechsel war beeinträchtigt", erklärt mir die Professorin.
Folgen dieser Veränderungen sind ein verändertes Sozialverhalten, depressionsähnliche Symptome, kognitive Defizite, ein gestörter Glukosestoffwechsel und nicht zuletzt auch funktionelle Veränderungen in Haut und Knochen.
„Wir haben vier Generationen untersucht und testen gerade die fünfte", sagt Isabelle Mansuy. „Die Ergebnisse sind stets gleich. Viele epigenetische Veränderungen der ersten Generation und deren Auswirkungen sind in den folgenden Generationen noch nachweisbar."

Forschungen ihrer Kollegen ergaben, dass sich bestimmte epigenetische Faktoren sowohl bei traumatisierten Mäusen als auch in Spermazellen traumatisierter Männer nachweisen lassen. Das Team am Züricher Institut untersucht Gruppen von Kindern und Erwachsenen, die traumatische Erfahrungen gemacht haben, auf epigenetische Veränderungen und vergleicht die Ergebnisse mit jenen von Kontrollgruppen, die normal aufgewachsen sind. Die Wissenschaftlerin erzählt mir von den Ergebnissen einer Studie, die sie mit einem Kollegen in Maastricht durchführt. Die Forscher begleiten seit über 20 Jahren niederländische Soldaten, die bei Einsätzen in Afghanistan und während des Golfkriegs im Irak in den 1990er-Jahren traumatisiert wurden:
„Wir haben Blutproben bekommen und konnten bereits nachweisen, dass es ähnliche epigenetische Veränderungen im Blut unserer traumatisierten Mäuse und der Soldaten gibt, die im Krieg waren, wenn man ein junges Männchen in eine traumatische, vielleicht kriegsähnliche Situation versetzt."
„Was für eine Situation zum Beispiel?", frage ich nach.
„In unserem Fall ist es unvorhersehbarer Stress. Es ist nicht das Gleiche wie im Krieg, aber es bedeutet sehr großen Stress für die Mäusejungen, wenn wir sie in frühester Kindheit völlig unerwartet von ihrer Mutter trennen. Die Mutter wird während der Trennung auch traumatisiert. Das ist eine Mischung aus emotionalem und körperlichem Trauma. Wir beobachten diese jungen Männchen. Als Erwachsene werden sie depressiv, asozial und haben Probleme mit

ihrem Erinnerungsvermögen. Sie gehen höhere Risiken ein, weil sie traumatisiert wurden, und dieses Verhalten wird an ihre Kinder und Enkel weitergegeben."

Beim sogenannten Schwimmtest zeigt sich, dass Mäuse mit einem vererbten Trauma apathisch reagieren und weniger Anstrengung aufbringen als ihre gesunden Artgenossen, um ihr eigenes Leben zu retten. „Wenn sie die Wahl haben zwischen einer potenziell gefährlichen und einer sicheren Umgebung, entscheiden sie sich für die potenziell gefährliche Umgebung. Sich selbst in Gefahr zu bringen, ist eine typische Eigenschaft von Mäusen, die traumatisiert wurden, und ich vermute, dass dies auch auf uns Menschen zutrifft. Ich hoffe, dass wir in einigen Jahren dazu in der Lage sein werden, Nachweise im Sperma von Trauma-Patienten zu finden." Mit ihren Studien betritt die Epigenetikerin unerforschtes Gebiet.

Isabelle Mansuy führt mich in den Keller des Instituts. „Ich zeige Ihnen jetzt einen der wichtigsten Räume meines Lebens", erklärt sie mir auf dem Weg nach unten. Wir ziehen Schutzkleidung an und betreten ein dunkles Labor. Es raschelt leise und riecht streng nach Tier. Die Professorin senkt ihre Stimme und spricht im Flüsterton. „Die Mäuse schlafen tagsüber. Für unsere Arbeit ist es wichtig, dass sie ihren biologischen Rhythmus beibehalten."
Unzählige durchsichtige Plastikkästen stehen ordentlich in Regalen aufgereiht und schimmern im Rotlicht. Beim Anblick der vielen kleinen Nagetiere hinter dem Plexiglas wird mir ganz komisch zumute.

Die Wissenschaftlerin holt eine Box aus dem Regal. Drei kleine Mäuse liegen eng aneinandergekuschelt unter einem kleinen Pappdeckel. Mansuy nimmt eine von ihnen auf die Hand. Die kleine Maus nutzt einen Moment der Unachtsamkeit und springt von der Hand ihrer Erforscherin. Im Nu ist sie hinter dem Regal verschwunden. „Merde!", flucht die Französin. Wir gehen in die Knie und schauen unter das Regal. Die Maus ist nicht zu sehen. Plötzlich krabbelt sie auf der anderen Seite des Raumes hervor. Blitzschnell – wie eine Katze – schnappt sich Mansuy die Maus. In Sekundenschnelle verwandelt sie sich von einer seriösen Wissenschaftlerin in eine erfahrene Fängerin. Ich bin beeindruckt.

„Eine Professorin muss auch eine gute Mäusefängerin sein", lacht Isabelle Mansuy, sichtlich erleichtert, als sie die Maus wieder zu ihren Artgenossen setzt. Es war ein kurzer Ausflug in die Freiheit für das kleine Tier.

Anscheinend sind traumatisierte Mäuse wirklich bereit, ein höheres Risiko einzugehen. Ich frage mich, ob dieses Verhaltensmuster auch auf mich zutrifft. Ich denke an meine abenteuerlichen Reisen nach Weißrussland. Ohne Drehgenehmigung habe ich mit Widerstandskämpfern und Oppositionellen gefilmt – in einem Land, in dem Systemkritiker spurlos verschwinden. Tausend Meter über Minsk bin ich mit einem Fallschirm allein, ohne Tandempartner, aus einem alten sowjetischen Militärflugzeug gesprungen, ohne jemals vorher einen Fallschirmsprung gemacht zu haben. In der Ukraine war ich mehrmals in den Geisterstädten der verlassenen Tschernobyl-Zone und habe mich freiwillig der Gefahr ausgesetzt, verstrahlt zu werden. Bin ich aufgrund der Kriegserlebnisse meiner Großväter bereit, ein höheres Risiko einzugehen, oder ist das völlig aus der Luft gegriffen?

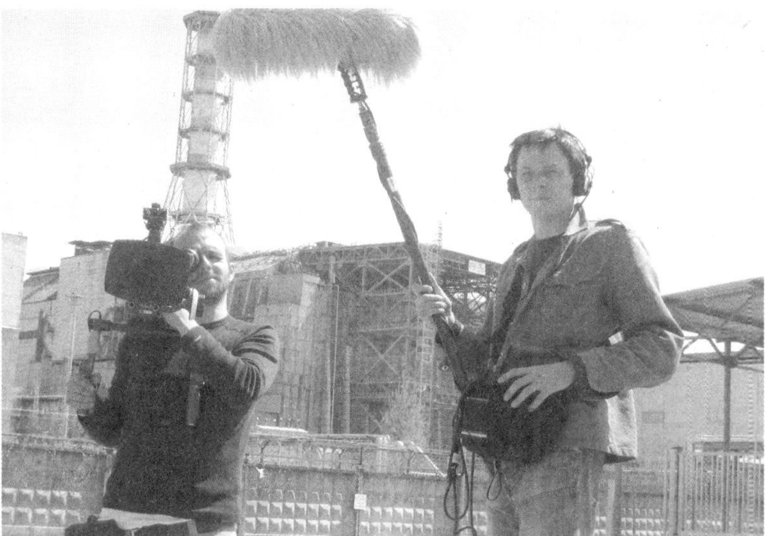

Erhöhtes Risiko: Als Filmstudent mit Kameramann Stefan Kochert vor dem Reaktor in Tschernobyl, 2007

Ich erzähle der Professorin, wie mein Großvater mir in meiner Kindheit vom Krieg erzählt hat und dass ich herausfinden will, ob und wie seine Erfahrungen mein Leben geprägt haben.
„Eine schwierige Frage“, sagt sie, „denn es gibt zwei Aspekte. Zum einen die kulturelle Übertragung. Ihr Großvater hat Ihnen vieles erzählt. Sie haben also von ihm als Junge schlimme Geschichten gehört und sich Ihre eigenen Szenen dazu vorgestellt. Ihre Fantasie war wahrscheinlich sehr gefragt, und das hat ihr Wissen über den Krieg beeinflusst. Es ist möglich, dass ihr Großvater und ihre Familie gelitten haben, was negative Gefühle über den Krieg bei Ihnen hinterlassen hat, die Sie heute vielleicht wütend, ängstlich oder deprimiert machen. Bei einigen Menschen kann dies zu schwerwiegenden geistigen Zuständen führen. Es gibt auch die Möglichkeit der biologischen Übertragung“, fährt die Wissenschaftlerin fort. „Ich vermute, ihr Großvater war jung, als er diesen traumatischen Erfahrungen ausgesetzt war?“, fragt sie mich.
„Er war erst siebzehn, als er nach Russland kam“, antworte ich ihr.
„Dort war er dem Trauma des Krieges ausgesetzt. Sehr wahrscheinlich hat ihn das sehr geängstigt und gestresst, eben traumatisiert. Das hat sich auf seine Keimzellen ausgewirkt und könnte seine Spermien biologisch verändert haben, die noch in der Entwicklung waren. Diese Veränderungen blieben bestehen und wurden an Sie weitergegeben.“

Als die Forscherin mir das sagt, werde ich auf einmal traurig. Ich sehe mich selbst in diesem Labor stehen, sehe die eingesperrten Mäuse in ihren Käfigen, die klinische Atmosphäre. Traumata, die vererbt werden. Was mache ich hier eigentlich? Und was machen wir als Menschen? Wir führen Kriege, traumatisieren uns selbst. Dann erforschen wir an Mäusen, wie ein Trauma übertragen wird, um nachzuweisen, dass wir das tun. Dürfen wir das? Haben wir als Menschen das Recht dazu? Ist es in Ordnung, Mäusen Leid zuzufügen, um mehr über das Trauma von uns Menschen herausfinden?

„Ich verstehe, dass man sich diese Fragen stellen kann“, antwortet mir Isabelle Mansuy. „Dies geschieht jedoch alles nicht ohne Vorschriften und es gibt strenge Regeln und Einschränkungen, die wir befolgen müssen, um Mäuse für die Traumaforschung verwenden zu können.

Es ist eine ethische Frage, die sich Forscher oft stellen. Ist es akzeptabel, wenn der Nutzen in Bezug auf neue Erkenntnisse eindeutig positiv ist und zum Verständnis und zur Heilung von Krankheiten beiträgt?“

Ich frage die Forscherin, aus welcher Motivation heraus sie ihre Arbeit macht. Was sie als Wissenschaftlerin, als Mensch antreibt, sich jeden Tag mit der Erforschung von Mäusen auseinanderzusetzen, um herauszufinden, wie Traumaübertragung funktioniert. Welche Verbindung gibt es zu ihrem eigenen Leben?

Isabelle Mansuy erzählt mir von der Geschichte ihrer Familie: Beide Großväter waren Bauern in den Vogesen. Nach der Besatzung durch die deutsche Wehrmacht 1940 wurden sie als Zwangsarbeiter für fünf Jahre nach Deutschland geschickt. Ihre Frauen blieben allein mit den Kindern zurück und mussten ohne ihre Männer überleben. Die deutschen Soldaten quartierten sich auf den Höfen ein und nutzten die Landwirtschaft für ihre eigene Versorgung. „Das muss eine schwierige Zeit gewesen sein“, sagt die Französin und zieht ihre Stirn in Falten. „Ich denke viel über die Konsequenzen nach, die solch ein Trauma hat. Es gibt viele Familien wie meine in Frankreich, die sowohl vom Ersten als auch vom Zweiten Weltkrieg betroffen sind, und wir hatten später ja noch weitere Kriege in Frankreich. Mein Vater ging nach Algerien, als er 19 Jahre alt war. Als Soldat in Algerien muss es ziemlich schrecklich gewesen sein. Das war 1962. Die Folgen davon sind heute noch stark spürbar.“
Ihr Vater war Fallschirmjäger. „Wissen Sie“, sagt Isabelle Mansuy und plötzlich wird ihre Stimme brüchig, „er wurde direkt an die Front geschickt, um Menschen gezielt zu töten.“
Über seine Erlebnisse in Algerien hat ihr Vater nie gesprochen. „Aber wir wissen, dass ihn das sehr mitgenommen hat. Es gibt bestimmte Verhaltensweisen, die auf sein Trauma aus dieser Zeit zurückzuführen sind. Und jetzt mit den Ergebnissen meiner Arbeit frage ich mich selbst – so wie Sie – was das für Auswirkungen auf uns hatte. Wir sind fünf Kinder und wurden alle geboren, nachdem mein Vater aus dem Krieg zurückkam. Hat er uns seine traumatischen Erfahrungen vererbt und wenn ja, was können wir tun?“

Die Frage hallt in mir nach, als wir die Treppen aus dem Keller zurück ins Tageslicht steigen. Was können wir tun, um den Kreislauf der Traumaübertragung zu unterbrechen? Welche Erkenntnisse hat die Wissenschaft zur Heilung vererbter Traumata? Als wir nach unserem Rundgang wieder im Büro sind, spreche ich sie darauf an:
„Gibt es denn auch gute Nachrichten?"
„Ich denke ja", erklärt mir die Professorin am Beispiel der Mäuse. Mit ihrem Team schafft sie im Laufe der Zeit verbesserte Lebensbedingungen für Mäuse, die bereits in frühester Kindheit traumatisiert wurden. Sie bekommen eine ausgewogene Ernährung, viel sozialen Kontakt zu ihren Artgenossen und Laufräder zum Spielen. Unter diesen Umständen erholen sie sich. Die Mäuse verlieren ihre ängstlichen Verhaltensmuster, und ihr Erinnerungsvermögen kehrt zurück. Sie zeigen keine Spuren ihres früheren depressiven und gestörten Verhaltens. Auch ihr Nachwuchs weist keine Zeichen solcher Traumatisierungen auf. „Es ist so, als ob das Trauma verschwindet."

Für die Forscherin passt dies zur Vorstellung, dass die epigenetischen Markierungen auf der DNA sich dynamisch verhalten. „Es geht in beide Richtungen", sagt sie mit Begeisterung in ihrer Stimme: „Die Umgebung beeinflusst den Körper auf positive wie auf negative Weise. Das ist die gute Nachricht. Wir können kontrollieren, wer wir sind und wie gesund wir sein wollen. Es ist nicht einfach gottgegeben, dass wir akzeptieren müssen, was wir sind. Wir können uns selbst erheblich verändern."

Isabelle Mansuy zieht große Hoffnungen aus ihren Forschungsergebnissen: „In einer schwierigen Situation zu sein und sie zu meistern, kann Menschen widerstandsfähiger machen. Wir nennen das Lebenserfahrung: Was dich nicht umbringt, macht dich stärker. Natürlich kann es die Gesundheit beeinträchtigen, aber gleichzeitig ist es von Nutzen, wenn man erneut einer schwierigen Situation ausgesetzt ist. Bei einem Trauma ist das schwer zu akzeptieren, weil Trauma immer etwas Negatives ist. Aber wir haben das bei unseren Mäusen getestet und festgestellt: Wenn sie in einer schwierigen Lage sind – sie und ihre Kinder –, verfügen sie über eine viel effizientere Strategie, um diese Situation zu meistern. Die Widerstandsfähigkeit ist also nützlich für sie."

Aus der Perspektive der Forscherin können wir uns durch eine gesunde Lebensweise in einem intakten sozialen Umfeld, mit ausgewogener Ernährung, unterstützt durch Meditation, Yoga oder Psychotherapie von vererbten seelischen Störungen erholen und zugleich der Bildung von Traumata in der nächsten Generation entgegenwirken. Die wichtige Erkenntnis lautet: Jeder Augenblick in unserem Leben kann unseren Körper und unseren Geist sowohl positiv als auch negativ beeinflussen. Im Grunde ist das keine Neuigkeit. Es macht jedoch deutlich, wie entscheidend bereits unsere heutige Lebensführung für die uns nachfolgenden Generationen ist.

Aus diesem Grund sind Psychopharmaka aus Sicht der Professorin keine Lösung. Sind die Ergebnisse ihres Forschungszweiges auch deshalb so umstritten, weil sie sich den Interessen der Pharmaindustrie widersetzt? In einem Interview für die ZEIT äußert sich die Forscherin dazu: „Ich bin nicht daran interessiert, die Ergebnisse meiner Forschung zu vermarkten“, betont Isabelle Mansuy. Natürlich ist auch sie auf ein Budget für ihre Forschung angewiesen. Aber das Businessdenken in der Wissenschaft ist ihr fremd. „Vielleicht ist das falsch oder altmodisch“, sagt sie. „Ein paar meiner Kollegen sitzen in Aufsichtsräten oder gründen Firmen, ich bin daran nicht interessiert.“ Mir ist ihre Haltung sehr sympathisch, doch wahrscheinlich steht sie damit recht allein da. „In den USA wäre ich einsam, aber nicht hier in der Schweiz. Das ist das Gute an unserem Universitätssystem. Man lässt uns Wissenschaftler noch Wissenschaftler sein. Das schätze ich sehr.“

Isabelle Mansuy findet es bedenklich, dass in diesem Bereich nicht noch mehr geforscht wird. Denn die Folgen eines frühkindlichen oder vererbten Traumas können schwerwiegend sein: Depressionen, bipolare Störungen, Borderline-Verhalten, bis hin zu Suizid. Aufgrund der schädlichen Einflussfaktoren unserer modernen Zivilisation sitzen wir zudem auf einer epigenetischen Zeitbombe, deren Auswirkungen auf unsere Gesundheit und auf unsere Gesellschaft erst unsere Nachkommen spüren werden. Es ist eine große, aber wichtige Frage: Welches Erbe hinterlassen wir unseren Enkeln?

Am Ende unseres Gesprächs nimmt mich die Wissenschaftlerin zur Seite. Es ist ihr wichtig, zu betonen, dass ihre persönliche Familien-

geschichte nicht die Motivation für ihre Arbeit ist. „Ich tue nicht, was ich tue, um das Trauma meiner Familie aufzulösen." Ein Journalist hatte das in einem Artikel über sie so dargestellt. Daraufhin erhielt sie einen Leserbrief mit den Worten: „Oh, Ihre arme Tochter! Wie schlimm muss es für sie sein, dass sie eine solche Mutter hat, deren Väter und Urgroßväter alle traumatisiert wurden. Wie schrecklich."
„Aber das ist nicht der Punkt", sagt Isabelle Mansuy, und ich spüre ihren Unmut.
„Was ist denn der Punkt?", will ich von ihr wissen.
„Ich will, dass meine Forschung eine Relevanz bekommt. Kriegstrauma ist etwas, das uns alle betrifft. Hier in Europa und auf der ganzen Welt."

Das Gespräch mit Isabelle Mansuy bringt mich von der Kriegsvergangenheit meiner Großväter in die Gegenwart. Auch wenn uns das in Mitteleuropa oft weit entfernt erscheint: Es gibt so viele Kriege auf der Welt, wie seit dem Zweiten Weltkrieg nicht mehr. Die Auswirkungen dieser Krisen und Konflikte zeigen sich bereits deutlich bei uns. Der Umgang mit den Flüchtlingsströmen, die in den letzten Jahren Europa erreicht haben, spaltet unsere Gesellschaften in zwei Lager. Wird das Trauma von Flucht und Vertreibung, das der Zweite Weltkrieg in unserem kollektiven Bewusstsein hinterlassen hat, durch die Zuwanderer wieder reaktiviert? Führt das bei einigen Menschen zu einer uneingeschränkten Befürwortung und wiederum bei anderen zu einer radikalen Ablehnung der Asylsuchenden? Hinzu kommt: Die Einwanderer bringen ihre eigenen unaufgearbeiteten Traumata mit. Wie werden diese vielschichtigen epigenetischen Nachwirkungen unsere zukünftige Gesellschaft beeinflussen? Und wie gehen wir als Einzelne und als Gemeinschaft mit diesen Herausforderungen um?

Nachdenklich verlasse ich das Institut für Neuroepigenetik.

Kapitel 5: **Meine innere Reise mit Peter Levine**

Die Recherchen zur Epigenetik tragen dazu bei, dass ich meinen Film verwirklichen kann. Nachdem ich der Redaktion ein überarbeitetes Konzept für meinen Dokumentarfilm vorlege, erhalte ich die Produktionszusage vom ZDF und daraufhin Filmförderung aus drei verschiedenen Bundesländern.

Unser erster Drehtag für meinen Film „Der Krieg in mir" findet schließlich in der Schweiz statt. Zu meiner Überraschung ist auch das Schweizer Fernsehen in das Projekt eingestiegen. Ich sitze im Auto mit Andre Jacomet, einem Traumatherapeuten aus Zürich. Wir fahren zu einem Seminar seines Lehrers, dem bekannten amerikanischen Traumaexperten Dr. Peter A. Levine. Der Titel des Kurses, zu dem er mit seiner Kollegin Anngwyn St. Just einlädt, hat mich angesprochen: Globales Trauma.

Ich habe mich kurzfristig und spontan entschieden, daran teilzunehmen. Durch Andre Jacomet, der seit über zehn Jahren als Assistent für Peter Levine arbeitet, habe ich die Erlaubnis bekommen, beim Workshop zu filmen. Das ist nicht selbstverständlich. Traumaheilung ist eine äußerst intime und sensible Angelegenheit. Während des Kurses werden auch individuelle Sitzungen im Rahmen der Gruppe stattfinden. Ich bin gespannt und aufgeregt – und das in zweifacher Hinsicht. Zum einen darauf, was mich als Teilnehmer erwartet, zum anderen beginnt heute der Dreh meines Films – ein Moment, auf den ich seit über zwei Jahren hingearbeitet habe. Während des Kurses mit Peter Levine begleiten mich ein Kameramann und ein Tonmeister. Ich selbst führe auch eine Kamera, die ich auf Andre richte, der das Auto nach Zürich fährt.

Andre Jacomet habe ich vor gut einem Jahr kennengelernt. Der Kontakt kommt über eine gemeinsame Bekannte. Andre ist sofort begeistert, als er hört, dass ich mich mit einem Thema auseinandersetze, das ihm täglich in seiner Arbeit begegnet: Transgenerationales Trauma.

„In den rund zehntausend Einzelsitzungen, die ich schon gegeben habe, sind transgenerationale Themen wohl immer präsent, spielen aber in mindestens einem Drittel der Fälle eine zentrale Rolle", sagt Andre. Viele seiner Klienten kommen aus Deutschland. Neben der individuellen Therapie steht für ihn die Erforschung und Heilung kollektiver Traumata im Zentrum seiner Arbeit:
„Traumaheilung hat eine breitere Bedeutung als nur auf der Ebene des Individuums, sie betrifft das kollektive und auch das generationsübergreifende Bewusstsein", erklärt er mir.

Andres Methode – das sogenannte *Somatic Experiencing* – wurde bereits in den 1970er-Jahren von Peter Levine entwickelt und basiert vor allem auf der genauen Wahrnehmung des Körpers: „Ich diagnostiziere nicht, ich beobachte nur – unter anderem das autonome Nervensystem – die Hauttemperatur, Atem- und Pulsgeschwindigkeit, Augenzwinkern und Kopfneigung, Hand- und Beinstellung, Gesichtsausdruck, Ton der Stimme, Wortinhalt und noch vieles mehr. Daraus kann ich ablesen, was in dem anderen Menschen vorgeht", sagt Andre Jacomet. Grundelement seiner Arbeit ist eine sichere Umgebung „hier und jetzt", ein Polaritätsfeld zu „dort und damals", als es für den Klienten nicht sicher war.

„Im Prozess verschwinden einerseits häufige unerwünschte Symptome und zugleich kommt es zu einer Erweiterung des Bewusstseins. Eines meiner Ziele ist, dass die Menschen nicht nur gesund werden, sondern das Leben mehr schätzen und ihr eigenes Potenzial mehr verkörpern."

Mit seinen Klienten trifft sich Andre an besonderen Orten in der Natur, weil er hier die stärksten Bilder für die Kraft der inneren Wandlung findet. So wie die Metamorphose des Schmetterlings, der sich nach seinem Leben als Raupe in einen wunderschönen Falter verwandelt. Doch bevor eine solche Verwandlung möglich ist, sagt Andre, ist es nötig, sein eigenes Haus aufzuräumen: „Wir müssen erst den alten Krempel aus dem Keller räumen, um Platz für etwas Neues zu schaffen."

Bei unserem ersten Treffen gingen wir gemeinsam in den Wald. Ich wollte genauer verstehen, wie Andre mit seinen Klienten in der Natur arbeitet. Am Wegesrand wies er mich auf ein interessantes Bild hin: ein großes Stück Totholz, das von einer mächtigen Buche gefallen war, lag auf den Zweigen einer jungen Buche, die unter dieser Last völlig gekrümmt wuchs. Für Andre war das ein passendes Motiv für die Mechanismen transgenerationaler Prozesse. Das Totholz des alten Baumes blockierte den jungen Baum in seinem Wachstum. Er konnte sich nicht frei in die Höhe entfalten. Gemeinsam nahmen wir den abgestorbenen Ast herunter. Blitzartig schnellte der junge Baum nach oben. „Siehst du", sagte Andre lachend, „das ist der Sinn deines Films!"

Das Bild hilft mir in diesem Moment, meine Auseinandersetzung mit mir selbst und mit meiner Familie besser zu verstehen. Ich sehe mich selbst in der jungen Buche. Die abgestorbenen Äste begreife ich als die unaufgearbeiteten Kriegserlebnisse meiner Großväter, die noch in meiner Familie wirksam sind. „Trauma ist gebundene, eingefrorene Energie", sagt Andre einmal zu mir. Doch das Leben will pulsieren und bringt uns deshalb in Situationen, die uns dabei helfen, dass sich alte Verhaltensmuster auflösen und die Dinge wieder in Fluss kommen. Andre wird zu einem wichtigen Berater für mein Projekt und im Lauf der Zeit zu einem guten Freund, dem ich mich anvertrauen kann, wenn ich nicht weiß, wie ich mit meinem Projekt weiterkomme.

Als wir ein Jahr später in seinem Auto in die Stadt fahren, frage ich Andre, was uns im Seminar mit Peter Levine erwarten wird.
„Ich bewege mich jetzt seit bald fünfzehn Jahren in diesem Feld von Traumaheilung rund um Peter Levine und assistiere ihm seit zehn Jahren", antwortet er. „Von daher habe ich viel Erfahrung und eine Idee davon, was uns erwartet. Und gleichzeitig ist es so, dass wir nie wissen, was geschieht. In Wahrheit wissen wir es nie. Und das ist vielleicht das größte Geschenk in dem, was ich gelernt habe, in dieser Arbeit: mich zu entspannen ins Nicht-Wissen. Wie Urs Honauer, einer der Therapeuten aus meiner Ausbildung am Polarity Center in Zürich, sagte: ‚Der sicherste Ort ist immer im Jetzt'."

Nach diesen Worten fahren wir in einen Tunnel und schweigen beide lange. Der Moment wirkt auf einmal sehr aufgeladen und bedeutsam, so als ob wir etwas Großes vor uns haben. Plötzlich sagt Andre ganz berührt:
„Jetzt auf den letzten Metern, bevor wir ankommen, spüre ich so eine Liebe für die Menschen, und das ist schön."
„Für welche Menschen?", frage ich ihn.
„*Die* Menschen", sagt er eindringlich.
„Für alle?"
„Ja. Und diese Liebe beinhaltet auch den Schmerz darüber, was wir einander antun, dass wir so eine verrückte Spezies sind, die sich selber und den Planeten beinahe ausrottet", sagt Andre und hält inne, „und da ist die Liebe."

Ich kann es schwer in Worte fassen, aber ich verstehe, was Andre in diesem Moment fühlt. Für mich fühlt es sich an wie eine Art innere Zerrissenheit: den ambivalenten Zustand unserer Welt zu sehen, wie sie gerade ist – in all ihrer Schönheit und zugleich mit all dem Wahnsinn, der tagtäglich passiert.

Wir kommen am Polarity Center an. Hier finden die Seminare und Ausbildungen unterschiedlicher internationaler Therapeuten statt. „Globales Trauma, 3. Stock", steht auf einem Hinweisschild an der Glastür. Auf dem Zettel ist ein Smiley abgedruckt. Das erleichtert mich irgendwie. Wir fahren mit dem Fahrstuhl nach oben. Mein Team ist schon da. Unser Kameramann hatte bei einem Nachtdreh einen Unfall. Ihm ist nichts passiert, aber das Objektiv seiner Kamera ist beschädigt. Er kann heute nur sehr eingeschränkt drehen. Und das am ersten Drehtag, denke ich mir.

Die ersten Teilnehmer betreten den Raum. Es sind überwiegend Frauen, ein paar Männer sind auch dabei. Fast alle arbeiten im therapeutischen Bereich. Zuletzt erscheinen Peter Levine und Anngwyn St. Just, die beide über siebzig sind. Sie haben beide bedeutende Bücher geschrieben zum Thema Traumaheilung. Peter Levine gilt weltweit als Koryphäe auf diesem Gebiet. Ich bin aufgeregt, als wir uns vorstellen. Peter wirkt sehr reserviert. Er bittet mich um äußerste Diskretion beim Dreh und darum, besonders viel Rücksicht zu nehmen auf die

Privatsphäre der Teilnehmer, damit sich niemand durch die Präsenz der Kameras gestört fühlt.

Es ist eine seltene Gelegenheit, diese beiden Therapeuten gemeinsam zu erleben. In den 1970er-Jahren waren sie ein Paar und entwickelten gemeinsam die Methode des *Somatic Experiencing (SE)*, eine Form der Körperpsychotherapie, die sich mittlerweile in der ganzen Welt verbreitet hat. In ihrer Einführung sprechen sie über den Wandel in ihrer Arbeit als Traumatherapeuten. Während in der Vergangenheit die persönliche Traumaarbeit im Mittelpunkt stand, rückt nun mehr und mehr die Arbeit mit kollektivem Trauma in den Vordergrund.

„Individuelle Traumaheilung findet in einer Eins-zu-eins-Konstellation zwischen dem Therapeuten und dem Klienten statt. Sie ist sehr präzise und fokussiert", erklärt Anngwyn, „aber das ist nicht die einzige Ebene, auf der wir arbeiten können. Neben dem individuellen Trauma gibt es Beziehungstrauma und Familientrauma. Alles, was über das familiäre Trauma hinausgeht, gehört für mich zum Bereich des sozialen Traumas. Wir bewegen uns hier im Clan, im Stamm, in der Gemeinschaft, im Volk. Das ist soziales Trauma. Und es ist riesig groß."
An dieser Stelle hakt Peter ein.
„Einer meiner Studenten prägte den Begriff des globalen Nervensystems. Alle Dinge, die im Mikrokosmos des individuellen Nervensystems geschehen, werden verteilt und übertragen auf das große Ganze – wie Galaxien, die in anderen Galaxien aufgehen."
„Auf dieser Ebene arbeiten wir mit sozialem Trauma", fügt Anngwyn hinzu, „mit menschengemachten Katastrophen, wie Flucht und Vertreibung, Epidemien, Hungersnöten, Klimaveränderung, Völkermord, wirtschaftlichen Zusammenbrüchen ..."
„... sozialen und politischen Unruhen", ergänzt Peter.
„Und wenn es Krieg gibt, können alle diese Faktoren zusammenkommen", sagt Anngwyn.
„Für mich gibt es einen riesigen blinden Fleck, und ich nenne ihn die Rolle der größeren Kräfte. Die größeren Kräfte formen unsere individuellen Leben, unsere Familiensysteme und das Schicksal unserer Nationen. Ein Teil dieser größeren Kräfte sind die Kriege. Sie sind

viel größer als unsere einzelnen Persönlichkeiten. Du kannst ein deutsches oder ein russisches Familiensystem nicht verstehen, wenn du die Kriege nicht erkennst."

Nach dieser Einführung beginnen die beiden mit der praktischen Arbeit. Sie stellen einen Stuhl zwischen sich und fragen, ob es jemanden gibt, der mit einem Thema nach vorne kommen möchte. Ich melde mich und werde als Dritter ausgewählt. Andre, der das Seminar als Assistent begleitet, verkabelt mich mit einem Mikrofon. Es beruhigt mich, dass er dabei ist. Nervös nehme ich zwischen den beiden Therapeuten Platz.

„Ich habe eine seltsame Frage", beginnt Anngwyn und schaut mich eindringlich an, „wenn das in Ordnung ist?"
Ich nicke unsicher.
„Das sieht für mich aus wie eine Militärfarbe", sagt sie und zeigt auf das braune Hemd, das ich trage.
„Das Braun?", frage ich nach.
„Ja."
„Braun ist natürlich die Farbe der Nazis", sage ich spontan und rudere gleich ein paar Meter zurück, „aber auch die Farbe der Bäume."
„Bleiben wir bei den Nazis", meint Anngwyn trocken. Alle lachen. Mir wird heiß, und ich bekomme einen roten Kopf.
„Oh Gott", stöhne ich.
Peter greift ein. „Oder bleiben wir bei der Hitze in deinem Gesicht und an deinem Hals? Vielleicht wäre das ein neutralerer Anfang. Beobachten wir, wie sie zu- oder abnimmt", sagt er mit sanfter Stimme zu mir. „Nimm dir erst einmal einen Moment, um bei dir selbst zu sein, soweit das jetzt gerade möglich ist."
Ich spüre meine Aufregung hier in diesem Raum, der voller Therapeuten ist. Ich würde mich gerne auflösen und weiß in diesem Moment noch nicht, dass genau das gleich geschehen wird.
Peter fordert mich auf, ruhiger zu atmen. Ich nehme einige tiefe Atemzüge und werde etwas ruhiger.
„Was wünscht du dir, was heute passiert?", fragt er mich.
„Ich will herausfinden, warum ich hier bin", antworte ich spontan.
„Warum du hier bist – auf diesem Stuhl oder auf dieser Welt?"

„Zuerst dachte ich daran, warum ich in diesem Seminar bin und dann habe ich an meinen Film gedacht. Was ist der tiefere Grund für mich, diesen Film zu machen? Denn vielleicht hängt es damit zusammen, warum ich hier auf dieser Welt bin", sprudelt es einfach so aus mir heraus. Ohne dass ich darüber nachdenke. „Das ist eine große Frage."
„Das ist eine sehr große Frage", stimmt mir Peter zu. „Ich würde bei dir gerne mit Bildern arbeiten, denn ich glaube, du hast einen guten Zugang dazu."
„Stell dir vor, es ist ein sonniger Tag", sagt Peter und mit Blick auf den strömenden Regen, der draußen vor dem Fenster fällt, fügt er hinzu: „Dazu brauchst du gerade sehr viel Vorstellungskraft."
„Es ist ein warmer Tag", fährt der Therapeut fort, „ein Tag, an dem du Lust hast, deine Jacke auszuziehen. Du fühlst die Sonne auf deinem Gesicht, die Wärme, die Gerüche, die Blumen, die Farben." Peter nimmt mich mit auf eine innere Reise.
„Du blickst nach oben und siehst zwei wunderschön geformte Wolken am Himmel."
Mit geschlossenen Augen folge ich seinen Worten.
„Da geschieht etwas sehr Interessantes. Die Wolken verändern sich. Du kannst gar nicht genau ausmachen, was es ist. Doch als sie näherkommen, merkst du, dass es zwei gigantische Hände sind, die auf dich zukommen."
Ich kann das Bild deutlich vor meinem inneren Auge sehen.
„Dann ergreifen dich die Hände, und das ist ein Schock. Du weißt nicht, was passiert. Die Hände fangen an, dich zu schütteln und zu schütteln", Peters Stimme wird immer lauter und eindringlicher. Ich spüre, wie mein Herz beginnt, schneller zu schlagen. „Sie schütteln und schütteln dich, bis dein Körper auseinanderfällt und beginnt, sich aufzulösen, er zerfällt in Stücke, und diese Stücke zerbrechen in noch kleinere Stücke, bis ...", Peter hält kurz inne, „bis es eine Explosion der Moleküle gibt und alle diese Teile, die einmal du waren, die deine Identität ausgemacht haben, in die entferntesten Regionen des Universums geschleudert werden."
Ich kann die Wucht dieses Bildes deutlich vor mir sehen und spüre, wie sich etwas in mir dagegen wehrt, doch Peter fährt fort, „und es ist nichts mehr übrig von dir, von der Person, die du einmal warst."

Mit geschlossenen Lidern spüre ich den Blick des Therapeuten auf mir ruhen. Was zum Himmel passiert hier gerade mit mir?
„Genau!“, ruft Peter mir in diesem Moment zu. „That’s it!“
„Und mit dem nächsten Atemzug kommen zwei dieser Partikel wieder zusammen, und sie wissen genau, wo sie sich treffen müssen. Und diese beiden Partikel bringen zwei weitere Partikel zusammen und jedes Mal gibt es einen Funken Energie. Dann acht Partikel, alle genau am richtigen Fleck und dann 16, 32, 64, 128, 256, 512 ...“, Peter zählt weiter und ich sehe, wie sich mein Körper im Universum innerlich neu zusammensetzt.
„Fünfhunderttausend, eine Million, dann zwei Millionen, vier Millionen und mit jedem Atemzug kehren die Teile zurück. That’s it! Genau!“ Seine Stimme klingt immer euphorischer. „Fühle, wie jedes dieser Teile genau da ist, wo es sein sollte!“
Peter holt mich zurück in die Gegenwart. Langsam öffne ich meine Augen.
Ich sehe in Peters lächelndes Gesicht. „Hi! Wie geht es dir?“, fragt er mich.
„Ich kann meinen Körper gut spüren“, sage ich.
„Besser als vorher?“, fragt er.
„Ein bisschen besser, ja.“

Peter bittet mich, aufzustehen, und fragt mich, ob ich bereit bin für ein weiteres Experiment. Ich nicke. Er bittet mich, eine Hand auf sein Herz zu legen. Dann legt er seine Hand auf mein Herz. „Und jetzt lass uns einfach ein bisschen hier sein“, sagt Peter. So stehen wir lange voreinander und schauen uns in die Augen, ohne etwas zu sagen. „Erlaube dir deine Tränen“, sagt Peter zu mir, und ich spüre, wie mein Brustkorb schwer wird und Tränen über mein Gesicht laufen. Die Zeit scheint für einen Moment still zu stehen.
„Wie geht es Dir?“ fragt er mich.
„Ich fühle mich sehr bewegt“, sage ich mit brüchiger Stimme.

Die Sitzung ist vorbei. Wir setzen uns wieder hin und trinken etwas. Keiner im Raum spricht.

„Jetzt trinken wir alle", meint Anngwyn und Peter hebt seine Wasserflasche in die Höhe. „Auf eine neue Geburt!", ruft er feierlich. Wir stoßen an und Anngwyn sagt: „Auf eine neue Weise, in der Welt zu sein."
„Das passt wirklich gut", sage ich erleichtert. „Denn heute ist unser erster offizieller Drehtag für meinen Film."
„Dann trinken wir auch darauf", sagt Anngwyn.

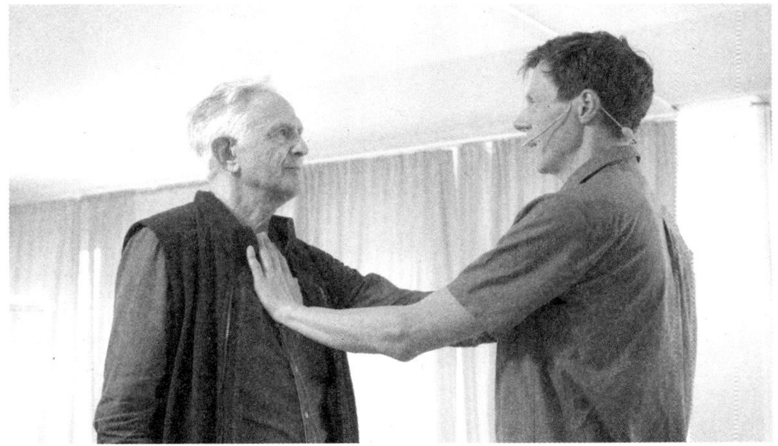

Mit Peter A. Levine beim Seminar „Globales Trauma" in Zürich

„Man sagt, dass Musik eine Sprache ist, die die Welt miteinander verbindet. Ich würde sagen, dass auch Trauma etwas ist, das Menschen zusammenbringt", sagt Peter später, als wir in einem Torbogen in der Nähe des Seminarorts stehen. Wir haben uns mit den beiden Therapeuten zum Interview verabredet und sind vor dem Regen in das Areal einer ehemaligen Kaserne geflüchtet, die heute ein kulturelles Zentrum ist. Die Wände sind voller Graffiti, ein ungewöhnlicher Ort für unser Gespräch. Aber wir haben nicht viel Zeit und bleiben einfach hier. Ich frage Peter nach seiner Methode, die er in der Arbeit mit mir verwendet hat.
„Das war deine Methode", sagt er zu mir. „Du hast sie gestaltet."
„Wie bist du zu den Bildern gekommen, die du in der inneren Reise für mich entworfen hast?", hake ich nach.

Peter erklärt mir, dass er dieses Motiv öfter in seinen Sitzungen verwendet. „Ich habe diese Vision beschrieben, weil ich in der Struktur deines Körpers eine Angst vor Vernichtung sehen kann. Hattest du jemals Angst, verrückt zu werden?“

„Ja, ich kenne solche Ängste“, antworte ich ihm.

„So habe ich dich zu einem Bild geführt, dass diese Angst rekreiert. Du wurdest geschüttelt und hast dich in Millionen von Teilen aufgelöst.“

„Das ist also ein Ausdruck meiner Angst?“, frage ich.

„Ja“, sagt Peter.

„Als du mit mir gearbeitet hast, hattest du da das Gefühl, ich habe ein Trauma?“

Peter und Anngwyn schauen mich amüsiert an. „Wenn nicht, gehörst du zu einer anderen Spezies“, erklärt Peter.

„Dann wärst du nicht hier“, fügt Anngwyn hinzu.

„Also hat jeder ein Trauma?“

„Ja“, meint Peter. „Oft sagen die Leute: Ich muss mein Trauma nicht heilen, andere haben ein viel größeres Trauma. Das stimmt, aber die Wahrheit ist auch: Trauma ist Trauma. Es gibt uns die Chance, Heilung zu erfahren und ein größeres Wohlbefinden und tieferes Bewusstsein zu erlangen.“

Ich erzähle den beiden, dass ich dabei bin, meine Familiengeschichte zu erforschen und die Geschichte meines Großvaters, der während des Krieges in Russland war. „Es ist sehr schwierig für mich, herauszufinden, was genau er getan hat.“

„Das ist aber nicht das Entscheidende“, unterbricht Peter mich, „entscheidend ist, dass er Entsetzliches erlebt hat, Schrecken und Entbehrungen, Kälte und Hunger. Nach unserem Verständnis der Epigenetik wird das zweifellos weitergegeben, vor allem, wenn es um Hunger und Entbehrung geht.“

Anngywn pflichtet ihm bei. „Du solltest auch bedenken, dass jemand unter solchen Bedingungen überlebt, indem er sein Körpergefühl ausschaltet.“

„Wurde das an mich weitergegeben?“, frage ich.

„Absolut“, antwortet Peter.

„Spüre ich meinen Körper kaum und sehe ich mich als Soldat, weil mein Opa in Russland war?“
„Da gibt es eine Verbindung“, meint Peter, und Anngwyn erklärt: „Das war seine Überlebensstrategie. Das ist Epigenetik. Du musst anerkennen, dass es funktioniert hat.“
„Dass es funktioniert hat?“, frage ich verwirrt.
„Für ihn“, sagt Peter. „Aber es ist nicht die beste Strategie für dich, vor allem, wenn du Frau und Kinder haben möchtest.“
„Die habe ich schon“, sage ich.
„Dann erst recht“, lacht Peter.
„Du willst es ja nicht an deine Kinder weitergeben“, ergänzt Anngwyn.
„Genau“, sagt Peter, „das ist der Schlüssel.“

Die beiden Therapeuten müssen gehen. Ich bedanke mich und schaue ihnen hinterher, wie sie eingehakt unter einem Regenschirm in Richtung Straße gehen. Andre Jacomet war die gesamte Zeit bei unserem Gespräch dabei. Wir setzen uns gemeinsam auf eine kleine Rampe und schweigen für eine Weile. „Wenn das erst der erste Drehtag war, wie soll dieses Projekt dann weitergehen?“ Ich schaue Andre fragend an, beide müssen wir lachen.
„Wie hast du das heute wahrgenommen?“, frage ich ihn.
„Ich war überrascht, dass Peter mit dir so eine Sitzung macht. Es war eigentlich eine eigene Sitzung von Peter für dich.“
Ich hatte erwartet, dass ich mit den Therapeuten die Rolle meiner Großväter in meinem Familiensystem beleuchten würde. Dass Peter Levine eine so tiefgehende persönliche Einzelsitzung mit mir macht, ist auch für mich eine große Überraschung.
„Es ist so, als ob Peter hinreichende Bedingungen schaffen wollte für das, was kommt“, fährt Andre fort.
„Wie meinst du das?“, frage ich.
„Damit du genügend bereit bist für das, was jetzt kommt.“
„In meinem Leben?“
„Ja, in deinem Leben, in deinem Prozess, jetzt mit dem Film“, meint Andre. „Du musst ja in der Lage sein, das zu halten, mit dem umzugehen, was jetzt auf dich zukommt in den nächsten Wochen und Monaten.“

„Was meinst du damit, was auf mich zukommt?" Ich bin verunsichert.
„Ich glaube, dass Dinge hochkommen werden, die einen individuellen Bezug haben zu dir, die dich unmittelbar betreffen, berühren, aber auch Dinge, die einen transgenerationalen Aspekt haben, nicht nur dich angehen. Und dass dafür heute ein Gefäß geschaffen wurde, dass es dir erlaubt, damit zu sein."
Ich schaue Andre irritiert an.
„Wie Peter und Anngwyn heute gesagt haben: Nicht das Trauma selbst wiederholt sich. Es ist nur das Ungelöste, das dazu neigt, sich zu wiederholen", erklärt Andre. „Wenn du *jetzt hier* in deiner Auseinandersetzung, die persönlich ist und gleichzeitig für eine Öffentlichkeit bestimmt ist, wenn du in dieser Situation in der Lage bist, das zu halten, was dir begegnet und was in dir hochkommt, dann erfolgt eine Lösung von etwas, das *damals dort* nicht gelöst wurde."
Andre sieht meine Verunsicherung. Er schaut mich aufmunternd an und lacht.
„Darum freut es mich so, dass das heute geschehen ist."

Ich werde in den kommenden Wochen und Monaten sehr oft an dieses Gespräch mit Andre und an die Sitzung mit Peter und Anngwyn denken. Es kommen tatsächlich Dinge hoch, die mein Leben umkrempeln werden.

Kapitel 6: **Stürmische Zeiten**

Auf dem Rückweg aus der Schweiz, an der deutschen Grenze, kann ich vom Zugfenster aus den mächtigen Rheinfall von Schaffhausen sehen. Es ist ein wunderbares Bild, wie sich die Wassermassen in den Fluss ergießen.

Ich fahre zurück in den Schwarzwald, zu meinen beiden Kindern und zu meiner Frau. Doch zuhause ist nichts mehr, wie es war. Nur wenige Tage nach meiner Rückkehr aus Zürich erfahre ich von meiner Frau, dass sie sich von mir trennen will. Wir sind zu dieser Zeit seit acht Jahren verheiratet, haben zwei wundervolle Kinder und arbeiten auch beruflich zusammen. Ihre Entscheidung trifft mich wie ein Schlag und zieht mir den Boden unter den Füßen weg. Ich mache in den kommenden Wochen und Monaten die Erfahrung, was es bedeutet, wenn ein Trauma die eigene Familie in den Grundfesten erschüttert.

In dieser turbulenten Zeit denke ich oft an meine Sitzung mit Peter Levine. Es ist unheimlich – so als ob meine innere Reise Wirklichkeit wird. Ich sehe das Bild der beiden Hände vor mir, die mich von oben aus dem Himmel ergreifen und mich durchschütteln, bis ich mich auflöse. Genau so fühlt es sich in diesem Moment an. Ich muss an Andres Worte denken, dass die Sitzung mit Peter mich darauf vorbereitet hat, was jetzt in meinem Leben auf mich zukommt. Es erscheint mir, wie eine sich selbst erfüllende Prophezeiung: „Wenn du in der Lage bist, das zu halten, was dir begegnet und was da in dir hochkommt, dann passiert eine Lösung von etwas, was damals dort nicht gelöst wurde." Doch in diesen Tagen fühlt es sich nicht immer so an, dass ich den Schmerz ertragen kann.

Ich halte mich an meiner Kamera fest und beginne damit, Tagebuchaufnahmen von mir selbst zu machen. Es ist Hochsommer, und ich sitze in einem roten Bauwagen im Garten. Hier schneide ich sonst meine Filme. In der heißen Phase der Trennung wird der Wagen zu einem Ort, an den ich mich zurückziehen kann. Die Kamera ist dabei meine stete Begleiterin. Wie eine Freundin, der ich zu jeder Tages- und Nachtzeit von mir und meinen Gefühlen erzählen kann. Vor ihr weine ich hemmungslos und lasse meiner Verzweiflung freien Lauf. Das Leben erscheint mir ungerecht – als ob ich in einem falschen Film gefangen bin. Wenn ich wütend werde, hacke ich Holz im Garten. Das hilft. Die Kamera nimmt mich dabei auf. Sie ist die stille Zeugin meiner Ohnmacht. Sie wertet nicht, sie gibt mir keine klugen Ratschläge. Sie ist einfach nur da. Ihre Präsenz hilft mir dabei, aus meinen negativen Gedanken auszusteigen, indem ich sie in Worte fasse. Diese Aufnahmen landen später nicht im Film. Aber sie sind wichtig für mich, um mit dem Verlust meiner Beziehung fertig zu werden.

Für unser Umfeld, für meine Familie und für meine Freunde bricht mit unserer Trennung eine Welt zusammen. Wir waren für viele ein Traumpaar, der Inbegriff einer glücklichen Ehe. Mir wird klar, dass ich in einer Illusion gelebt habe. Ich frage mich, ob das Ganze etwas mit meinem Projekt zu tun hat. In dem Moment, wo ich mit dem Dreh beginne und zu neuen Ufern aufbreche, verlässt mich meine Frau und fängt von einem auf den anderen Tag ein neues Leben an. Es erscheint mir wie eine Flucht. Ich kann nicht fassen, wie plötzlich das alles geschieht. Konflikte, die seit Jahren zwischen uns geschwelt haben, brechen jetzt deutlich hervor. Mit jedem Tag entfernen wir uns mehr voneinander. Unser Vertrauen geht verloren. Ein Krieg beginnt. Es werden Fronten aufgebaut. Die Art und Weise, wie all das passiert, hat etwas Traumatisches an sich. Mir geht es manchmal viel zu schnell.

Ich träume in der Nacht von einer riesigen Flutwelle, die über mich hereinbricht und mich wegreißt. Das entspricht genau meiner Gefühlslage am Tag. Es reißt mich mit, es gibt keinen Boden mehr, keinen Halt, ich zerfalle in meine kleinsten Teile.

Aus dem geplanten Familienurlaub im Sommer wird nichts.

Kapitel 7: **Ein Geschenk des Himmels**

Meine Frau plant ihren Auszug und fährt mit den Kindern und ihrem neuen Partner in die Ferien. Ich bin zum ersten Mal ganz allein in unserem Haus im Schwarzwald und werde völlig auf mich selbst zurückgeworfen. Abends mache ich mir ein Lagerfeuer im Garten und schaue wie betäubt in die Flammen. Ich weiß nicht, wie es weitergehen soll und vertraue der Kamera meine Sorgen an.

> *Ich kann mir jetzt nicht vorstellen, alleine irgendwo in eine Waldhütte zu gehen, ich will in Kontakt gehen mit anderen Leuten. Einfach mich zeigen, so wie ich das jetzt hier auch mache. Das ist schon nicht so einfach – sich zu zeigen.*
> *Und ich glaube, das ist auch das Problem dieser Beziehung, dass ich mich einfach nicht genug gezeigt hab. Meine Gefühle ihr gegenüber nicht genug ausgedrückt habe, weil sie sagt, sie spürt meine Liebe nicht. Fuck! Das ist einfach alles hier. Dieses Leben bedeutet mir alles – meine Familie, meine Kinder.*
>
> – Videotagebuch –

Aus einem spontanen Impuls heraus buche ich einen Theaterworkshop in Frankreich. Ich setze mich in den Zug und fahre nach Aix-en-Provence. Am Bahnhof begegne ich einer jungen Frau mit langen blonden Haaren. Wir wollen in zwei unterschiedliche Taxis steigen. Doch dann winkt sie mir zu, und es stellt sich heraus, dass wir das gleiche Ziel haben. So teilen wir uns einen Wagen und kommen auf der Rückbank ins Gespräch. Antonia hat ein strahlendes Lachen und leuchtende blaue Augen. Wir sind uns auf Anhieb sympathisch. Sie ist angehende Körperpsychotherapeutin. Der Workshop ist ein Teil ihrer Ausbildung.

Am Rande der Stadt setzt uns der Taxifahrer am Seminarhaus ab. Es ist ein verwunschener Ort, an dem wir für zwei Wochen leben. Ein altes, etwas heruntergekommenes Herrenhaus steht im Zentrum des mit Sträuchern und Pflanzen bewachsenen Grundstücks. Unter den Kiefernbäumen haben Teilnehmer ihre Hängematten aufgespannt. Eine kleine Oase fernab der Welt.

Das Seminar ist eine Kombination aus Schauspielelementen und therapeutischer Körperarbeit nach Wilhelm Reich. Es geht darum, die seelischen Panzerungen, die sich während des eigenen Lebens im Körper aufgebaut haben, Schritt für Schritt zu lösen. Dies geschieht über vertieftes Atmen, intuitive Bewegung, Tanzen, Schauspiel, körperliche Berührung und den authentischen Ausdruck seiner Gefühle im Kontakt mit den anderen Teilnehmern in der Gruppe. Eine wilde, intensive Mischung. Genau das, was ich brauche, um dem, was sich seit der Trennung in mir aufgestaut hat, Luft zu verschaffen.

Unsere Hauptaufgabe besteht darin, eine Szene zu proben, die am Ende der beiden Wochen aufgeführt wird. Wie es das Schicksal will, hat der Leiter des Kurses Antonia und mich als Spielpartner vorgesehen. Die Szene aus einem Stück von Harold Pinter zeigt einen anzüglichen Dialog zwischen einem zynischen Geschäftsmann und einer Frau, die seinen Annäherungsversuchen gekonnt standhält.

Während der Proben kommen wir uns näher und verlieben uns ineinander. In einer lauen Vollmondnacht liegen wir auf einer Decke in den Feldern der Provence und schauen zusammen in den klaren Sternenhimmel. Es ist fast zu schön, um wahr zu sein. Ich bin voller Dankbarkeit, dass das Leben mir diese Frau geschickt hat.

Bei der Aufführung vor allen Teilnehmern spielen Antonia und ich unsere Szene. Wir haben richtig Spaß dabei, das Flirrende in der Begegnung zwischen Mann und Frau auf die Bühne zu bringen. Die Zuschauer klatschen begeistert.

Nur eine Woche nach dem Seminar entscheiden wir uns spontan, auf Einladung einer befreundeten Fotografin, gemeinsam nach Dänemark zu reisen in ein Ferienhaus an der Küste. Es wird langsam Herbst und die Nordsee ist frisch. Wir springen trotzdem ins Meer und laufen lachend über den menschenleeren Strand.

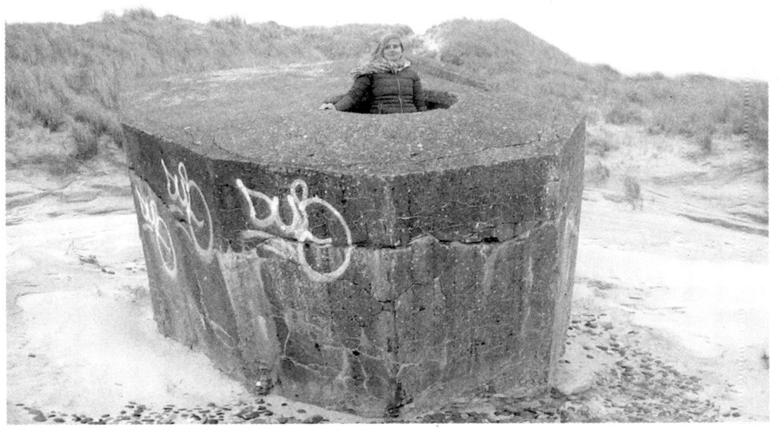

Mit Antonia an der dänischen Küste

Doch auch hier lässt mich der Krieg nicht los. Bei einer Fahrradtour begegnen wir einer großen Gruppe von Soldaten mit schweren Maschinengewehren, die an uns vorbeimarschieren. Ein Panzer kreuzt die Straße auf dem Weg zu einem Manöver.

Am Strand finden wir die Überreste von Bunkern aus dem Zweiten Weltkrieg. Es sind eigenartige Fremdkörper in der malerischen Dünenlandschaft. Die klobigen Betonklötze erinnern an die deutsche Besatzung Dänemarks. Die Wehrmacht hatte die Bunker zur Verteidigung gegen die Alliierten an der Westküste in Stellung gebracht.

Antonia klettert in eines der dunklen Löcher hinein und taucht plötzlich lachend in einer Öffnung am Dach wieder auf. Mit ihr bekommt selbst ein Bunker etwas Leichtigkeit.

Ich denke öfter an meine innere Reise mit Peter Levine und an das Bild, wie sich mein Körper, mein Leben, Stück für Stück neu zusammensetzt.

Antonia und ich werden ein Paar. Wir führen eine Fernbeziehung. Sie lebt in Heidelberg, und ich bleibe in unserem Haus im Schwarzwald. Meine Kinder behalten ihr Zuhause an dem Ort, wo sie geboren und aufgewachsen sind.

Es kann kein Zufall sein, dass ich ausgerechnet in dieser Phase einer Frau begegne, die sich gerade sowohl in ihrem Leben wie in ihrer Ausbildung damit beschäftigt, was auch mich gerade am meisten bewegt: die Auseinandersetzung mit sich selbst und mit Trauma. Als Kind hat Antonia die Scheidung ihrer Eltern erlebt. Sie wird für mich zu einer wichtigen Gesprächspartnerin, wenn es darum geht, Lösungen zu finden für Konflikte, die aus der Trennung entstehen.

Unsere Verbindung erweist sich auch als sehr fruchtbar für meinen Film. Antonia hat zwar bisher keine Erfahrungen im Filmemachen, arbeitet sich aber sehr schnell ein und übernimmt wichtige Aufgaben im Produktionsbüro. So kann ich mich als nun alleinerziehender Vater um meine Kinder kümmern und weiter an meinem Filmprojekt arbeiten.

Ich setze meine Spurensuche fort.

2. TEIL:
SPURENSUCHE

Kapitel 8: **Soldat in Nadelstreifen**

Ich bin in einem nebligen Birkenwald und sitze in einem Panzer. Vom Führerhaus schieße ich mit einem Maschinengewehr. Die Waffe hat einen gewaltigen Rückschlag. Zuerst gebe ich noch gezielte Schüsse ab, dann nimmt mir der Pulverdampf die Sicht. Irgendwann schieße ich ohne zu schauen, ohne zu zielen. Ein ohrenbetäubender Lärm. Ich schieße und schieße, bis mein Magazin leer ist. Dann wird es ganz still. Betäubt taumele ich aus dem Panzer, steige ab und gehe in den Wald. Ich renne weg, hetze panisch durch das Unterholz, bis ich an einen Bach gelange. Schwer atmend bleibe ich stehen und schaue in das fließende Wasser.

– Traumtagebuch –

Meine ersten Kriegsträume habe ich mit Mitte zwanzig. Ich träume davon, dass ich in Russland bin. Manchmal bin ich auf der Flucht. Verzweifelt versuche ich einen Zug Richtung Heimat zu erwischen. Endlose Bahnsteige. Ich verpasse den letzten Zug. Oft bin ich in Gefahr, getötet zu werden. Oder ich lade selbst Schuld auf mich und fühle mich verantwortlich für den Tod anderer Menschen. Woher kommen meine inneren Bilder?

Mit meiner Heilpraktikerin spreche ich über meine Träume und deren Ursprung. Nachdem wir in meinem gegenwärtigen Leben keine Anhaltspunkte finden können, spricht sie mich auf meine Großeltern an. Als ich ihr vom Schicksal meines Großvaters Fritz erzähle, fange ich plötzlich an zu weinen. Mir war gar nicht bewusst, wie tief mich seine Geschichte bewegt. Ich sehe mich noch als kleinen Jungen, wie ich auf seinem Schoß sitze und er mir vom Krieg erzählt – von den Kesselschlachten in Russland und von seiner Verwundung. Es ist eine merkwürdige Mischung aus Sehnsucht nach diesem Menschen und einem tiefen Mitgefühl für das Leid, das er im Krieg erlebt haben muss.

Nachdem wir eine Weile darüber gesprochen haben, fragt mich die Homöopathin, was denn mit meinem anderen Großvater sei, dem Vater meines Vaters.
„Opa Hans?“, frage ich überrascht. „Über den weiß ich nur sehr wenig.“
„Dann lohnt es sich vielleicht, da genauer hinzuschauen, denn oft liegen die spannenden Geschichten im Verborgenen“, sagt sie.
In diesem Moment wird meine Neugier geweckt. Warum weiß ich eigentlich nur so wenig über die Geschichte von Opa Hans?

Bei nächster Gelegenheit spreche ich mit meinem Vater darüber. Wir sitzen zuhause in seinem Büro. Doch er weiß selbst nur sehr wenig über die Kriegsgeschichte seines Vaters. Er kramt ein paar Bilder aus einem Karton, kleinformatige Aufnahmen aus Kriegszeiten. Mit einem Gewehr liegt er auf dem Boden und strahlt siegessicher in die Kamera. Auch auf den anderen Bildern ist er lächelnd zu sehen. Auf einem Foto sitzt er auf einer Bank in der Bildmitte, umringt von seinen Kameraden. Als Einziger in der Gruppe hat er silberne Litzen am Kragen seiner Uniform. Er scheint ihr Vorgesetzter zu sein und sieht sehr zufrieden damit aus.

„Was meinst du? Warum lächelt er auf all diesen Bildern?“, frage ich meinen Vater.
„Mir kommt das auch komisch vor“, entgegnet er mir. „Das ist eine Frage, die mich schon mein ganzes Leben lang begleitet: Was hat er angestellt? War er so ein normaler Befehlsempfänger?“, fragt er und zeichnet dabei mit seinen Fingern Anführungsstriche in die Luft. „War er ein Opfer der Umstände oder war er Täter?“ Mein Vater lässt eine kleine Pause und setzt fort: „Und der Verdacht, den ich habe, ist, dass er auch Täter war.“

Ich schaue mir die Fotos meines Großvaters genauer an. Auf einem Bild trägt Opa Hans eine helle Uniform mit drei Orden auf der Brust, auf einem anderen ein eisernes Kreuz. Er sieht stolz aus, selbstbewusst, ein attraktiver junger Mann mit akkuratem Seitenscheitel, über den Ohren sind die Haare kurz rasiert. Auf seinem Kragen sind zwei Schwingen zu sehen. Im Internet finde ich Bilder der verschiedenen Uniformen aus dem Zweiten Weltkrieg. Die Schwingen symbolisieren

Vögel und sind das Zeichen der Luftwaffe. Die silbernen Litzen stehen für seinen militärischen Rang. Opa Hans war anscheinend Feldwebel. Das Wort klingt für mich verwegen. Auf späteren Fotos sind weitere Vögel und Litzen auf seinem Kragen zu sehen, was bedeutet, dass er befördert wurde.

Die alten Aufnahmen faszinieren mich. Es sind historische Dokumente aus dem Zweiten Weltkrieg, und zugleich zeigen sie meinen Opa. Das ist befremdlich. Der Krieg rückt auf einmal sehr nah. Ich studiere den Blick meines Großvaters auf dem Bild, bei dem er auf dem Erdboden mit einem Gewehr posiert. Was geht im Moment der Aufnahme wohl in ihm vor? Warum lächelt er? Das verschmitzte Lächeln kenne ich von meinem Vater und von mir selbst. Was hat dieser Mann im Krieg erlebt?

„Ich glaube, mein Vater hat auf ein großes Fass in seinem Innern einen ziemlich dicken Deckel geschraubt. Es hat aber nach wie vor in ihm gegärt und gebrodelt“, sagt mein Vater nachdenklich. „Das hat sich für mich als Kind dadurch gezeigt, dass er häufig in einer gigantischen Lautstärke die Leute in seiner Werkstatt zusammengebrüllt hat. Ich bin weitestgehend verschont geblieben, aber ich habe das immer mitbekommen, weil es durch das ganze Haus dröhnte.“

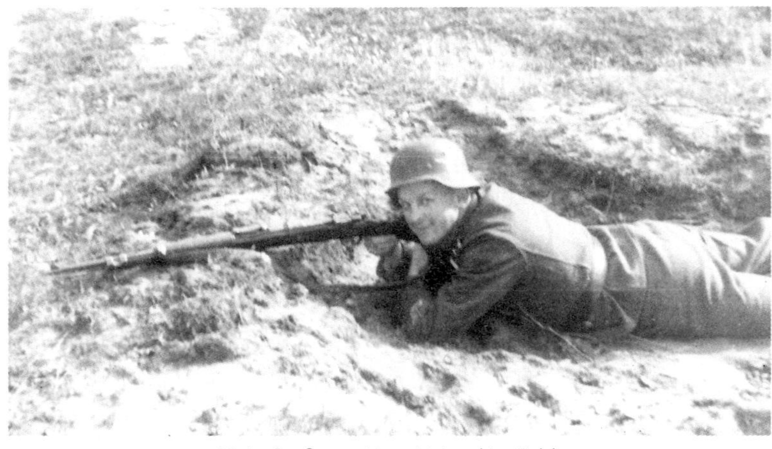

Mein Großvater Hans Heinzel im Feld, undatiert und ohne Ortsangabe

Die Stimme meines Vaters schwillt an: „Ich habe immer gedacht, wie kann sowas gehen, wegen so einer Kleinigkeit so auszurasten, so zu explodieren – wirklich regelrecht zu explodieren?"
Für meinen Vater ist das unkontrollierte Verhalten meines Großvaters ein Zeichen dafür, dass er die Erlebnisse aus dem Krieg nicht aufgearbeitet hat. Ich frage ihn nach seiner eigenen Kindheit.

Klaus wurde 1953 geboren, mitten im Kalten Krieg. Er erinnert sich noch daran, wie er als kleiner Junge vor dem Spiegel stand und versuchte, den Namen des sowjetischen Präsidenten fehlerfrei auszusprechen. „Wenn die Russen kommen, wollte ich den Satz sagen: ‚Ich bin ein Freund von Nikita Chruschtschow'."

Die Erinnerung meines Vaters berührt mich. Ich sehe ihn vor mir, wie in einem Schwarz-Weiß-Film aus den Sechzigerjahren: Der kleine Klaus steht mit einem brav geschniegelten Seitenscheitel vor dem Spiegel und strengt sich an, den fremden russischen Namen über die Lippen zu bekommen. Chruschtschow. Wie clever von meinem Vater, dass er sich den Namen des russischen Präsidenten merken wollte, um sich auf einen möglichen Einmarsch der Sowjets vorzubereiten.

„Die Russen kommen." Dieser Satz steht wie kein anderer für die Angst der Deutschen davor, dass wieder Krieg ist, dass sich Geschichte wiederholt, das ganze Elend von vorne beginnt. Er ist tief eingraviert in unser kollektives Bewusstsein und in meine Träume.

Auch ich bin ein Kind des Kalten Krieges. Seit den Achtzigerjahren begleitet mich die Angst vor einem drohenden Atomkrieg. Die Möglichkeit, dass von einem auf den anderen Tag alles zerstört ist. Dass irgendwo am anderen Ende der Welt ein Mann auf einen roten Knopf drückt, die Atomraketen von Ost nach West und von West nach Ost fliegen. Und dass dann alles vorbei ist. Schon als kleiner Junge habe ich mir vorgestellt, wie ich als einer der wenigen Überlebenden mit den anderen Kindern durch die zerstörte, verstrahlte Landschaft ziehe, auf der Suche nach etwas Essbarem. So wie es Gudrun Pausewang in ihrem Buch „Die letzten Kinder von Schewenborn" beschreibt. Es ist eine ganz tiefsitzende elementare Angst vor der Vernichtung des Lebens, der Zerstörung des Paradieses.

Als im April 1986 der Atomunfall von Tschernobyl in der Bundesrepublik bekannt wurde, war ich sieben Jahre alt. Es gab eine bedrohliche Wolke aus dem Osten, die mit ihrem tödlichen Regen sogar die Gänseblümchen in unserem Garten verstrahlte. So hat es mir damals meine Mutter erklärt. Dieses Bild war so stark in mir verankert, dass ich später an der Filmhochschule einen Film über die Folgen von Tschernobyl in meiner Generation gedreht habe. Für „Lost Paradise" bin ich in die Geisterstädte des verlassenen Sperrgebiets rund um den Reaktor gefahren. Mit Olga, die die Katastrophe als Achtjährige überlebte und damals mit ihrer Familie evakuiert wurde. Gemeinsam haben wir ihre ehemalige Wohnung gesucht, in Pripjat, einer Geisterstadt, die nach und nach von der Natur zurückerobert wird. Bäume und Pflanzen durchbrechen dort heute den Asphalt. Es ist ein faszinierender Anblick, wie der Wald in die Stadt zurückkehrt. Er täuscht darüber hinweg, dass das Land für Jahrhunderte unbewohnbar sein wird.

Jetzt, während ich das schreibe, fällt mir auf, dass ich in meiner Auseinandersetzung mit den Folgen des Krieges in meiner Familie etwas Ähnliches suche wie damals in der Tschernobyl-Zone. Ich will etwas sichtbar machen, das eigentlich unsichtbar ist. So wie sich die Radioaktivität dem menschlichen Auge entzieht, ist auch die Weitergabe eines Kriegstraumas von einer auf die nächste Generation auf den ersten Blick nicht zu erkennen.

Wie zeigte es sich im Leben meines Großvaters Hans, der dieses Trauma im Alter von 25 Jahren selbst erleben musste? Welche unsichtbaren Spuren haben die Kriegserfahrungen bei ihm hinterlassen?

Ich will mit meinem Vater in den Wald gehen, um mit ihm darüber zu sprechen. Der Wald hat eine besondere Bedeutung für mich. Ich liebe den harzigen Duft der Bäume, die frische Luft und das Rauschen der Blätter. Im Wald kann ich auftanken und klare Gedanken fassen. Auch für meinen Vater ist der Wald ein Rückzugsort.

In den vergangenen Jahren hat er – parallel zu seiner Arbeit – eine Ausbildung als Naturcoach und Wildnispädagoge gemacht. Er hat seinen Job als Vorstand einer mittelständischen Aktiengesellschaft aufgegeben und sich selbstständig gemacht. Klaus will seinen Traum verwirklichen, Menschen zurück in die Natur führen. Der Bewusstseinswandel, der in den vergangenen Jahren bei ihm stattgefunden hat, ist enorm. Mein Vater konnte sich selbst nicht mehr glauben, wenn er im Auftrag der Firma das ewige Wachstum predigen sollte. Er führte ein Doppelleben. Während er werktags in teuren Anzügen von Umsatzzielen und Profitsteigerung sprach, besuchte er in seiner freien Zeit Schwitzhütten-Zeremonien.

Für diese innere Zerrissenheit will ich ein Bild finden und habe meinen Vater gebeten, seine alte Verkleidung zu tragen. Ich filme ihn dabei, wie er in Anzug, Krawatte und Trenchcoat durch einen lichten Birkenwald stapft. Ihm ist sichtlich unwohl dabei. Ich frage ihn, was der Anzug für ihn bedeutet.

„Der Anzug gehörte früher einfach dazu. Das war das Kostüm für die Rolle, die ich gespielt hab, auch mit großem Ernst." Er erzählt mir von einer Firma, in der er gearbeitet hat. „Die Arbeiter haben das Verwaltungsgebäude, in dem wir saßen, als Krawattenbunker bezeichnet. Was ganz bezeichnend ist. Da hatten wir in diesem Kostüm nicht das allerbeste Image, um es mal vorsichtig auszudrücken."
„Bunker ist ja auch eine militärische Bezeichnung", antworte ich.
„Richtig, ja. Es sind ja auch viele Begrifflichkeiten im Geschäftsleben mit dem Militärischen verbunden oder sogar direkt daraus abgeleitet. ‚Task Force' ist auch so ein Begriff. Oder der ‚Kampf mit dem Wettbewerber' und die ‚Fronten', die man innerhalb und außerhalb des Unternehmens aufmacht, um sich gegenseitig zu bekämpfen."
„Ist der Anzug eine Uniform für dich?"
„Ja, das ist eine Uniform. Ich bin ja viel geflogen, und wenn ich hier in Stuttgart in früher Stunde am Terminal 1 stand, dann war das wie eine Szene aus Momo, wo es um die grauen Herren geht: schwarzer oder grauer Anzug, in der Regel mit schwarzem Aktenkoffer oder Trolley im Handgepäck. Da standen Hunderte von Männern, die so gekleidet waren und sich vor dem Check-in versammelten. Und auch immer mehr Frauen in schwarzen Hosenanzügen. An dieses Bild konnte ich mich nie gewöhnen."
„Wie hast du dich in dieser Uniform gefühlt?"

„Ich habe mich viele Jahre lang wohlgefühlt da drin und mir auch keine Gedanken darüber gemacht. Die Uniform ist ja auch ein Schutzschild. Ein gewisses Zusammengehörigkeitsgefühl entsteht dadurch, dass alle gleich gekleidet sind."

„Inwieweit war denn dein Leben in der Wirtschaft ein Krieg?"

„Ich würde sagen, es war ein Kampf. Ich war im Marketing und Vertrieb unterwegs, und da durfte man sich nicht allzu viele verlorene Schlachten leisten. Ich habe Karriere gemacht, auch mit Ellenbogen. Das war mir möglich, weil ich erfolgreich war und weil ich Wettbewerber verdrängt habe. Man hat auch versucht, mich zu verdrängen. In meinem unmittelbaren Umfeld gab es Leute, die durchaus ein vitales Interesse an meinem Job hatten, den gerne machen wollten. Ich habe mir das teilweise sogar gewünscht, das waren nicht die schlechtesten Leute. Wer diese Motivation hatte und die Antriebskraft, der wusste auch, er kann das nur erreichen, wenn er einen exzellenten Job macht. Insofern war das eine gute Motivation, die haben einen guten Job gemacht. Eine gewisse Wachsamkeit war da durchaus empfohlen."

Wenn mein Vater von seiner Zeit in der Wirtschaft spricht, verändern sich sein Tonfall und seine Sprache. Er klingt unpersönlicher. Ich spreche ihn darauf an.

„Das mag sein", antwortet er nachdenklich. „Mir ist diese Zeit noch sehr nahe und vielleicht kehre ich dann wieder in diese Sprache zurück. Eine lange geübte Rolle. Das prägt, keine Frage."

Wir suchen uns einen Platz im Wald, um das Interview zu führen. Mein Vater setzt sich auf einen Baumstumpf. Er hebt einen kleinen Ast vom Boden auf und nestelt nervös daran herum. Er will wissen, welche Fragen ich für ihn vorbereitet habe. Im Grunde habe ich nichts vorbereitet. Ich will gerne mehr über ihn und das Verhältnis erfahren, dass er zu seinem Vater hatte.

„Ich hatte keinen Vater, ich hatte eine ‚Vater Morgana'", sagt er. „Er war nicht präsent, nicht anwesend, eben nie da. Mein Vater hatte ja ein Geschäft und das war letztlich sein Leben", sagt er und hält kurz inne. „Ich erinnere mich an sehr wenige gemeinsame Erlebnisse oder Stunden, die ich mit meinem Vater verbracht habe. Er hat sich keine Zeit für mich genommen, und das hat natürlich unser Verhältnis geprägt, da war eine ziemlich große Distanz. "

„Was glaubst du denn, warum das so war? Woher kommt diese Kälte?"
„Kälte ist immer da, wenn keine Liebe da ist. Eine ganz frühe Kindheitserinnerung von mir ist, dass ich nie in den Kindergarten wollte. Aber eines Morgens hat mich meine Mutter durch das ganze Dorf geschleift. Sie hat mich an den Armen genommen, meine Füße schleiften auf dem Boden, weil ich nicht gehen wollte. Sie hat mich in den Kindergarten reingezerrt und ich musste dableiben." Wenn mein Vater davon erzählt, spüre ich, wie dieses Erlebnis immer noch an ihm zieht.
„Auch die Schulzeit war für mich ein Horror, weil da eben gute Noten erwartet wurden, und ich diese Erwartung definitiv nicht bedient habe. Mein Vater hat erwartet, dass ich beruflich in seine Fußstapfen trete und die Firma übernehme. Aber ich hatte mit der Schreinerei wenig am Hut. Ich wollte eigentlich Journalist werden, bin dann aber irgendwie zum Kaufmann geworden."

Bei meinem Vater ging es darum, nach einer Kindheit mit wenig Liebe möglichst schnell unabhängig zu werden und die Flucht aus seinem Elternhaus anzutreten. Er berichtet mir von einem entscheidenden Moment, als er seinen Eltern erzählte, dass er eine kaufmännische Lehre beginnen und ausziehen wolle. Sie saßen am Küchentisch und seine Eltern reagierten entsetzt.
„Meine Mutter hat die Hände über den Kopf geschlagen und laut ausgerufen: ‚Oh mein Gott, er wird Vertreter!'"
Sein Vater reagierte nicht weniger schroff.
„Du wirst schon sehen, wohin das führt. In ein paar Wochen liegst du hier unter dem Tisch und bettelst mich um ein paar Pfennige an."
Diesen Satz gibt sein Vater ihm mit auf den Weg. Für Klaus ist genau dieses Bild eine Horrorvision und zugleich der Antrieb für seine Karriere. Alles, nur das nicht. Um jeden Preis will er von nun an Geld verdienen, um unabhängig von seinen Eltern zu werden. Nach seiner Ausbildung zum Industriekaufmann arbeitet er in unterschiedlichen Firmen.

Kurz nach meiner Geburt wechselt mein Vater seine Arbeitsstelle und geht in den Verkaufs-Außendienst für eine Firma, die Armbanduhren herstellt. Der neue Job bietet ihm die Möglichkeit, einen Tag in der Woche frei zu nehmen, damit er mehr Zeit für mich hat. Doch diese Stelle behält er nicht lange. Mit jedem Firmenwechsel folgt eine höhere Position. Vom Außendienstmitarbeiter wird er zum Vertriebsleiter bei namhaften Herstellern in der Elektrowerkzeugbranche. In seinem beruflichen Leben ist mein Vater immer dem Geld gefolgt. Es ist nicht so, dass ihm seine Arbeit keine Freude gemacht hat. Ich erinnere mich daran, mit welcher Leidenschaft er zuhause geschäftliche Telefonate geführt hat. Bei diesen Gesprächen war er immer gut aufgelegt und hat kleine Späße mit seinen Kollegen und den Kunden gemacht. Als Kind habe ich ihm fasziniert dabei zugeschaut und zugehört. Für meinen Vater war die Arbeit Mittel zum Zweck. Es ging darum, Geld zu verdienen.

Den Beruf an die erste Stelle zu setzen, ist etwas, das ich auch aus meinem Leben kenne. Ich verausgabe mich regelrecht für meine Filmprojekte. Über sechs Jahre arbeite ich bereits an diesem Projekt. Ist auch das ein Grund dafür, dass meine Ehe zerbrochen ist? Ich zähle weder die Stunden noch gönne ich mir viele Pausen. Die Arbeit geht vor. Ist die Überforderung, die ich bei mir erlebe, ein Muster, das ich von meinem Vater übernommen habe? Will ich auf diese Weise seinem Erfolg nacheifern, um ihm etwas zu beweisen?

Mein Vater hat auch in meiner Kindheit jede Menge Überstunden gemacht und war viel unterwegs. Sein Ziel war es, Karriere zu machen, und die Leiter immer wieder ein kleines Stückchen höher zu klettern. Bis in die Vorstandsetage eines mittelständischen Unternehmens. Es gibt ein Pressefoto aus dieser Zeit. Es zeigt meinen Vater auf einem Laufband in einem schwarzen Anzug mit gestreifter Krawatte. Etwas starr steht er da, so als ob er den Bauch einzieht und die Luft anhält. Durch seine rahmenlose Brille schaut er mit einem professionellen Lächeln in die Kamera.

Ich denke an das Bild meines Großvaters, wie dieser in der Uniform mit seinem Gewehr posiert.
„Erkennst du dich selber auch in deinem Vater?“, frage ich ihn.
„Ja, durchaus, in dieser Hinsicht war ich in meinem Berufsleben auch ein guter Soldat, der funktioniert hat und der sich an dem ausgerichtet hatte, was seine – ich bleib da mal in der Sprache – was seine

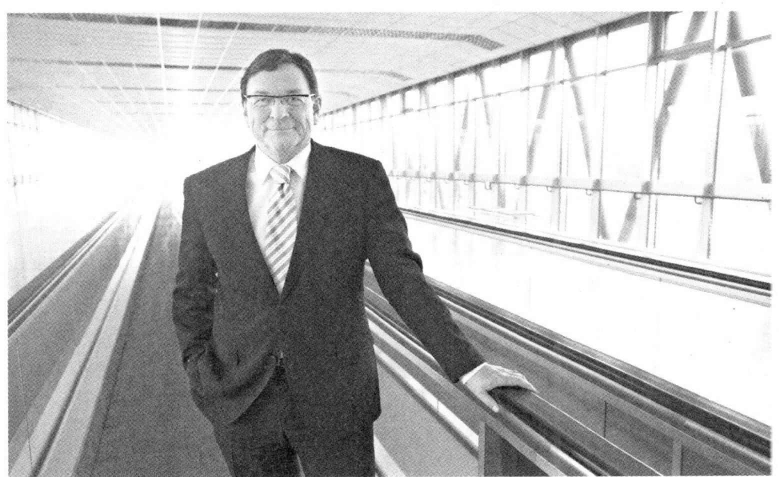

Mein Vater in seiner Zeit als Vorstandsmitglied, 2010

Generäle oder Offiziere von ihm erwartet haben: Disziplin, Gehorsam, manchmal auch vorauseilender Gehorsam. Das ist so ein Bild, das ich von meinem Vater auch habe", sagt er und fügt schelmisch grinsend hinzu:
„Dass ich diese Anpassungsfähigkeit mitbringe, siehst du ja auch hier sehr gut. Daran, dass du die Idee hattest, dass ich im Anzug mit Krawatte mitten im Wald sitze, und ich das sogar mache."

Wenn ich später meinen Film im Kino zeige, wird an dieser Stelle viel gelacht. Das ist die große Stärke meines Vaters. Er schafft es auf spielerische Weise, mit seinem Charme andere Menschen von sich einzunehmen. Auch wenn es hier eigentlich um eine ernste Sache geht, wirkt sein Humor befreiend, und ich muss jedes Mal mitlachen. Vielleicht hat mein Vater dank dieser Qualität eine solche Karriere hingelegt.

Wir blicken zurück: Auch mein Großvater Hans war Unternehmer. Als eines von vierzehn Geschwistern wird er 1914 zu Beginn des Weltkriegs in Niederschlesien geboren, am Fuße des Riesengebirges, mit Blick auf die Schneekoppe. Sein Vater Ferdinand und seine sieben Brüder sind Bergleute im Kohleabbau. Doch mein Großvater ist wohl zu schmächtig für diese Arbeit, und zuhause reicht das Essen nicht für alle. Mit achtzehn Jahren verlässt er sein schlesisches Elternhaus auf einem klapprigen alten Fahrrad, er hat nur ein Handtuch dabei und fährt vom Riesengebirge bis nach Kassel, wo schon einer seiner Brüder lebt. In Nordhessen beginnt mein Großvater ein neues Leben. Er macht eine Lehre als Tischler und gründet seine eigene Schreinerei. 1938 heiratet er meine Großmutter Margarete Fehr, eine Näherin aus Dörnhagen bei Kassel. Ein Jahr darauf bekommen sie eine Tochter, meine Tante Gudrun.

Kapitel 9: „Dein Opa war kein Nazi"

Ich fahre nach Dörnhagen bei Kassel, in den Heimatort meines Vaters und besuche meine Tante Gudrun. Sie ist die Einzige, die noch etwas wissen könnte über meinen Großvater. Ich habe Gudrun viele Jahre nicht gesehen. Sie freut sich sehr, als ich vor der Tür stehe. Sie ist im Oktober 1939, kurz nach Kriegsbeginn, auf die Welt gekommen und ist die Einzige in unserer Familie, die diese Zeit noch selbst als Kind erlebt hat.

Als ich sie frage, ob sie sich dadurch besonders geprägt fühlt, winkt sie ab. „Ach, das war halt damals so." Ich wünsche mir, mehr von ihr zu erfahren. Etwas, das mich auf meiner Suche weiterbringt. Ich bitte sie, nach Fotos zu schauen. „Ach, die sind irgendwo im Keller, die finde ich jetzt nicht auf die Schnelle", sagt sie und schüttelt den Kopf. Ich merke, dass sie sich nur ungern mit diesem Thema auseinandersetzen will. Doch ich bleibe hartnäckig und bitte sie, nachzuschauen. Schon nach kurzer Zeit kommt sie mit einer Schachtel voller Fotografien zurück.

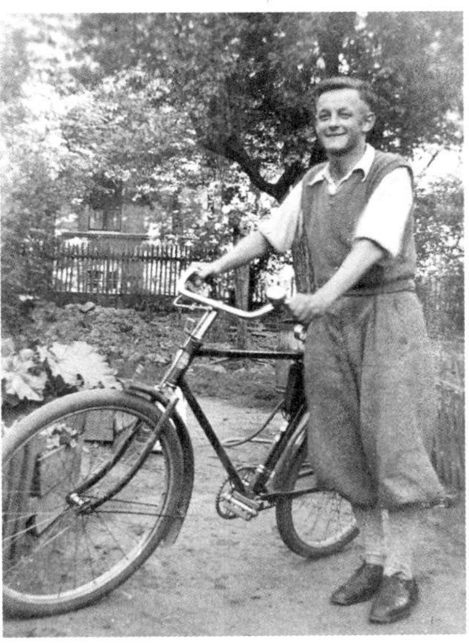

Mein Großvater Hans mit seinem Fahrrad, eine Aufnahme aus der Vorkriegszeit

Auf einem Bild ist mein Großvater als junger Mann zu sehen. Es ist vielleicht noch in Schlesien aufgenommen. In Knickerbocker-Hosen steht er lächelnd neben seinem Fahrrad. Ist es das Fahrrad, mit dem er allein aus seiner Heimat aufgebrochen ist? Das Foto berührt mich. Hier sehe ich nicht den Soldaten in einer Uniform, der mir so fremd erscheint. Hier sehe ich den jungen Menschen, der später mein Opa war. Plötzlich spüre ich seine Energie, seinen Aufbruchsgeist, die enorme Schaffenskraft, die sein Leben ausgemacht hat. Praktisch aus dem Nichts hat er eine eigene Schreinerei hochgezogen, war sein Leben lang selbstständig und hat zwei Häuser gebaut. Mir wird klar, dass er damit auch die Grundlage für meine Existenz gelegt hat. Das beeindruckt mich und ich spüre mit einem Mal eine tiefe Verbindung zu diesem Mann, den ich vorher gar nicht zu kennen glaubte.

Wir schauen uns gemeinsam die Bilder von Opa Hans an. „Findest du, ich habe eine Ähnlichkeit mit ihm?", frage ich sie.
„Weiß nicht. So ein bisschen. Naja, du siehst auch dem Klaus ähnlich. Finde ich."
„Und so von der Art her?"
„Da hast du auch vom Opa was."
„Wie war er denn so als Mensch?"
„Der Vater hatte doch immer gute Laune. War immer ganz oben auf."
Ich schaue Gudrun kritisch an. „Doch wirklich!", sagt sie. „Er hat immer irgendwelche Witze gemacht, irgendwas Lustiges erzählt, war so ein ganz fröhlicher Typ. Saß nicht in der Ecke oder so, er wusste immer irgendwas. Das fand ich gut."
Wir schauen uns das Foto an, auf dem mein Opa mit einem Gewehr posiert. „Selbst im Schützengraben hatte er gute Laune", sage ich etwas ironisch.
„Ja, ich wüsste gar nicht, wann der Vater mal schlechte Laune hatte", sagt meine Tante völlig ernst.
„Mein Vater hat mir aber erzählt, dass er auch ziemlich rumgebrüllt hat."
„Ja, wenn in der Werkstatt was nicht klappte, dann hat er alles zusammengeschrien. Das stimmt, ja, ja."
„Klaus meinte, das haben die Leute noch drei Häuser weiter gehört."
„Ja, ja, doch. Ich kam mal aus der Schule die Straße hoch und habe ihn schon von Weitem schreien hören. Das stimmt. Da ist irgendwas schiefgelaufen, und dann wurde er ungemütlich. Das war schon schlimm. Aber es kam nicht so oft vor."

„Was hat dir der Opa denn vom Krieg erzählt?"

„Nix, mir überhaupt nichts. Wenn wir Geburtstagsfeiern hatten, dann haben die Männer sich immer über den Krieg unterhalten, bis irgendwann die Frauen gesagt haben: Jetzt ist aber Schluss, wir wollen nichts mehr hören. Auch unser Vater hat immer viel erzählt, aber es wollte keiner mehr hören, und es hat ihm niemand zugehört."
„Und erinnerst du dich daran, was er so erzählt hat?"
„Ich weiß nur, dass er doch so schwer hörte. Und da hat er immer gesagt: ‚Das ist, weil ich auf eine Mine gelaufen bin.' Da saß er in einem großen LKW, und sie sind irgendwohin rausgefahren. Dann ist eine Mine explodiert, und ihm ist das Trommelfell geplatzt."

Als mein Großvater aus dem Krieg kam, hatte er kaum noch Haare. „Er hat immer gesagt, es lag am Stahlhelm. Da hat er so drunter geschwitzt, dann hat er ihn abgezogen, und dadurch sind ihm die Haare ausgefallen." An weitere Details erinnert sich meine Tante nicht. Als Kind hat sie sich dafür nicht interessiert. „Ich bin ja ein richtiges Kriegskind. Nur hier auf dem Dorf war es nicht so schlimm. Wir mussten zwar bei Luftangriffen immer in den Bunker, aber es war alles nicht so tragisch."
„Was sind denn deine Erinnerungen an den Krieg?" frage ich nach.
„Ich kann mich nur dunkel daran erinnern, wenn die Tiefflieger kamen – die flogen ja alle in Richtung Kassel. Kassel war dem Erdboden gleich. Und im Bunker war es so muffig und eklig, und alle saßen und standen so eng nebeneinander. Das fand ich als Kind schrecklich, das war wirklich furchtbar."

Eine Erinnerung hat sich meiner Tante besonders stark eingeprägt. Am 22. Oktober 1943 wird Kassel von britischen Bombern angegriffen. Es ist neben der Bombardierung von Dresden und Hamburg einer der schwersten Luftangriffe des Zweiten Weltkriegs. Über 500.000 Brandbomben werden über der Altstadt abgeworfen, die nahezu vollständig zerstört wird. Auf jeden Quadratmeter kommen zwei Brandbomben. Der Feuersturm kostet über 7000 Menschen das Leben. Die meisten ersticken qualvoll in ihren Kellern. Die Stadt brennt noch sieben Tage später. Zurück bleiben Trümmer und Asche. Gudrun steht beim Angriff nachts mit ihrer Mutter auf dem Balkon, sie blicken auf den feuerroten Himmel über der Stadt. Meine Oma weint: „Kassel brennt“, sagt sie zu ihrer Tochter, die gerade einmal vier Jahre alt ist, aber dieses Bild nie vergessen wird. „Das war ganz schlimm“, sagt sie leise.

Gudrun spricht über die ausgebombten Kinder in Kassel, die nichts zu essen hatten und in Löchern hausen mussten. Im Gegensatz dazu sei es ihr gutgegangen. „Mir hat das alles nichts ausgemacht“, erzählt sie. Nur der Bombenalarm in den Nächten bleibt ihr in schlechter Erinnerung. „Da habe ich immer fürchterlich geflennt. Das war schon unangenehm, wenn du unterbrochen wirst im Schlaf und in so einen muffigen Bunker musst. Aber irgendwie haben wir auch das überstanden.“

Als nach Kriegsende die Amerikaner kommen, verlassen alle Dorfbewohner aus Angst den Ort und ziehen in den Wald, wo sie sich notdürftige Unterkünfte aus Reisig und Tannenzweigen bauen. Die amerikanischen Soldaten beschlagnahmen derweil die Häuser, und als Gudrun eines Tages mit ihrer Mutter in ihre Wohnung will, liegen dort amerikanische Soldaten in ihren Betten.
„Die haben sich da so wohl gefühlt, sich breitgemacht, haben sich kreuz und quer hingelegt, und was weiß ich. Dann ist meine Mutter immer mal wieder mit mir hingegangen und hat geguckt, ob sie die Wohnung verwüsten, aber das war nicht der Fall, und dann gaben sie mir immer Kekse und Schokolade. Das fand ich ganz toll.“
„Und der Opa war die ganze Zeit weg?“, frage ich Gudrun.
„Ja, der war lange weg. Als ich geboren wurde, da war er schon eingezogen worden als Soldat“, sagt meine Tante und macht eine Pause. „Tja, es war also keine tolle Zeit“, seufzt sie und schweigt wieder.
„Aber die Leute waren damals zufriedener als heute.“
„Ja?“
„Da kam man einfach mit weniger aus. Vieles brauchte man gar nicht. Weil man sich kannte, und manches war wirklich besser.“
„Was fandst du besser?“
„Es gab keinen Konkurrenzkampf, der eine hat dieses oder jenes. Das gab es nicht. Wir waren alle gleich, die Leute waren alle gleichgeschaltet.“
„Gleichgeschaltet passt ja zum Dritten Reich“, antworte ich.

„Also, ich meine das nicht nur bezogen auf ...“, Gudrun sucht nach Worten.
„Du meinst gleich auf einer materiellen Ebene?“, helfe ich ihr.
„Materiell, genau. Es gab hier ein paar Bauern, die mehr hatten, aber ansonsten war das schon alles auf einer Linie.“

Ich spreche mit meiner Tante über den Verdacht meines Vaters, der vermutet, dass mein Großvater im Krieg Schuld auf sich geladen hat. Gudrun wehrt das ab. „Dein Opa war kein Nazi!“, antwortet sie und beschreibt ihn als einen ‚dickfelligen Mann mit eigenem Kopf‘, der sich nichts sagen ließ. „Er wollte Offizier werden, dann haben sie ihn aber abgelehnt, weil er kein Abitur hatte“, erzählt sie. Später, als die Wehrmacht bei der drohenden Niederlage des Krieges dringend neue Offiziere benötigt, wird Hans gefragt, ob er es machen will. „Eher jage ich mir selbst eine Kugel in den Kopf“, hat mein Großvater da laut meiner Tante gesagt: „Er hatte schon immer seinen eigenen Kopf.“

Gudrun lädt mich zum Kaffee ein. Sie hat „Mohrchen“ für mich gemacht, einen Kuchen, der aus Kartoffelmehl gekocht, nicht gebacken, wird. Über dem zarten, hellen Teig liegt eine knackige, dunkle Schokoladenschicht. Der Name ist politisch nicht korrekt, aber der Kuchen schmeckt köstlich. Schon meine Oma Gretl hat mich früher damit verwöhnt.

Ich frage meine Tante, ob es sonst noch jemanden aus der schlesischen Familie meines Großvaters gibt, der etwas über ihn wissen könnte. Gudrun winkt ab. „Die sind alle gestorben.“

Kapitel 10: **Tief im Archiv**

Im Bundesarchiv in Berlin, der ehemaligen Deutschen Dienststelle, lagern die Wehrmachtsakten von Millionen von Soldaten, die im Zweiten Weltkrieg im Einsatz waren. Jeder Angehörige kann hier eine Anfrage stellen, um Auskunft über das Schicksal seiner direkten Verwandten zu bekommen. Mit einer Mitarbeiterin aus der Öffentlichkeitsarbeit kann ich über mein Anliegen sprechen. Sie erzählt mir, dass das Interesse aus der Enkelgeneration wächst. Jährlich erreichen das Archiv Zehntausende von Anfragen, darunter sind auch immer häufiger jüngere Menschen, die mehr über die Vergangenheit ihrer Vorfahren in Erfahrung bringen wollen. Eine Antwort des Archivs kann Wochen oder Monate dauern. Die Sachbearbeiterin verspricht mir, dass sie ihr Bestes gibt, um etwas für mich herauszufinden.

Etwa drei Monate später erhalte ich eine E-Mail von ihr: „Die Recherchen zu Ihren Großvätern sind umfangreicher als gedacht. Da die hier vorhandenen Unterlagen nicht digitalisiert sind und die Ermittlungen ‚per Hand' erfolgen, benötige ich noch etwas Zeit."
Diese Nachricht lässt mein Herz höherschlagen. Es scheint, dass es Informationen zu meinen Großvätern gibt. Dass die Ermittlungen ‚per Hand' erfolgen, macht es noch spannender. Ich fühle mich wie ein Detektiv auf Spurensuche. Ich finde es erstaunlich, dass tatsächlich Unterlagen über meine Großväter in diesem Archiv vorhanden sind.

Einen Monat später erreicht mich ein Fax. Darauf stehen die militärischen Lebensläufe meiner beiden Großväter, jeweils auf ein bis zwei DIN-A4-Seiten zusammengefasst. In nüchternen Zeilen begegne ich ihren Kriegsjahren, gegliedert nach Einsatzräumen, Truppenteilen, Schädigungen und Lazarettaufenthalten. Die Begriffe und Bezeichnungen ihrer Einheiten sagen mir erst einmal nichts. Es ist eine bruchstückhafte Auflistung, doch in der Akte von Opa Hans entdecke ich ein interessantes Detail:

Mein Großvater wird nach ersten Einsätzen in Frankreich im Herbst 1943 an die Ostfront geschickt. Sein Einsatzgebiet liegt in Weißrussland. Er fährt mit einem Kübelwagen über eine Mine. Bei der Explosion werden seine beiden Trommelfelle verletzt. Seine Verwundung ereignet sich in der Nähe von Baranowitschi, einer kleinen, unbedeutenden Stadt im Westen des Landes, in die ich selbst vor ein paar Jahren eingeladen war, um an der Universität einen Filmworkshop abzuhalten. Ilya, mein Übersetzer aus Minsk, fragte mich damals: „Baranowitschi? Was willst du denn da? Das ist der langweiligste Ort der Welt!" Jetzt erhält dieser Aufenthalt für mich eine ganz neue Bedeutung.

Opa Hans war also bereits lange vor mir in Weißrussland, und wir waren an den gleichen Orten. Ist es seine Geschichte, die mich schon seit Jahren unbewusst in dieses Land zieht?

Ich beschließe, dieser Spur weiter zu folgen, doch der militärische Lebenslauf meines Großvaters ist lückenhaft. Es fehlen ganze Zeiträume, und viele Ortsnamen seiner Stationen im Zweiten Weltkrieg kann ich nicht zuordnen. Auch die Mitarbeiter im Bundesarchiv können die einzelnen Orte nicht lokalisieren. Die deutsche Schreibweise der russischen Namen macht es schwieriger, als gedacht. Es kommt hinzu, dass viele der Orte heute nicht mehr existieren, weil sie im Krieg zerstört wurden.

Ich wende mich an das Militärarchiv des Bundes in Freiburg. Hier werden die Akten aller militärischen Dienststellen, Verbände und Einheiten ab 1867 bis heute aufbewahrt, darunter sind auch Sachakten aller Kommandobehörden der Wehrmacht und Waffen-SS.

Christiane Botzet, eine engagierte Mitarbeiterin des Archivs, erklärt mir, dass die Unterlagen aus dem Zweiten Weltkrieg oft nur sehr bruchstückhaft überliefert sind, da in den Kriegs- und Nachkriegswirren Dokumente verloren gingen, gegen Kriegsende befehlsgemäß vernichtet wurden oder bei Luftangriffen verbrannten. Dadurch lassen sich bestimmte Fragen oder Sachverhalte nicht eindeutig klären.

Mit den Angaben über meine Großväter, die ich aus dem Bundesarchiv in Berlin bekommen habe, ist es möglich, mehr über die Truppenteile und Einheiten herauszufinden, in denen mein Großvater eingesetzt war. Doch die Menge der hier gelagerten Dokumente ist gigantisch groß. „Wir verfügen über siebzig Kilometer Schriftgut", erklärt mir Frau Botzet am Telefon. Das entspricht einer Strecke von Freiburg bis Basel. Wie soll ich in diesem Berg von Archivmaterial fündig werden? Hier nach meinen Großvätern zu forschen, die als einfache Wehrmachtssoldaten gedient haben, ist wie die Nadel im Heuhaufen zu suchen. Ich bin überfordert mit dieser Aufgabe.

Über eine Empfehlung lerne ich Nicole Saathoff kennen, die sich speziell mit der Aufarbeitung von Familiengeschichten in der Enkelgeneration beschäftigt. Als studierte Historikerin ist sie nicht nur geschichtlich bewandert, sondern hat durch ihre Arbeit als systemischer Coach auch viel Erfahrung mit der psychologischen Seite einer solchen Recherche. Sie wird mir in den kommenden Wochen und Monaten eine große Hilfe sein. Sie ist nicht nur interessiert an den historischen Fakten, sondern vor allem an den damit verknüpften menschlichen Aspekten. Sie ist sofort bereit, mich bei meinem Projekt zu unterstützen. Neben ihrem Job vertieft sie sich abends in die Recherche nach meinem Großvater im Onlinesuchdienst des Bundesarchivs. Jeden Morgen finde ich E-Mails von ihren Suchergebnissen in meinem Postfach, und wenn das Telefon klingelt, ist meistens Nicole Saathoff dran, um mir von ihrem Zwischenstand zu berichten und um mich zu fragen, in welche Richtung sie weiterforschen soll.

Weil Nicole, mit der ich mittlerweile per Du bin, in Hamburg lebt und knapp 700 Kilometer zwischen unseren Wohnorten liegen, findet unser Kontakt zunächst nur telefonisch statt. Aufgrund ihres Jobs kann sie nicht persönlich im Archiv recherchieren, sondern schickt mir die Laufbandnummern ihrer Fundstücke, die unsere Freiburger Produktionsleiterin Anna Martensen im Archiv abfotografiert und zurück nach Hamburg schickt. Es ist eine große Menge an Papier und Fotos, die wir auf diese Weise durchforsten.
Schon bald landet Nicole ihren ersten „Volltreffer", wie sie mir schreibt. Der Begriff passt gut zu unserem Thema. Im Archiv scheint es ein Fotoalbum von der Einheit meines Großvaters zu geben, und weiteres Material, das uns seiner Geschichte näherbringt. Wir verabreden uns

im Archiv, und ich lade meinen Vater ein, zum Dreh mit nach Freiburg zu kommen. Das Team aus der Schweiz reist auch an. Ich bin aufgeregt. Antonia, die den Dreh gemeinsam mit Anna vorbereitet hat, ist zum Glück auch mit dabei.

Das Militärarchiv des Bundes ist ein grauer zwölfstöckiger Betonklotz aus den 1970er-Jahren mit großen Mobilfunksendemasten auf dem Dach. Am Eingangstor prangt der Bundesadler. Wir müssen uns ausweisen, um eingelassen zu werden. Christiane Botzet führt uns nach einer kurzen Begrüßung durch die Magazinhallen im Nebenbau, wo die Akten gelagert sind. Es riecht nach altem Papier. In den langen Gängen herrscht eine konzentrierte Stille. In den Schubladen und Drehschränken lagert die gesammelte Kriegsgeschichte unseres Landes. Wir suchen unsere Fundstücke auf verschiedenen Etagen zusammen: alte Landkarten, Kriegstagebücher und das Fotoalbum der Einheit meines Großvaters. Mit einem Lastenaufzug fahren wir ins Untergeschoss, wo Nicole auf uns wartet. Wir sprechen über den militärischen Lebenslauf von Opa Hans, den mein Vater jetzt zum ersten Mal sieht. Im Mai 1940 ist mein Großvater als Soldat der Luftabwehr beim Frankreichfeldzug dabei.

„Dass hier zu diesem Flakregiment so viel Material vorhanden ist, das ist nicht selbstverständlich“, erklärt Nicole. „Da habt ihr insofern Glück, weil euch das wirklich einen Einblick gibt.“ Etwas feierlich zeigt sie uns ein großes Fotoalbum mit einem roten Ledereinband. „Das haben die Angehörigen der Abteilung für ihren Kommandeur gemacht.“

Gespannt blättern wir die vergilbten Pergamentseiten um und betrachten die kleinformatigen Schwarz-Weiß-Bilder. Es ist gut möglich, dass wir meinen Großvater auf einem der Fotos entdecken. Die Bilder zeigen den Vormarsch der Flakeinheit Richtung Frankreich. Im Jubelton berichten die Bildunterschriften in Sütterlin-Handschrift über die ersten Erfolge der Flaksoldaten: eine abgeschossene französische Eisenbahn ist zu sehen, Landschaftsmotive aus Belgien und Aufnahmen zerbombter Straßenzüge. Es wird über Kriegsgefangene und Gefallene berichtet, daneben sind vergleichsweise banale Szenen des Soldatenalltags festgehalten:

„Mittagspause unter Kastanien“ – steht neben einem Bild.

„Kleiner Imbiss" zeigt die Soldaten bei der Gefechtspause. Auf einem anderen Foto schlachten sie ein Schwein.
„Das haben sie gerade irgendwo geklaut", meint mein Vater.
„*Requiriert* nannte sich das", entgegnet Nicole.
„Es wirkt wie eine große Abenteuerreise", sage ich und Nicole fügt hinzu:
„Zu diesem Zeitpunkt fühlt sich der Krieg auch eher wie ein Abenteuer an. Es wird ein bisschen gestorben, aber in der Hauptsache auf der anderen und nicht auf der eigenen Seite. Und die Männer kriegen was zu sehen, die erleben was. Es wird gelobt. Für ihre Heldentaten werden Eiserne Kreuze und Ähnliches verliehen."
Wir blättern weiter durch das Album. Meinen Großvater können wir auf keinem der Bilder entdecken. Einige Fotos sind herausgerissen. Ich habe eine Idee. Aus meiner Tasche hole ich die Schwarz-Weiß-Aufnahmen, die ich von ihm aus dem Krieg habe, und lege sie in die Leerstellen des Albums. Sie fügen sich nahtlos ein. Hat mein Großvater sie vielleicht aus dem Album gerissen? Eine absurde Vorstellung.

Ich frage meinen Vater, wie es ihm damit geht, wenn er seinen Vater als Soldat sieht.

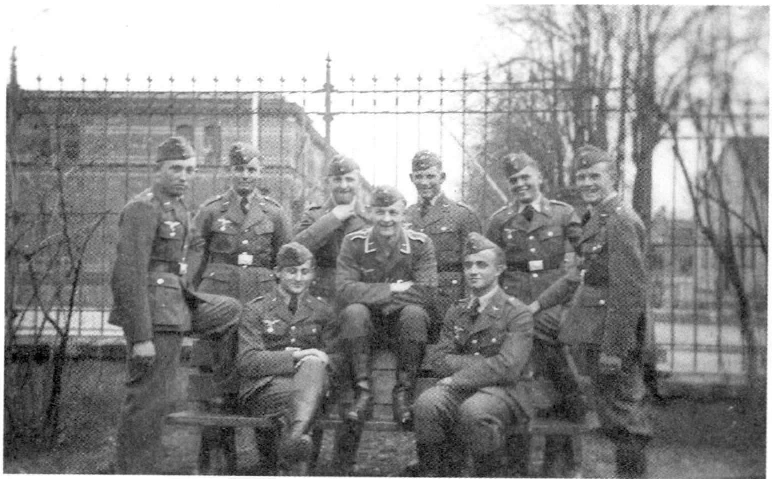

Im Archiv entdecke ich, dass mein Großvater (in der Mitte) Unteroffizier bei der Luftwaffe war.

„Ach, unterm Strich finde ich es traurig. Aber wahrscheinlich spiegelt es schon seine tatsächliche Gefühlslage wider. Das war so Adventure."
„Das Bild (von Hans, das ich besitze,) ist wahrscheinlich nicht in einer Gefechtssituation entstanden", merkt Nicole an. „Nicht davor oder danach. Das ist eher eine von diesen Situationen, wo es Freizeit gab und die Jungs Wettschießen oder sowas veranstaltet haben. Jemand hat eine Kamera, und dann wird posiert."

Auf einer Seite des Albums ist eine Landkarte zu sehen, die den Vormarsch der Kompanie Richtung Frankreich zeigt. Die Stadt Lille in Nordfrankreich, nahe der belgischen Grenze, ist auch eingezeichnet.
„Ich weiß, dass er in Lille war", erinnert sich mein Vater. „Er hatte lange Zeit so kleine Becher, die waren aus diesen Geschosshülsen handgearbeitet worden. Und auf einem dieser Becher stand Lille. Er hat die angeblich selbst gemacht. Das glaube ich, ehrlich gesagt, nicht. Er war ja in dem Sinne kein Künstler, die waren aber handwerklich sehr kunstvoll gearbeitet und ganz fein ziseliert, mit dieser Schrift darin. Mit mehreren Standorten."
„Und was waren das für Orte?", frage ich.
„Ja, wenn ich das wüsste", sagt mein Vater. „Wir haben die Becher dann weggeschmissen, weil du als kleines Kind mit drei Jahren oder so mit zwei dieser Becher in der Hand vor unserem Riesenaquarium standest und die gegen die Scheiben schlugst."
Mein Vater lacht.
Ich stelle mir vor, wie ich als kleiner Junge mit den Munitionshülsen des Flugabwehrgeschützes meines Großvaters gespielt habe. Ich finde es bezeichnend, dass ich mit den Patronen meines Großvaters gegen unser Aquarium gedonnert habe.
„Da haben sich die Fische wahrscheinlich ziemlich erschreckt", erwidere ich meinem Vater.
„Ja, wir hatten Angst, dass die Scheibe zerplatzt."
Da ich mich selbst nicht bewusst daran erinnern kann, ist die Erzählung meines Vaters ein inneres Fundstück, das ich später aus dem Archiv mit nach Hause nehme und das mich auf unsichtbare Weise mit meinem Großvater verbindet. Ich habe mit seinen Patronen gespielt. Es sind Geschosse, die er als Soldat im Krieg abgefeuert hat.

Ich spreche meinen Vater – eine Weile nach unseren Dreharbeiten im Archiv – noch einmal auf die Becher meines Großvaters an und frage ihn, warum er sie damals weggeschmissen hat. Sie wären mir jetzt eine große Hilfe bei meiner Spurensuche. Daraufhin erzählt er mir etwas, das er vor laufender Kamera nicht äußern wollte. „Ich vermute, dass mein Vater die Becher gar nicht selbst gemacht hat, sondern dass die Verzierung an den Bechern von Zwangsarbeitern angefertigt wurde."
Er gesteht mir, dass er als junger Mann dachte, dass sein Vater Wärter in einem der Konzentrationslager gewesen sein könnte. Es gibt dazu keinen konkreten Anlass, aber seine Vermutung führt dazu, dass er sich entschließt, die Becher meines Großvaters wegzuwerfen. Ich bin überrascht über diese Verdächtigungen.

Wir klappen das Fotoalbum zu. In seinem militärischen Lebenslauf endet der Frankreichfeldzug für meinen Großvater mit einer Verwundung am 28. Mai 1940. Einen Kilometer östlich der französischen Stadt Haubourdin wird er von einem Artilleriegeschoss am linken Unterschenkel sowie am linken Unterarm verletzt. Er wird nach Deutschland zurücktransportiert und bereits einen Monat später wieder als dienstfähig gemeldet. Dann folgt eine zeitliche Lücke von über drei Jahren, in denen keine Meldungen verzeichnet sind. Sein nächster Eintrag ist am 13. Oktober 1943 in Sesiulino in Russland. Dort wird Opa Hans ein weiteres Mal von einem Artilleriegeschoss verwundet, dieses Mal an beiden Händen. Er wird in einem Ort namens Kusmino verarztet. Es folgt ein letzter Vermerk in seiner Akte: „In Tomalowe bei Baranowitsche/Russland verwundet. Minenexplosion. Beide Trommelfelle verletzt – bei der Truppe verblieben."

„Das hatte er mir mal erzählt", erinnert sich mein Vater. „Er hörte ja so schwer. Und dazu hat er immer gesagt: ‚Ich bin auf eine Mine gefahren.' Das muss wohl in einem Jeep gewesen sein, in dem er dann irgendwie in die Luft gegangen ist."
„Hat er da noch irgendwas Genaueres erzählt?", will ich wissen.
„Mehr weiß ich nicht. Mit einem Fahrzeug sind sie da wohl irgendwie durch die Luft geflogen."

In Baranowitschi, der Kleinstadt, in der ich vor einigen Jahren selbst gewesen bin, verliert sich die Spur von Opa Hans. Wir finden seinen Namen auf einer Verleihungsliste für das Eiserne Kreuz. Nach dem Unfall. Auf einem seiner Fotos trägt er diese Auszeichnung. Er sieht stolz aus.

Nach den blitzschnellen Eroberungsfeldzügen in Polen und Frankreich beginnt der Krieg mit der Operation Barbarossa, der geplanten Einnahme des riesigen Russischen Reiches, zu kippen. Die deutschen Truppen stehen im Herbst 1941 kurz vor Moskau, als der russische Winter früher einsetzt, als geplant. Nicole erklärt uns, dass die Soldaten nur mit Sommer- und Herbstkleidung ausgestattet waren. Der frühe Wintereinbruch ist ein Grund dafür, dass Hitlers Plan, eine schnelle Kapitulation zu erzwingen, so wie es in Polen und Frankreich gelungen ist, nicht aufgeht. Hinzu kommt, dass – besonders in Weißrussland – Partisanen erbitterten Widerstand leisten gegen die deutsche Besatzung. Ihre Aktionen sind unberechenbar. Sie verstecken sich in den Wäldern, lauern den deutschen Soldaten im Hinterhalt auf, sprengen Bahngleise, um die Versorgung abzuschneiden, und fügen der Wehrmacht auf diese Weise empfindliche Verluste zu.

Nicole breitet eine Landkarte vor uns aus. Es ist ein militärischer Lageplan der Wehrmacht von Weißrussland, der rot mit dem Schriftzug „Geheim" gestempelt ist. Bandentätigkeit und Partisanennester sind in bestimmten Gebieten mit roten Kringeln gekennzeichnet. Nicole zeigt uns eine Stadt im Westen des Landes: „Das hier ist zum Beispiel Baranowitschi. Das ist der Ort, wo Hans im Mai 1944 als vermisst gemeldet wurde", erklärt Nicole, „grundsätzlich ist es so, dass bei den meisten militärischen Lebensläufen des Zeitraumes, ab ungefähr Sommer/Herbst 44 bis Kriegsende, kaum noch Daten da sind. Chaos bis zum Gehtnichtmehr. Man war mit Krieg beschäftigt, nicht mit Verwaltung."
Ich frage Nicole, ob das Gebiet, in dem mein Großvater sich in dieser Zeit aufhielt, besonders von Kriegsverbrechen betroffen war.

„Wenn man Baranowitschi nimmt und eine Studie macht, und sich diese vier Jahre anguckt, 1941 bis 1945, da gibt es etwas zu finden. Das fängt an mit Einsatzgruppen, die in großem Umfang Judenerschießungen durchführen. Das geht weiter mit Zwangsarbeiterdeportationen, gleichzeitig Deportationen in Ghettos, auch da dann wiederum die Erschießungen."

Ich frage Nicole, ob sie aus den vorliegenden Unterlagen ablesen kann, inwieweit mein Großvater an solchen Gräueltaten beteiligt war.

„Wir haben keinen eindeutigen Beleg in den Akten darüber, ob seine Einheit oder sogar namentlich *er* dies oder jenes getan hat. Die Wahrscheinlichkeit, als Soldat durch diesen Krieg durchzukommen, inklusive Ostfeldzug, ohne etwas, mindestens aus sehr naher Nähe, gesehen zu haben oder mitgewirkt zu haben, in welcher Form auch immer, halte ich jetzt mal für eher gering."

Nicole spricht von Wehrmachtseinheiten, die die äußere Sicherung für Erschießungskommandos durchgeführt haben, und vom „Kommissarbefehl", der vorsah, die russischen Kommissare bei ihrer Gefangennahme zu erschießen.

„Dieser Krieg hat Begleiterscheinungen, die außerhalb dessen sind, was mit Kämpfen und Töten zu tun hat."

„Also verbrecherisch letztendlich?", fragt mein Vater.

„Das Verbrecherische, das Ausbeuterische, das billigende In-Kauf-Nehmen. Also wenn ich die Zivilbevölkerung plündere und ihr keine Nahrung lasse, nehme ich billigend in Kauf, dass diese Menschen verhungern werden. Es gibt zum Beispiel hier Gegenden, wo so etwas wie tote Zonen geschaffen wurden beim Rückzug."

„Das heißt?", fragt mein Vater.

„Dass danach dort nichts mehr steht."

Nicole liest uns Einsatzberichte aus der Flakeinheit meines Großvaters vor, aus der Zeit, wo er in Baranowitschi stationiert war. Der Kommandeur berichtet an die Oberste Heeresleitung:

„Luftwaffe wird verlegt. Fliegerhorst wird geräumt und zur Sprengung vorbereitet. Gesamte Flak von Baranowitschi weggezogen."

Während des Rückzugs sprengt die Wehrmacht strategische Standorte wie Flugplätze und Brücken. Zugleich werden hunderte weißrussische Dörfer zerstört und verbrannt, um den anrückenden russischen Truppen die Versorgung zu entziehen.

„Die Frage, inwieweit er selber aktiv in irgendeine Situation involviert war, wird sich höchstwahrscheinlich nicht klären lassen", erklärt Nicole.
Mein Vater hört der Historikerin mit betroffener Miene zu. Ich sehe, dass ihm ihre Informationen zusetzen.
„Da gibt's eigentlich gar keinen Unterschied zwischen einem normalen Soldaten oder einem Einsatztrupp. Das sind alles Kriegsverbrecher! Also sechshundertzweiundachtzig Dörfer werden ja auch nicht von irgendeinem Einsatztrupp vernichtet, sondern von der Wehrmacht. Da ist doch jeder irgendwie dran beteiligt, oder?", fragt mein Vater aufgebracht.

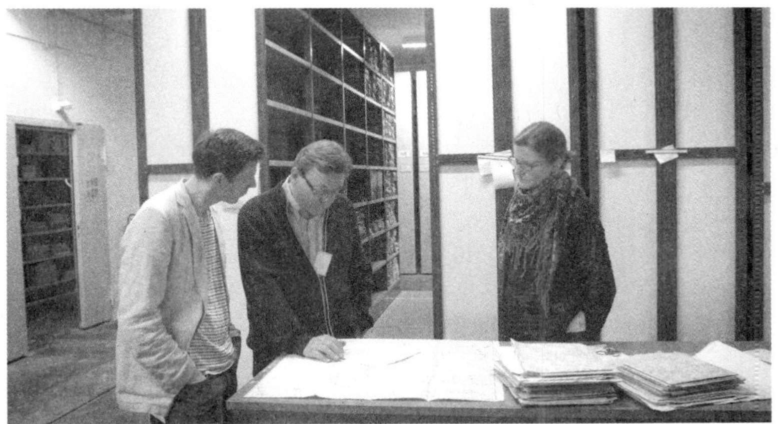

Im Militärarchiv Freiburg mit meinem Vater und der Historikerin Nicole Saathoff

Wir setzen uns in einen kleineren Raum des Archivs, der genau neben einer Bahnstrecke liegt. Die Stimmung im Raum ist angespannt. Ein ICE donnert direkt neben dem Gebäude vorbei und lässt die Wände vibrieren. Ich sitze zwischen Nicole und meinem Vater und wende mich ihm zu:
„Also, worüber ich gern mit dir sprechen würde, ist der Generalverdacht, den du deinem Vater gegenüber hast", setze ich mit einem Kloß im Hals an. „Ich weiß, was passiert ist in Weißrussland, und ich weiß auch, was die Wehrmacht angerichtet hat. Aber woher nimmst du diesen Verdacht, dass der Opa daran beteiligt war?" Ich ringe mit

den Worten. Darf ich das als Deutscher überhaupt sagen oder fragen? „Das ist wie so ein vorauseilendes Schuldgefühl."
„Na, also", sagt mein Vater aufgewühlt zu mir, „das ist ja eine Interpretation von dir, dass du jetzt von meinen Schuldgefühlen redest. Schuldgefühle empfinde ich da nicht. Aber ich empfinde irgendwo eine Wut, dass mein Vater an so etwas aktiv mitgewirkt hat."

Und ich werde wütend auf meinen Vater. Es gibt keine konkreten Hinweise darauf, dass mein Großvater direkt an Kriegsverbrechen beteiligt war. Zwischen Nicole, die unseren Dialog als neutrale Beobachterin interessiert verfolgt, und meinem Vater, der seinen Vater so vehement verurteilt, habe ich den inneren Reflex, meinen Großvater in Schutz zu nehmen. Solange nichts Gegenteiliges bewiesen ist, gilt für mich die Unschuldsvermutung. Ich empfinde eine Ungerechtigkeit, die mir fast die Tränen in die Augen treibt. „Wir können ihn eigentlich nicht unter Verdacht stellen, dass er ein Kriegsverbrecher war, weil wir es einfach nicht wissen", entgegne ich meinem Vater.
„Wieso eigentlich nicht? Alle, die da waren, waren Kriegsverbrecher!", sagt er trotzig.
„Ich wundere mich, dass du ... wie soll ich das sagen? Es ist so eine Riesendistanz zu spüren zwischen dir und deinem Vater."
„Die ist schon grundsätzlich da", sagt mein Vater und hält kurz inne, „wird aber hier durch dieses Bewusstsein noch verstärkt. Und ich will auch gar kein Verständnis dafür haben!"
„Warum willst du deinen Vater nicht verstehen?", frage ich ihn. „Ich möchte das verstehen! Ich möchte ihn verstehen und ich möchte verstehen, was da passiert ist. Und wenn du sagst, du willst ihn nicht verstehen, dann weigerst du dich eigentlich, dich wirklich damit auseinanderzusetzen. Und vielleicht weigerst du dich genauso, dich mit dir auseinanderzusetzen", bricht auf einmal alles aus mir heraus.
Mein Vater lacht unsicher und wird ironisch. „Das sind nicht zulässige Interpretationen, würde ich mal sagen."
„Das ist schon wieder so ein bescheuert distanzierter Begriff", entgegne ich ihm, selbst überrascht von der plötzlichen Heftigkeit unserer Auseinandersetzung.
„Das wurde ja eigentlich überhaupt nicht aufgearbeitet, weder beim Opa noch hast du dich bislang damit beschäftigt, so dass ich mich

jetzt frage, ob ich schon seit fünfzehn Jahren nach Weißrussland fahre, um die Schuld meines Großvaters aufzuarbeiten – das, was da nicht angeschaut worden ist bislang."

„Ja, das wird auch kein Zufall sein", stimmt mir mein Vater zu. „Das habe ich mir schon oft überlegt: Warum fährt Sebastian eigentlich laufend in diese Region und macht dauernd Filme. Fand ich schon irgendwie bemerkenswert. Warum eigentlich nicht in die Toskana?"

Kapitel 11: „Papa, gehst du in den Krieg?"

Meine Tochter Lola will Spiegeleier braten, das ist ihr neues Lieblingsessen. Sie ist jetzt acht und wird immer selbstständiger. Ihr Bruder Theo ist fünf und kommt im nächsten Jahr in die Schule. Ich baue die Kamera auf, um unser Gespräch zu filmen. Mein Sohn findet, dass die Kamera mit dem Mikrofon wie ein Düsenjäger aussieht.

„Ich hab schon mal einen vorbeifliegen sehen", sagt er.

„Wo?", frage ich ihn.

„Hier bei uns am Fenster."

„Hast du Angst gehabt?"

„Nö, ich hab einen Schreck gekriegt, weil es so laut war," sagt Theo.

„Weißt du, was ein Düsenjäger ist?", will ich von ihm wissen.

„Ich weiß es!", mischt sich Lola ein. „Ein Kriegsflugzeug. Oder?"

„Ja. Und was machen die, weißt du das?", frage ich.

„Die können Bomben oder Kanonen abschießen."

„Die können Häuser abschießen und Menschen", fällt Theo ein. „Wenn ich da drin wäre, dann würde ich ein paar Häuser hier abschießen, zum Beispiel Simons Haus."

„Das würde ich nicht machen", sagt Lola, „weil man dann Ärger mit der Polizei kriegt. Weil es ja in Deutschland verboten ist, zu schießen, oder?"

„Ja, es gibt in Deutschland aber auch eine Armee mit Soldaten. Die trainieren für den Krieg", erkläre ich.

„Echt? Und wo in Deutschland?"

„Zum Beispiel fliegen die hier mit ihren Kampfflugzeugen übers Dorf."

„Ja, weil sie üben", meint Lola und hat genug von diesem Thema. „Ich mach jetzt Spiegeleier."

„Wieso fangen die Leute Krieg an?", fragt Lola.

„Es fängt immer damit an, dass zwei Leute sich streiten", antworte ich.

„Dann holen sie Kanonen und schießen aufeinander“, fügt sie hinzu.
„Genau“, sage ich „und dann gibt's immer noch Leute, die verdienen viel Geld am Krieg.
Man sagt, wenn zwei sich streiten, freut sich der Dritte, der viel Geld daran verdient.“
„Wieso?“, fragt Lola.
„Weil Krieg sehr teuer ist, und die ganzen Waffen viel Geld kosten. Da gibt's dann einfach andere, die daran verdienen, dass die beiden sich streiten“, erkläre ich ihr. „Zum Beispiel die Leute, die die Waffen herstellen, oder die Banken, die anderen das Geld leihen, um sich Waffen zu kaufen.“
Lola hat eine Idee: „Papa, es sollte die Regel neu aufgestellt werden, dass Waffen zu machen, verboten ist.“
„Das wäre eine gute Regel“, finde ich, „ohne Waffen gibt's auch weniger Menschen, die umgebracht werden.“
„Ja, deshalb!“, freut sich Lola. „Ist dein Opa eigentlich im Krieg gestorben?“
„Er ist verletzt worden. Von einer Gewehrkugel und von einer Explosion. Aber er hat das überlebt. Ich habe ihn noch kennengelernt als kleiner Junge.“
„War er nett?“, fragt Lola.
„Ja. Er war ganz lustig, der Opa. Hat immer Witze gemacht.“
„Wie unser Opa!“, fällt Theo plötzlich ein.
„Genau“, lache ich. „So, wie der Opa Klaus, der ist ja auch der Sohn von meinem Opa.“
„Echt?“, fragt Lola überrascht.“
„Das war ja sein Papa“, sage ich, „mein Opa Hans.“
„Hat der Menschen getötet?“, will Lola wissen.
„Das kann schon sein“, antworte ich, „das weiß ich aber nicht so genau. Und jetzt fahre ich nach Weißrussland, wo der im Krieg war.“
„Nur wegen dem?“, fragt meine Tochter entgeistert.
„Hä, gehst du in Krieg?“, will auch Theo neugierig wissen.
„Nein, ich gehe nicht selber in den Krieg“, erkläre ich ihm, „ich gehe dahin, wo früher der Krieg war.“

Kapitel 12: **Reise nach Weißrussland**

Wenige Tage später sitze ich im Zug nach Weißrussland. Opa Hans und ich – wir waren beide schon dort. Ich will die Orte aufsuchen, an denen mein Großvater im Krieg war. Vor Ort will ich mir ein Bild davon machen, was für Erfahrungen er gemacht haben könnte. Und ich will Menschen begegnen, die den Krieg selbst erlebt haben. Zeitzeugen, die es bald nicht mehr gibt. Genauso interessieren mich die Erfahrungen meiner Generation. Gibt es vielleicht auch in Minsk junge Menschen, weißrussische Kriegsenkel, die vom Krieg träumen? So wie ich?

Die Grenze zwischen Polen und Weißrussland ist zugleich die Außengrenze der EU. Hier beginnt eine neue Welt, geografisch, politisch und in der Mentalität. Weißrussland, auch Republik Belarus, wie das Land offiziell heißt, gehörte seit 1922 zur Sowjetunion. Seit 1991 ist das Land unabhängig. Seit 1994 wird es von Präsident Alexander Lukaschenko regiert, der einen autokratischen Staat um sich und seine Gefolgschaft aufgebaut hat. Es gibt Berichte über Systemkritiker und Oppositionelle, die in den Jahren seiner Regierungszeit spurlos verschwunden sind. Politisch und wirtschaftlich ist das Land immer noch eng mit Russland verbunden.

Über Nacht sind wir in 15 Stunden in Minsk. Am Bahnhof wartet Ilya auf uns, mein Übersetzer, mit dem ich bereits mehrfach zusammengearbeitet habe. Ilya arbeitet oft für das deutsche Fernsehen, er war auch als Berichterstatter im Krieg in der Ukraine. Doch seitdem das Interesse der Medien an der Ukraine abgeflaut ist und auch die politische Entwicklung in Belarus stagniert, hat Ilya wenig zu tun.

Als Erstes fahren wir zu unserer Wohnung, die in einer kleinen Plattenbausiedlung gelegen ist. Unsere Vermieterin Lena, eine stämmige Frau im mittleren Alter, begrüßt uns herzlich mit einem großen Glas Adzhika, einem scharf gewürzten Gemüseeintopf aus Tomaten, Paprika, Äpfeln und Zwiebeln, alles aus eigenem Anbau. Sie fragt uns, was wir hier vorhaben, und so kommen wir schnell ins Gespräch über den Krieg. Sie erzählt uns von ihrem 90-jährigen Vater, der mit der Roten Armee in Berlin war.

„Als er 17 war, hat er behauptet, dass er schon 18 ist, damit er als Panzersoldat genommen wurde", erzählt Lena. Ich erzähle ihr von meinem Großvater, der im gleichen Alter an die Front musste, und frage sie, was für einen Einfluss der Krieg auf ihre Familie hatte.

„Ich hatte keine Kindheit", sagt sie. Ihr Vater wurde nach dem Krieg krank. Ein Sehnerv war gerissen, und er konnte nur auf einem Auge sehen. Ihre Mutter war nur bis zur dritten Klasse in der Schule gewesen.

„Sie konnte kaum schreiben, aber sie hat uns gut aufgezogen. Sie war immer sehr freundlich und sagte, dass die Deutschen keine Schuld haben. Es gab verrückte Leute, die anderen Befehle gegeben haben. Der Krieg hat keinem etwas Gutes gebracht. Und mein Vater sagte, er sei gegangen, um seine Heimat zu verteidigen. Das Programm des Faschismus war die Vernichtung aller Slawen. Weißrussland hat den größten Schlag abbekommen. Dem deutschen Soldaten wurde gesagt, er sollte gehen, sonst wird er erschossen. Wenn wir immer böse aufeinander bleiben, sollen wir die Waffen nehmen und uns gegenseitig töten?"

Ich frage sie, was sie von dem aktuellen Konflikt zwischen Russland und dem Westen hält.

„Das ist Politik, und es wird immer so sein", sagt Lena entschieden. „Europa und Russland werden nicht kämpfen. Aber es gibt viele Leute da draußen, die einen Vorteil davon haben, dass wir mit Europa streiten. Unsere Menschen brauchen keinen Krieg. Aber wenn es sein muss, dann greife auch ich zu den Waffen. Früher habe ich geschossen. Ich habe bei 99 von 100 Schüssen getroffen", lacht Lena.

„Wer kann Ihrer Meinung nach an einem Krieg zwischen Russland und dem Westen interessiert sein?", frage ich sie.

„Nur Amerika", antwortet Lena. Sie spricht über die Flüchtlingskrise und das Interesse der Amerikaner, dass möglichst viele Flüchtlinge nach Europa kommen. „Als vor drei oder vier Jahren im Fernsehen gezeigt wurde, wie Flüchtlinge mit dem Boot gefahren sind, hatte ich eine Frage: Warum gibt es keine Kinder und Frauen? Da fuhren

nur starke Männer, aber warum?", fragt Lena. „Es ist vorteilhaft für Amerika, Chaos in Europa zu schaffen. Sie möchten einen Krieg."
Ich frage Lena, ob sie glaubt, dass es einen neuen Krieg in Europa geben könnte?
„Der Krieg hat schon angefangen, aber noch nicht in großem Umfang", sagt sie und spricht vom Konflikt in der Ukraine.
„Es gab drei Schwestern sagt sie: Russland, die Ukraine und Belarus. Jetzt gibt es nur noch zwei. Ich war in der Ukraine. Ich habe mit den Leuten dort gesprochen, und ich habe gesehen, was da los war. Diese Politik dient dazu, die Völker auseinanderzubringen, es ist völlig unnötig. Wir dürfen nicht kämpfen, wir müssen Freunde sein."

Mit diesem Satz heißt uns Lena herzlich willkommen in ihrer Wohnung. Ich bin überrascht über den Verlauf unseres Gesprächs. Vom Zweiten Weltkrieg sind wir mitten in den aktuellen Konflikten unserer Zeit gelandet. Das, was Lena erzählt, hat mit der Sichtweise, die in den westlichen Medien vorherrscht, nur wenig zu tun. Die Menschen hier erleben eine andere Berichterstattung und haben einen anderen Blick auf das Weltgeschehen.

Nachdem wir unsere Zimmer bezogen haben, fahren wir in die Stadt. Unser erster Anlaufpunkt ist das Museum des „Großen Vaterländischen Krieges", wie der Zweite Weltkrieg in den Ländern der ehemaligen Sowjetunion genannt wird. Über eine der großen Minsker Prachtstraßen fahren wir auf den gewaltigen Neubau zu. Auf dem Vorplatz steht ein Obelisk, und am Boden brennt das ewige Feuer, Symbol für den Sieg über das faschistische Deutschland. Ich sehe wie ein Veteran rote Nelken niederlegt.

Im Inneren des Baus erwartet uns eine große Videoleinwand mit Bildern einer Militärparade zum Tag des Sieges. Präsident Lukaschenko fährt in Uniform auf einem Panzer an den Truppen vorbei. Kampfjets fliegen über den Bildschirm, unterlegt mit heroischer Marschmusik und Bildern von weißrussischen Veteranen aus dem Zweiten Weltkrieg. Die staatliche Inszenierung betont den sowjetischen Heldenmythos.

In der Eingangshalle stehen jede Menge Panzer und technisches Gerät aus Kriegszeiten. Es gibt Modelle russischer und deutscher Soldaten, die wie Schaufensterpuppen in einer Kriegskulisse stehen. An der Decke hängt ein russischer Düsenjäger. Ich folge einer Gruppe junger Soldaten in Uniform, die eine Führung durch das Museum bekommt. Vor einer Videoleinwand bleiben sie stehen. Hier laufen Ausschnitte aus einem Spielfilm des weißrussischen Regisseurs Elem Klimow mit dem Titel „Komm und sieh". Die Szene zeigt, wie ein Strafkommando Einheimische in eine Holzkirche bringt, sie dort einsperrt und verbrennt.
„628 weißrussische Dörfer wurden zusammen mit ihren Bewohnern zerstört", erklärt der Museumsführer. „Im Dorf Schunewka in der Region Witebsk nahmen sich die deutschen Besatzer die jüngsten Bewohner des Dorfes vor. Nachdem sie alle Erwachsenen erschossen haben, finden sie eine Lehrerin mit 15 kleinen Kindern. Um Patronen zu sparen, werfen sie die Lehrerin und Kinder in einen Brunnen und bewerfen sie mit Steinen. Einige Dörfer in Belarus wurden während des Krieges zwei, drei und sogar vier Mal zerstört".
Die Soldaten folgen den Ausführungen mit regungsloser Miene. Obwohl es hier um hochdramatische Ereignisse geht, handelt der Museumsführer die Geschehnisse eher nüchtern ab. Er hat das Ganze bestimmt schon unzählige Male erzählt. Auf diese Weise fällt es auch mir schwer, im Museum eine Verbindung zur Geschichte aufzunehmen. Alles ist sehr aufwändig gestaltet, doch die Mischung von staatlicher Militärpropaganda und geschichtlicher Aufarbeitung baut eher eine Distanz zu den Ereignissen auf. Ich habe das Bedürfnis, mit Menschen in Kontakt zu kommen, die diese Zeit noch selbst erlebt haben.

Ilya klemmt sich ans Telefon und schon bald haben wir eine erste Spur, die uns dahin führt, wo mein Großvater als Soldat stationiert war.

Kapitel 13: „Dein Opa ist ein hübscher Mann"

Wir fahren nach Baranowitschi. Das ist der Ort, an dem Opa Hans im Krieg verwundet wurde. Von Minsk aus dauert es etwa zwei Stunden mit dem Auto, um die Kleinstadt im Westen des Landes zu erreichen. Ilya hat eine Überlebende des Krieges gefunden, eine alte Frau. Valentina Dimitrijewna ist 88 Jahre alt. Als Kind wurde sie von der Wehrmacht verschleppt und in einem Lager bei Baranowitschi interniert.

An der Haustür des Plattenbaus laufe ich zwei älteren Frauen in die Arme. Eine davon hat einen Putzeimer in der Hand. In gebrochenem Russisch erkläre ich ihnen, zu wem ich will. Irritiert schauen mich die beiden Frauen an. Ich kann sie verstehen, ein Ausländer mit Kamerateam ist hier eher die Seltenheit. „Neunte Wohnung, dritte Etage", rufen sie mir zu und gehen schnell weiter.

Valentina empfängt uns im Treppenhaus. Die Nachbarn im Stock über ihr hatten einen Wasserschaden. Deshalb wurde ihr Hausflur überflutet. Sie entschuldigt sich bei uns.
„Bei mir herrscht ein furchtbares Durcheinander. Der Handwerker konnte nichts machen, weil sie keinen Zement geliefert haben", sagt sie kopfschüttelnd, als wir die Treppe zu ihrer Wohnung hochgehen. Alltag im spätsozialistischen Weißrussland. „Furchtbar!", schimpft sie.

Ich gebe der alten Frau die Hand zur Begrüßung. Valentina trägt ein violettes Kopftuch und ein bunt gemustertes langes Blumenkleid. Wir nehmen auf dem Sofa vor einem ebenso bunt gemusterten Wandteppich Platz. Das Ganze strahlt eine behagliche Gemütlichkeit aus. Auf dem kleinen Altar, den sich die gläubige Frau in ihrem Wohnzimmer eingerichtet hat, befinden sich Hunderte kleiner Abbildungen orthodoxer Heiliger, die uns während unseres Gesprächs beobachten.

Valentina ist gut vorbereitet. Als Zeitzeugin hat sie ihre Lebensgeschichte schon öfter erzählt. Sie hat Zeitungsausschnitte in der Hand,

die dies dokumentieren. Auch ich habe mich vorbereitet und zum Einstieg in unsere Unterhaltung zeige ich ihr Fotos meines Großvaters.
„Oh, ein schöner Mann! Hübsch!“, ruft sie erfreut aus. Ich muss lächeln.
„Oh, mein Lieber“, spricht sie mich auf Deutsch an und setzt in ihrer Sprache hinzu: „Er sieht dir ähnlich.“

Valentina kommt ursprünglich aus der Nähe von Smolensk in Russland, das 1941 von Deutschen besetzt wird. Sie ist dreizehn Jahre, als die Wehrmacht auf dem Rückzug das Dorf räumt, in dem sie mit ihren Eltern und Geschwistern lebt.
„Sie haben uns einfach alles genommen und unsere Häuser verbrannt“, erzählt Valentina.
Alle Einwohner müssen ihre Heimat zu Fuß verlassen. Valentina und ihre Familie werden in ein Lager nach Lesnaja gebracht, das in der Nähe von Baranowitschi liegt.
„Wir haben in dreckigen Baracken auf den hölzernen Planken mit vielen Läusen geschlafen. Viele sind an Typhus erkrankt. Die stärkeren Menschen wurden ausgewählt und nach Deutschland deportiert, um zu arbeiten.“
Lesnaja ist ein Durchgangslager. Von hier aus werden die Gefangenen nach Tschenstochau in Polen geschickt, dann nach Warschau und Lodz.
„Auf dem Weg nach Auschwitz, wo wir hätten sterben müssen, wurde unser Waggon abgekoppelt. Wir waren wohl von Gott geliebt, verstehen Sie?“, sagt die alte Frau.
Einen ganzen Tag lang steht der Zug auf freier Strecke. Dann werden sie nach Wien transportiert. Von dort aus kommt Valentina mit ihrer Familie in ein Lager in der Nähe von Krems in Niederösterreich.
„Es war sehr schwierig dort. Sie haben uns geschlagen und unser Blut abgenommen. Wir wären fast verhungert, aber es gab dort Amerikaner und Kroaten, die uns manchmal Eier durch den Draht geworfen haben.“
Sechs Tage lang vor der Befreiung am 9. Mai 1945 haben die Insassen nichts zu essen. Valentina erzählt, dass sie mit anderen Gefangenen aus dem Lager ausgebrochen ist. Sie finden ein Lager der anrückenden Roten Armee. „Wir haben die russischen Soldaten gehört, wie sie

schimpften. Sie kamen zu uns und fragten, wer wir sind. Wir sagten, dass wir von diesem Konzentrationslager sind. Dann haben sie uns zu essen und trinken gegeben und uns in die Heimat geschickt."

1946 zieht Valentina nach Baranowitschi, weil ihre Schwester einen Soldaten heiratet, der sie dort hinbringt.
„Wir haben viel Leid ertragen müssen", erzählt sie seufzend, „wir hatten wenig zu essen und wurden zum Arbeiten gezwungen und geschlagen. Mir haben sie die Niere zerstört, aber was soll man machen? Ich habe schon sehr viele Operationen hinter mir."
Ich frage Valentina, ob sie Kinder hat.
„Nein, ich bin kinderlos", sagt sie. „Mein Mann war auch im Konzentrationslager. Sie gaben ihm irgendwelche Spritzen. Wir haben keine Kinder bekommen."
Valentinas Mann stirbt bereits 1979.
„Ich bin allein, ich habe keine Verwandten. Mein Bruder war auch im Lager. Alle sind gestorben. Ich allein bin übriggeblieben, um für sie zu beten."

„Was denken Sie über die Deutschen heute?", frage ich Valentina.

„Mein Leben ist zu Ende", sagt Valentina und schaut auf die Bilder ihrer Heiligen an der Wand. „Nach dem Gesetz Gottes soll man einander vergeben. Warum sollte ich noch wütend sein? Wir sterben und müssen uns alle vor Gott verantworten. Jeder bekommt, was er verdient. Verstehst du? Vom Herrgott."

Ich schaue die alte Frau an und höre ihr schweigend zu. „Njemzy" – so lautet das russische und weißrussische Wort für „die Deutschen". Es bedeutet: die Stummen. Eigentlich diejenigen, die nicht die Sprache der Einheimischen sprechen. Vielleicht auch die, die nicht über ihr Inneres und über ihre Gefühle sprechen können. Ich weiß gar nicht, was ich in diesem Moment fühle, und Worte habe ich schon gar nicht.
„Es ist verwunderlich, dass Sie nicht böse sind", sage ich zu ihr.
Valentina schüttelt den Kopf.
„Ich weiß, dass Ihr Großvater keine Schuld daran hat. Er hat nur Befehle ausgeführt.

Keiner weiß, was Ihr Großvater getan hat, er muss sich im Jenseits verantworten, wenn er etwas Böses getan hat. Verstehen Sie? Im Jenseits muss er Rede und Antwort stehen.
Ich bin der Meinung, wir sind Freunde. Alle haben gelitten, viele sind gestorben, die Alten sind tot. Die neue Generation trägt keine Schuld an diesem Krieg. Also sind wir Brüder!“

Die alte Frau lacht mich an und fasst mir freundschaftlich an den Arm. Sie schaut sich die Bilder von meinem Großvater noch einmal an. „Ich erinnere mich nicht, dass er bei uns im Konzentrationslager war, oder dass er uns schikaniert hätte. Ich habe ein visuelles Gedächtnis. Er ist ein Guter. Dem Aussehen nach war er ein guter Mensch. Vielleicht hat man ihn gezwungen, gewisse Dinge zu tun.“

Auch wenn ich weiß, dass Valentinas Worte kein Beweis für die Unschuld meines Großvaters sind, erleichtert mich ihre vergebende Haltung. Es stellt eine Verbindung zwischen uns her, die etwas sehr Versöhnliches hat. Ich könnte ihr Enkel sein.
„Hast du schon eine Familie?“, fragt sie mich.
„Ja“, antworte ich, „ich habe zwei Kinder, die fünf und acht Jahre alt sind.“ Ich erzähle ihr, dass meine Tochter seit der ersten Klasse Russisch in der Waldorfschule lernt. Valentina ist überrascht.
„Wirklich? Früher stand die russische Sprache in hohem Ansehen. Wir haben in der Schule Deutsch gelernt. Und heutzutage wird in der Schule Russisch und Englisch gelernt.“
„Sprechen Sie noch ein wenig Deutsch?“, frage ich sie.
„Nein, ich habe ein schlechtes Gedächtnis“, antwortet Valentina auf Weißrussisch.
Sie holt ein Foto ihres Bruders und erzählt mir, dass er auch mit ihr im Lager war. Nach dem Krieg diente er bei der russischen Armee. Im vergangenen Jahr starb er im Alter von 90 Jahren.
„Viele sagen, wir leben so lange, weil wir als Kinder gehungert haben und uns an alle Lebensbedingungen gewöhnen konnten, wissen Sie? Das ist der Grund, warum wir so lange leben. Als wir in den Alpen waren, schliefen wir auf dem Schnee, und niemand war krank. Gott hat uns beschützt. Aber jetzt ist bald Zeit für uns, zu sterben.“

Valentina will eine Kerze auf ihrem Altar anzünden, doch sie hat Schwierigkeiten zu sehen, ob das Streichholz schon brennt.
„Ich bin schon blind geworden“, sagt sie und beginnt zu beten.

„Lieber Gott, Vater des Himmels, mein Retter! Beschütze mich und rette mich vor allen Schwierigkeiten! Ich verneige mich vor Dir, Gott! Gib mir bitte Kraft, noch lange zu leben, damit ich mich an meine Familienangehörigen erinnere und für sie bete. Hilf mir, Gott, bis zu meinem letzten Tag mit meinen Augen zu sehen und auf den Beinen in die Kirche zu gehen. Rette und beschütze mich, lieber Gott!“

Bevor wir uns verabschieden, frage ich Valentina noch, was für einen Beruf sie gelernt hat. Ich bin überrascht, als sie mir erzählt, dass sie eine technische Ausbildung zur Flugzeugmechanikerin gemacht hat und später als Telegrafistin für den Geheimdienst tätig war.
„Was haben Sie denn dort gemacht?“, frage ich sie.

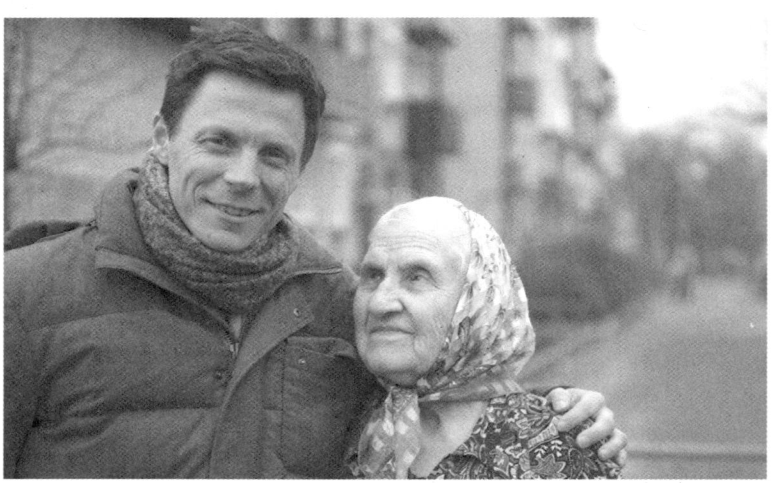

Beim Dreh mit Valentina Dimitrijewna in Baranowitschi, Weißrussland

„Als Telegrafistin ging ich ans Telefon und arbeitete an einer Schreibmaschine. Und bei der Produktion der Flugzeuge war ich für die Ausrüstung verantwortlich. Ich habe Anweisungen für den Betrieb aller eingebauten Geräte im Flugzeug gegeben.“

Ich kann kaum glauben, was für ein bewegtes Leben diese alte, unscheinbare Frau hinter sich hat. Es stellt sich heraus, dass sie auf dem Militärflughafen in Baranowitschi gearbeitet hat. Auf diesem Flugplatz war mein Großvater als Unteroffizier der Luftwaffe mit großer Wahrscheinlichkeit im Krieg stationiert.
„Ich habe auch in der Luftabwehr gearbeitet", sagt sie zum Abschied. „Lassen Sie Ihren Großvater friedlich schlafen. Wenn er etwas Schlechtes gemacht hat, muss er es schon verantworten, nicht wahr?"

Vor der Tür machen wir noch ein paar gemeinsame Fotos. Ich lege den Arm um Valentina. Sie schaut mich lachend an. Viele Goldzähne strahlen mir aus ihrem Mund entgegen.
Ich habe eine Freundin in Baranowitschi gefunden, denke ich in diesem Moment.

Kapitel 14: **Liebe in Zeiten des Krieges**

„Die Geschichten, die ich vom Krieg weiß, sind die Geschichten der Liebe. Man soll einander helfen, um das Leben zu retten." Diesen schönen Satz höre ich von Diana Darazhok, einer jungen Weißrussin, die ich im Janka-Kupala-Theater in Minsk kennenlerne. Das Schauspielhaus ist das älteste staatliche Theater in Belarus und galt als einer der wichtigsten Spielorte in der Sowjetunion.

Wir besuchen eine Aufführung des Stückes „Der Stumme", nach einer Erzählung des bekannten weißrussischen Autors Ales Adamowitsch. Es ist die Geschichte des jungen deutschen SS-Soldaten Franz, der 1943 mit seiner Einheit in Weißrussland einmarschiert. Seine Truppe besetzt ein weißrussisches Dorf. Der naive und blutjunge Franz verliebt sich in die hübsche 16-jährige Polina. Auch sein Vorgesetzter hat ein Auge auf die junge Weißrussin geworfen, doch gönnerhaft will er sie dem jungen unerfahrenen Mann „überlassen". Franz soll Polina vergewaltigen und erschießen, doch stattdessen tötet er seinen Vorgesetzten und flieht mit Polina. Ihre junge Liebe wird durch den Krieg auf eine harte Probe gestellt.

Wir dürfen vor der Vorführung hinter die Bühne, weil Ilyas Frau Katja als Schauspielerin in dem Stück auftritt. Es ist ein kurioses Bild: Einige der Darsteller tragen SS-Uniformen und sprechen Russisch. Sie sitzen entspannt mit Springerstiefeln und Maschinengewehren auf den Sofas, plaudern und scherzen miteinander, bevor die Vorstellung beginnt. Eine nervöse und lebendige Atmosphäre, Lampenfieber ist zu spüren. In all dem Gewusel lerne ich Diana kennen. Sie arbeitet als Pressesprecherin und Leiterin der internationalen Abteilung für das Theater. Diana spricht fließend Deutsch und Englisch. Als Kind war sie bereits öfter in Deutschland, weil ihre Familie dort Bekannte hat. Von ihr bekommen wir die Genehmigung, die Aufführung zu filmen. Bevor der Vorhang fällt, kann ich mit ihr sprechen. Sie erzählt mir, worum es in dem Stück geht.

„Diese Liebesgeschichte aus dem Zweiten Weltkrieg zeigt, dass das Gute und das Böse niemals getrennt sind. Normalerweise werden die Deutschen als die Feinde dargestellt und die Einheimischen als die Opfer. Aber das Stück zeigt, dass das Leben nicht so einfach zu verstehen ist, weil der deutsche Soldat das weißrussische Mädchen rettet, während ihre Familie und die Bewohner des Dorfes lieber mit den Nazis kooperieren wollen."

Auf der Bühne laufen bereits die letzten Vorbereitungen für die Vorstellung. Das Theaterstück beginnt mit einer Originalaufnahme von „Lili Marleen", dem Liebeslied, das in Deutschland zu Kriegsbeginn im Jahr 1939 veröffentlicht wurde, damals gesungen von Lale Andersen, und weltweit zu einem der bekanntesten deutschen Soldatenlieder wurde.

Die Musik bricht abrupt ab und grellblaues Scheinwerferlicht beleuchtet eine Gruppe deutscher Soldaten, die martialisch auf der Bühne posieren. In drastischen Wechseln zwischen der lieblichen Melodie, harschen Tonsprüngen und der Brutalität der aufmarschierenden Truppen der Wehrmacht wird die Besetzung des Landes gezeigt.
Der junge deutsche SS-Soldat Franz quartiert sich mit seinem Vorgesetzten im Bauernhaus einer weißrussischen Familie ein. Für einige Zeit benehmen sich die Besatzer noch halbwegs menschlich, doch dann beginnen sie die Einwohner ohne Vorwarnung zu ermorden. Franz flieht mit Polina, der jungen Tochter des Hauses, zu den Partisanen. Das ungleiche Paar hat es auch dort schwer. Als Deserteur muss sich Franz als der stumme Bruder von Polina ausgeben. Mal müssen sie sich vor den Deutschen verstecken, mal verstellen sie sich vor den russischen Partisanen. Das Mädchen erwidert die starken Gefühle von Franz, kann jedoch nicht vergessen, dass die Deutschen ihre Dörfer verbrennen und wahllos Menschen erschießen.

Die Aufführung, die auf der letzten Novelle von Ales Adamowitsch basiert, der selbst als Partisan gegen die deutsche Wehrmacht kämpfte, zeigt einen neuen, anderen Umgang mit dem „Großen Vaterländischen Krieg". Statt schablonenhafter Propaganda zeigt das Theaterstück komplexe menschliche Tragödien, die direkt ins Herz treffen.

Nachdem der letzte Vorhang gefallen ist, gehen wir mit Diana und einigen Darstellern in die Theaterkantine und sprechen über die Vorstellung. Diana findet es bedeutsam, dass das Staatstheater diese Inszenierung auf die Bühne bringt, weil es einen starken Gegensatz bildet zur üblichen Darstellung des Zweiten Weltkriegs, die in Belarus nur eine Wahrheit zulässt: „Die Deutschen, oder sagen wir die Nazis, sind die Täter und wir sind die Opfer. Das ist eine sehr kontroverse Angelegenheit, die zeigt, dass nicht alles schwarz und weiß ist in der Welt", findet Diana. „Ich kenne viele Beispiele positiver Verhaltensweisen deutscher Soldaten im Krieg. Eine dieser seltenen Ausnahmen ist im Stück dargestellt. Das ist wichtig im Sinne der Menschlichkeit."

Belarus ist eines der Länder, die am stärksten unter dem Krieg gelitten haben. Von allen Nationen hatte das Land die höchsten Opferzahlen im Verhältnis zur eigenen Bevölkerung. Jeder vierte Weißrusse wurde im Krieg getötet.
„Der Krieg hat das Leben jeder Familie hier beeinflusst", sagt Diana, „so hat auch jede Familie ihre eigene Geschichte, wie sie überlebt hat. Auch meine Familie. Es gibt traurige und glückliche Erinnerungen. Ich versuche mich aber darauf zu konzentrieren, was wir aus dieser Zeit lernen können. Ich gehöre zu einer Generation, die den Krieg aus den Märchen und Geschichten der eigenen Großeltern kennt."
Einer von Dianas Großvätern war Soldat im Krieg. Er war siebzehn, als er eingezogen wurde. Mit achtzehn wurde er schwer verwundet. Er verlor ein Bein und litt sein ganzes Leben lang unter diesem Verlust. „Ich glaube, dass er sein Trauma nie überwunden hat, aber er hat eine glückliche Ehe geführt, meinen Vater und weitere Kinder in die Welt gesetzt", erzählt Diana, „aber er hat nie mit mir darüber gesprochen. Vielleicht war ich noch zu klein."

Ich frage Diana, ob sie das Gefühl hat, dass der Krieg auch noch in ihr weiterlebt.
„Ich bin mir nicht sicher, ob ich das in mir spüren kann", sagt sie vorsichtig. „Ich bin in einer sehr friedlichen Zeit aufgewachsen und in einer liebevollen Familie. Wir haben nie von einem Trauma gesprochen. Meine Großmutter ist noch am Leben. Sie ist 93 Jahre

alt, und ich liebe sie tief und innig. Wir kommen manchmal auf diese Geschichten zurück, und so habe ich durch meine Großmutter eine Verbindung zu dieser Zeit, weil sie die Erinnerung an ihre Jugend bewahrt hat. Auf diese Weise kann ich die Nachwirkungen des Krieges auf mich persönlich spüren und ich sehe die Folgen in Form von einer Ideologie, so wie das heutige Belarus den Krieg benutzt. Wir werden bald wieder den 9. Mai als den Tag des Sieges feiern. Das ist ein großer Feiertag für alle, die am Zweiten Weltkrieg teilgenommen haben. Aber ich finde, dass dieser Feiertag heutzutage einen anderen Akzent bekommen sollte. Wir sollten es nicht als einen Tag sehen, an dem wir den Sieg über jemand anderes feiern, sondern als den Tag, der eines der größten Desaster des 20. Jahrhundert beendet hat."

Am 9. Mai verabrede ich mich nachmittags mit Diana. Wir treffen uns am Eingangstor des Gorki Parks in Minsk. Hier sind die Feierlichkeiten in vollem Gange. Viele Veteranen sind gekommen, sie tragen ihre Uniformen, Orden und Medaillen. Verwandte halten Bilderrahmen mit Schwarz-Weiß-Fotografien ihrer gefallenen Vorfahren in den Händen und singen Lieder aus Kriegszeiten. Am Platz des Sieges findet eine Fernsehübertragung mit Präsident Alexander Lukaschenko statt. Die ganze Stadt ist auf den Beinen, um ihrer Opfer des Krieges zu gedenken.
Diana ist nicht begeistert von dieser Veranstaltung. „Normalerweise verlasse ich die Stadt an solchen Feiertagen", sagt sie. „Die Menschen brauchen Brot und Spiele. Zeit, sich zu erholen, Spaß zu haben."

Wir kommen an einer Bühne vorbei, auf der gerade ein Veteranenchor in grünen Uniformen ein sowjetisches Marschlied singt. Die Männer sind vermutlich alle um die 90 Jahre alt. Sie werden von einer energischen Frau im militärischen Kostüm dirigiert. Einer der ältesten Veteranen, dessen Uniform mit Tapferkeitsmedaillen behängt ist, zittert beim Singen am ganzen Körper. So sehr, dass ich und alle Umstehenden es sehen können.
„Es ist ein wichtiger Feiertag für die ältere Generation", sagt Diana, als wolle sie eine Erklärung geben. „Ich habe heute Morgen meine Großmutter besucht. Sie lebt in einem kleinen Dorf, nicht weit von Minsk. Als ich kam, war sie in einer sehr stillen und ruhigen Stimmung und

hat sich die Parade in Moskau im Fernsehen angeschaut. Aber ich habe gespürt, dass sie innerlich tief bewegt war. Wir hatten ein kurzes Gespräch, und sie sagte mir, dass sie sich an den 9. Mai 1945 als einen der glücklichsten Tage ihres Lebens erinnert, weil sie eine junge Frau war, als der Krieg begann, und sie ihre besten Jahre in einer solchen Zeit verbringen musste."
Über 60 Männer aus dem Dorf von Dianas Großmutter kehrten nach dem Krieg nicht mehr zurück, unter ihnen auch ihr erster Ehemann.
Wir gehen auf eine Brücke am Fluss. Eine große Gruppe weißrussischer Soldaten läuft an uns vorbei. Wir spüren, wie die Brücke durch ihren Marsch vibriert. Überrascht schauen wir ihnen hinterher. „Belarus ist ein sehr militärisches Land, nicht wahr?", frage ich Diana.
„Ja, leider", bestätigt sie.
„Zwei meiner Urgroßväter sind im Krieg gestorben, und mein Großvater wurde schwer verwundet. Mein anderer Großvater war ein wunderbarer Mensch. Er hat eine jüdische Familie bei sich untergebracht und mit Essen versorgt."
„Konnten sie die Familie retten?"
„Nicht wirklich", erzählt Diana, „die Familie ging freiwillig in ein jüdisches Ghetto in Smilawitschy, um dort ihre Verwandten zu finden. Mein Großvater wollte sie aufhalten und zum Bleiben überreden, aber ohne Erfolg. So verschwanden sie und, soweit ich weiß, wurden sie in Smilawitschy getötet."

„Stell dir vor, mein Großvater wäre dafür verantwortlich, dass die jüdische Familie umgebracht worden ist, die deine Großmutter jeden Tag beschützt hat", teile ich mit Diana meine Gedanken, während wir durch den Park laufen. „Davon müsste ich mich doch irgendwie distanzieren oder versuchen zu verstehen, wie er so etwas hätte tun können?"
Diana bleibt stehen und schaut mich eindringlich an: „Wenn ich wüsste, dass mein Großvater Hunderte oder Tausende von Menschen getötet hat, würde sich meine Einstellung ihm gegenüber nicht verändern. Ich würde es akzeptieren müssen."
Diana wird jetzt sehr entschieden: „Das ist das Schlimmste, was du im Leben tun kannst. Zu entscheiden, ob deine Eltern oder Großeltern richtig oder falsch gehandelt haben. Du kannst die Dinge nicht

ändern. Aber was du tun kannst, ist zu hoffen, dass sie stolz auf dich persönlich sind."

Wir bleiben an einer Straße stehen. Schon wieder kreuzt eine Gruppe von Soldaten unseren Weg. „Das sind Kadetten einer benachbarten Militärakademie", erklärt mir Diana. Unter ihnen sind auch viele junge Frauen, Soldatinnen. Wir warten, bis sie an uns vorbeimarschiert sind und gehen weiter zu einer kleinen alten Kirche, die mir Diana zeigen will. Es ist einer ihrer Lieblingsorte in Minsk. Vor der Kapelle befindet sich ein Park. Eine kleine, stille Oase in der lauten, trubeligen Hauptstadt.
„Minsk ist eine sehr seltsame Stadt", sagt Diana, „man kann hier in der Zeit verloren gehen. Viele kommen hierher, um ein Freilichtmuseum der Sowjetunion zu besuchen. Aber es geht eigentlich noch etwas tiefer, und es gibt andere Ebenen der Geschichte, so wie an diesem Platz hier."
Diana schaut, ob die Kirche offen ist. Es findet gerade ein Gottesdienst statt. Wir schleichen uns leise hinein und setzen uns auf eine der hinteren Bänke. Das goldene Gewand des orthodoxen Priesters ist beeindruckend. Gebannt verfolge ich die religiösen Rituale, die mir sehr fremd und weit von meiner Lebenswirklichkeit entfernt sind. Die liturgischen Lieder haben etwas Beruhigendes an sich. Wir verweilen still in der Kapelle. Es tut gut, nach den Gesprächen über den Krieg ein wenig nach Innen zu lauschen.

Doch der Gottesdienst nimmt kein Ende, und wir verlassen die Kirche vorzeitig. Draußen vor der Tür dringen die Gesänge aus dem Inneren noch leise zu uns. Ich spreche Diana auf den großen Antennenturm an, der neben der Kirche steht und diese bei weitem überragt. Auf dem Turm weht eine riesige sowjetische Flagge mit Hammer und Sichel. Diana vermutet, dass sie wegen des Tages des Sieges dort angebracht wurde.

„Es ist sehr merkwürdig für mich, diese Flagge der Sowjetunion hier zu sehen", sagt Diana. Sie wirkt erschüttert: „In meinem Kopf gibt es das Konzept eines doppelten Krieges. Es gab ja nicht nur den Zweiten Weltkrieg, sondern noch einen inneren Krieg in unserem Land. Stalin hat Millionen von Menschen getötet und verhaften lassen. Neunzig

Prozent der intellektuellen Elite wurden umgebracht. Die Sowjetunion war zur gleichen Zeit mit zwei Kriegen konfrontiert: einem inneren Krieg und einem, der durch Eindringlinge von außen angefangen wurde. Immer wenn ich eine Sowjetflagge oder Sowjetsymbole sehe, werde ich nervös, weil sie für mich nichts mit friedlichen Zeiten zu tun haben."

„Aber Stalin wird immer noch von vielen Menschen hier verehrt, oder?", frage ich.

„Teilweise", sagt Diana. „Menschen, die in der sowjetischen Ideologie groß geworden sind, glauben noch an ein starkes Land und einen starken Führer. Aber wir, die jüngere Generation, haben natürlich einen anderen Blickwinkel."

Diana schaut kritisch zu der wehenden roten Fahne hinauf, die neben der Kirche wie ein Fremdkörper wirkt. Es ist bestimmt kein Zufall, dass das Sowjetbanner genau hier, am geografisch höchst gelegenen Punkt der Hauptstadt, angebracht ist.

„Ich bin wirklich überrascht, das zu sehen", sagt Diana. Die Flagge scheint sie ernsthaft zu beunruhigen. „Die Menschen können glauben, was sie wollen, aber mich macht es nervös, wenn das eine Haltung von offizieller staatlicher Seite wird. Das ist nicht gut", sagt sie. „Und es passiert mitten in der Stadt, in der ich lebe. Manchmal denke ich, es ist schon eine besondere Erfahrung in Belarus zu leben."

Kapitel 15: **Die Stalin Line**

Der Zweite Weltkrieg wird in Belarus nicht nur im Theater inszeniert. In der Nähe der Hauptstadt befindet sich die Stalin Line. Die ehemalige Befestigungslinie ist heute ein großes Open-Air-Militärmuseum. Hier finden großangelegte Reinszenierungen von Schlachten aus dem Ersten und Zweiten Weltkrieg statt.

Wir fahren mit Ilya und dem Team über eine große Ausfallstraße an den Stadtrand, um diesen seltsamen Ort zu besuchen. Gleich am Eingang des Areals begrüßt uns eine Betonbüste von Josef Stalin.

Wie wäre es, wenn es in Deutschland ein solches Freilichtmuseum gäbe? Ein Hitler-Themenpark mit einem Denkmal des Führers, wie er mit erhobenem Arm vom Sockel grüßt. Am Wochenende würden seine größten Schlachten inszeniert. Samstag: Blitzkrieg gegen Polen. Sonntag: Feldzug in Frankreich. Kinder dürften sich Souvenirs von Adolf Hitler mitnehmen und mit deutschen Panzern über das Gelände rauschen. Am Schießstand könnten sie mit einer Panzerfaust auf russische Panzer feuern und ausprobieren, wie es ist, mit einem Maschinengewehr aus dem Zweiten Weltkrieg zu schießen. Natürlich absolut und zu Recht unvorstellbar! Doch all das gibt es hier!

Wir treffen den Geschäftsführer der Stalin Line: Alexander Metla. Er stellt sich mit „Sascha" vor, der in Russland üblichen Koseform für Alexander. Sascha ist etwa im gleichen Alter wie ich. Er teilt sich die Leitung der Stalin Line mit seinem Bruder Michail, kurz Mischa. Ihren Vater, Alexander Metla Senior, der den Militärpark ins Leben gerufen hat, werde ich später noch kennenlernen. In einer sowjetischen Offiziersuniform aus dem Zweiten Weltkrieg gibt uns Sascha eine Führung durch die Anlage. Ich folge ihm durch die Schützengräben und Bunker, die noch aus der Zeit des Zweiten Weltkrieges stammen und so ausgelegt waren, dass Soldaten mehrere Wochen unter der Erde verbringen konnten. Die Befestigungslinie der Roten Armee zog sich von der Ostsee bis zum Schwarzen Meer über eine Länge von mehr als 2000 Kilometern. Ein gut getarntes Bollwerk aus Beton und Stahl, das der Wehrmacht erhebliche Probleme beim Vormarsch auf Moskau bereitete. Sascha erklärt mir die historischen Details. Obwohl mich sein Aufzug irritiert, ist er mir gleich sympathisch - ein freundlicher Mann mit einer sanften Stimme und einem gewinnenden Lächeln, Familienvater von drei Kindern. Doch wie kommt jemand wie er auf die verrückte Idee, seinen Alltag in einer historischen Uniform zu verbringen und den Krieg nachspielen zu lassen?

Sascha holt weit aus und erzählt mir von seiner Zeit als Geschäftsmann. Er arbeitete für ein russisches Unternehmen in Italien, das andere Firmen aufkaufte. Sein Job war es, die Mitarbeiter in den Führungsetagen auszutauschen. Er spricht davon, dass ihn diese Aufgabe traumatisiert hat. „Dann fragte mich mein Vater, ob ich ihm helfen kann."

Saschas Vater war Offizier im Afghanistankrieg. Nach seinem Einsatz gründete er eine Veteranenvereinigung und baute mit deren Unterstützung die Stalin Line auf. Heute finanziert sich das Unternehmen durch Spenden und staatliche Unterstützung. An der Wand von Saschas Büro hängt ein Foto von seinem Vater mit dem weißrussischen Präsidenten, Alexander Lukaschenko.

„Ich glaube, mein Job würde dir gefallen", lacht Sascha, „man hat den ganzen Tag Spaß, trifft Delegationen und nette Menschen. Man stellt Kriegsszenen nach, fährt mit dem Panzer rum, schießt mit Gewehren und lässt Dinge explodieren. Ein echter Männerjob."

Er klopft mir kumpelhaft auf die Schulter. Wir stehen in einer Ruine, einem zerschossenen Haus, das als Kulisse für die Inszenierungen dient. Sascha holt eine Leuchtpistole aus seiner Ledertasche. Ruckartig und geübt streckt er sie hoch und feuert. Die leuchtende Munition steigt mit meinem Knall auf und geht in hohem Bogen zu Boden. Sascha gibt die Pistole an mich weiter. Ich halte die Waffe zögernd in der Hand. Was mache ich hier eigentlich?

Als junger Mann habe ich den Wehrdienst verweigert. In meinem Brief an die Musterungsbehörde habe ich auf die Geschichte meines Großvaters verwiesen. Nach seinen Erfahrungen im Zweiten Weltkrieg kann und will ich kein Gewehr in die Hand nehmen, habe ich damals geschrieben. Jetzt stehe ich in dem Land, in dem er im Krieg gekämpft hat. Trotzdem überwinde ich mich und drücke mit zusammengekniffenen Augen ab. Die Leuchtpatrone schießt weit in den Himmel.

„Willst du einen deutschen Panzer in die Luft jagen?“, fragt mich Sascha lächelnd. Er führt mich zu einem Schießstand. Ich justiere die Kanone und drücke auf einen Knopf. In fünfzig Metern Entfernung steht ein ausgebrannter deutscher Panzer, auf dem jetzt eine Gasexplosion ausgelöst wird. Es ist nur die Imitation eines Treffers. Doch der Knall ist laut und ich zucke unwillkürlich zusammen. Es dröhnt in meinen Ohren.

Im Stand nebenan ist ein großes Maschinengewehr aufgebaut. Sascha bietet mir an, damit zu schießen. Ich denke an Opa Fritz, der Maschinengewehr-Schütze war.
„It’s a little strange for me“, sage ich abwehrend.
„Ah, just try it!“, meint Sascha achselzuckend.
Ich nähere mich dem Maschinengewehr und frage, ob es eine echte Waffe ist. Sascha nickt.
„Aber es sind nur Platzpatronen. Schieß fünf bis sechs Mal und dann warte, damit es abkühlen kann.“
Ich kneife die Augen zusammen und schieße, zwanzig Mal, dreißig Mal. Bis alle Attrappen umfallen. Es ist alles nur Imitation. Und doch erzeugt es ein ungutes Gefühl. Mein Körper sträubt sich innerlich gegen das Schießen. Warum tue ich etwas, das ich eigentlich nicht will? Will ich auf diese Weise erfahren, wie es sich anfühlt, Soldat zu sein? Verstärke ich dadurch noch meine Angst, die mich bis in die Nacht verfolgt? Mir wird erst später bewusst, dass mich das Schießen an meinen Traum erinnert: Ich sitze auf einem Panzer im nebligen Wald und schieße um mich, ohne zu sehen wohin.

Am nächsten Sonntag lädt mich Sascha zur Inszenierung einer Schlacht aus dem Ersten Weltkrieg ein. Schauspieler laufen verkleidet als Soldaten in Uniformen des Deutschen Kaiserreichs, mit Pickelhauben und Bajonetten, über den Parkplatz. Unter den Zuschauern sind auch viele Familien mit Kindern, die ihren Sonntagsausflug zur Stalin Line machen. Gleich am Eingang bekommen die Kleinen einen

Stahlhelm auf den Kopf gesetzt und eine Kalaschnikow in die Hand gedrückt. Sie werden zusammen mit ihren Eltern fotografiert. Kleine Jungs dürfen mit echten Gewehren feuern. Als das Spektakel beginnt, wird es vielen Kinder zu laut. Auf dem Schlachtfeld explodieren Granaten, die Geschütze rattern. Einige Kinder halten sich die Ohren zu, die Kleinsten fangen an zu weinen. Kein Wunder, die Inszenierung und die Soundkulisse sind täuschend echt. Die Bolschewisten besiegen die Deutschen, die mit Gasmasken auf dem Kopf zu Boden gehen. Die Inszenierung endet dramatisch, russische Choräle schallen über das Schlachtfeld und die Kaiserlichen hissen die weiße Flagge zur Kapitulation. Das Publikum applaudiert. Warum setzen Eltern ihre Kinder dieser Erfahrung aus?

Ich spreche mit Sascha darüber. „Denkst du, das ist gut für die Kinder?“, frage ich ihn.
„Das kommt auf die Philosophie an, die du hast“, antwortet er ausweichend. „Manche denken, es ist besser, sich auf den Kampf vorzubereiten. Andere Leute sagen, dass es besser ist, nichts über das Kämpfen zu wissen. Welche Idee besser ist, weiß ich nicht.“
Sascha ist Vater von zwei jüngeren Töchtern und einem jugendlichen Sohn. In seinem Büro hängen Aufnahmen seiner Kinder in Uniform. Sie waren bereits bei einigen Inszenierungen dabei. Ich denke an meine eigenen Kinder.
„Ich würde es ihnen nicht erlauben, an so etwas teilzunehmen“, entgegne ich ihm.
„Dann ist das deine Vorstellung davon, wie Kinder aufwachsen“, erwidert er mir und lächelt mich herausfordernd an. „Denkst du, du kannst Kinder davor beschützen, schlimme Dinge zu sehen?“
„Man kann auf jeden Fall versuchen, es zu vermeiden“, antworte ich nachdenklich.
„Was immer du zu vermeiden versuchst, du kannst nicht alles vermeiden“, meint Sascha. „Es ist besser, eine kontrollierte Schockinformation an der einen oder anderen Stelle zu bekommen als eine unkontrollierte.“

Sascha will meine pazifistische Grundhaltung auf die Probe stellen. Lebe ich in der Illusion, dass ich meine Kinder vor der Grausamkeit der Welt bewahren kann? Ich weiß, dass ich meine Kinder nicht vor

Verletzungen beschützen kann. Aber muss ich ihnen deshalb gleich eine Kalaschnikow in die Hand drücken? Geht es in der Stalin Line nicht vielmehr darum, die Kinder schon in jungen Jahren auf spielerische Weise an das Leben in einer militärischen Gesellschaft zu gewöhnen?

Ich weiß nicht einmal genau, warum ich mich selbst dieser Erfahrung aussetze. Fühle ich mich unterbewusst vom Kriegsspiel angezogen? Warum übt das Abenteuer des Kriegs solch einen Reiz aus? Waffen, Uniformen, Panzer? Als kleiner Junge habe ich auch gerne mit Pistolen gespielt. Jeder Ast im Wald wurde zu einem Schießgewehr. Und heute sehe ich an meinem eigenen Sohn, welche Faszination das Schießen ausübt. Als erwachsener Mann mit all dem Wissen über Kriege und Tod kann ich diese nicht mehr nachvollziehen. Dennoch nehme ich hier die Waffen in die Hand und ziele auf Pappfiguren, die für Menschen stehen. Warum lasse ich mich von Sascha dazu animieren? Warum sage ich nicht, ich bin Dokumentarfilmer und kein Soldat, danke?

Versuche ich mich auf diese Weise meinem Großvater zu nähern, um einen Eindruck zu bekommen, was er im Krieg erlebt haben könnte?

Ich frage Sascha nach seiner Familiengeschichte, und er erzählt mir, dass sein Großvater Panzergrenadier im Zweiten Weltkrieg war.
„Er war 15 Jahre alt, als er in den Krieg eintrat", erzählt Sascha, „er machte sich ein paar Jahre älter, um in die Armee zu gelangen." Mit seinem Panzer kam er bis nach Berlin. Dort wurde er verwundet und überlebte den Krieg.
„Was denkst du, welche Auswirkungen die Geschichte deines Großvaters auf dein Leben hatte?", frage ich Sascha.
„Ich bin stolz, dass meine Vorfahren die Chance hatten, ihr Vaterland zu verteidigen", sagt er selbstbewusst, und es klingt wie eine Phrase aus einem sowjetischen Geschichtsbuch. „Und lass es mich ganz direkt sagen", fährt Sascha fort, „sie hatten großen Erfolg und stoppten Hitler und seinen Plan."
Mein Großvater war 18 Jahre alt, als er mit der Wehrmacht nach Russland kam. Ich stelle mir vor, dass unsere beiden Großväter sich auf dem Schlachtfeld gegenüberstanden: mein Opa mit dem Maschinen-

gewehr, Saschas „Deduschka“, das russische Wort für Großvater, im Panzer. Heute stehen wir, die Enkel, wieder auf einem Schlachtfeld, aber alles ist ein Spiel.

Ich nehme Saschas Angebot an, eine Fahrt mit einem russischen Panzer aus dem Zweiten Weltkrieg zu machen. Auf was ich mich da einlasse, ist mir allerdings nicht klar. Er gibt mir einen blauen Overall der Roten Armee, den ich überziehen soll, und ich steige damit auf den Panzer. Sascha sagt, ich solle mich vorne auf das Führerhaus setzen und mich „ein bisschen festhalten.“ Mit hohem Tempo rast der Panzer in die matschigen Fahrrinnen. Der Motor dröhnt gewaltig, und ich bekomme Angst, als Sascha noch weiter auf das Gaspedal drückt. Mit einem Satz springt das Ungetüm aus Stahl in eine tiefe Pfütze, wir werden hin- und hergeschleudert. Mit einer Hand klammere ich mich notdürftig an das Metall des Führerhäuschens. Ich habe das Gefühl, gleich abzurutschen und herunterzustürzen. Ich werde das Bild nicht los, das mich die Ketten des Panzers gleich gnadenlos zermalmen. Was zur Hölle mache ich hier? Und warum gibt Sascha so viel Gas? Ich brülle, dass er anhalten soll, und rufe seinen Namen: „Sascha, Sascha! Stopp, Stopp!“
Doch es nützt nichts. Sascha hört und sieht mich nicht im Inneren des Panzers. Wir drehen Runde für Runde, und mir wird immer schlechter, physisch und psychisch. Ich will, dass dieser Wahnsinn endlich aufhört. Doch oben auf dem Panzer bin ich Saschas Willkür gnadenlos ausgeliefert. Wie ein Kamikaze-Pilot heizt er ohne Pause über das unwegsame Gelände. Irgendwann nach einer gefühlten Ewigkeit kommt das Kettenfahrzeug zum Stehen. Sascha klettert aus der Luke des Führerhauses und lacht mich mit schlammverspritztem Gesicht an.
„Everything okay?“, fragt er grinsend.
Ich versuche zu lächeln, aber mein Gesicht ist eingefroren. Die Panik sitzt mir in den Knochen. Ich bin blass. Als ich diesen Drehtag überstanden habe, und das Team mit mir am Abend zum Essen gehen will, bleibe ich allein in der Wohnung. Es hat mir den Appetit verschlagen. Noch immer spüre ich das Beben und monotone Rütteln des Panzers in mir. Mein ganzer Körper ist verspannt. Während der Fahrt hatte ich Todesangst.

Als die anderen weg sind, greife ich zu meiner kleinen Videokamera und versuche aufzunehmen, was während der Panzerfahrt in mir vorging.

> *Das war irgendwie so ein Gefühl, völlig ausgeliefert zu sein. Es sind Bilder in mir aufgestiegen, wie das wohl im Krieg gewesen sein muss, wenn die Soldaten Panzer gefahren sind und auch noch in Gefahr waren, beschossen zu werden oder selber rübergeschossen haben. Das war eine ziemlich krasse Kombination von Gefühlen in dem Moment. Ich bin richtig erschöpft und verspannt davon, dass ich mich die ganze Zeit an dem Panzer festgeklammert habe. Und ich frage mich auch, was das für einen Sinn macht, dass ich mich selbst so einer Gefahr aussetze. Aber es gibt ja keinen Zufall. Und jetzt hat's mich hier in Weißrussland auf einen russischen Panzer verschlagen mit Leuten, die den Krieg nachspielen, und ich frage mich: Warum machen die das? Was ist ihre Motivation? Und inszeniert man dadurch nicht das Trauma immer wieder neu?*
>
> – Videotagebuch –

Am nächsten Tag sind wir mit Saschas Vater, Alexander Metla, – die Söhne werden hier häufig nach den Vätern benannt – verabredet, der den Afghanistankrieg als Soldat selbst erlebt hat. Vater und Sohn betreiben die Stalin Line als Familienunternehmen mit staatlicher Unterstützung. Zurzeit bereiten sie eine große Inszenierung vor, die am Jahrestag der Befreiung stattfinden soll. Wir laufen über das Gelände und die beiden haben noch einiges zu besprechen.
„Die Soldaten haben Manövermunition mitgebracht", sagt Sascha zu seinem Vater.
„Alles, was wir haben wollten?", fragt dieser.
„Ja."
„Ausgezeichnet."
Wir kommen an einer Gruppe Arbeiter vorbei, die gerade dabei sind, eine große Holzrampe als Abstieg für die Zuschauer zu bauen.
„Das sieht ja aus wie eine Gangway", scherzt Sascha. „Dann können hier sogar Schiffe anlegen."

Wir gehen weiter und betreten ein Areal des Freilichtmuseums, in dem Panzer und Schützenwagen aus dem Zweiten Weltkrieg und aus dem Afghanistankrieg ausgestellt sind. Hier führen wir unser Gespräch. Zum Einstieg zeige ich Saschas Vater Fotos meines Großvaters aus seiner Zeit als Soldat in Weißrussland.
„Vielleicht folge ich seinen Fußstapfen, ohne es zu wissen", sage ich zu ihm und Sascha übersetzt es seinem Vater.
„Aber auf friedliche Weise?", erwidert er lachend.
„Friedlich, natürlich", gebe ich zurück.

„Der Krieg lebt in Weißrussland in jeder Familie", sagt Saschas Vater. „Jeder hat in diesem Krieg Verwandte verloren. Die Deutschen haben meinen Großvater erschossen. Er war 45 Jahre alt. Mein Nachbar meldete den Deutschen, dass mein Großvater mit den Partisanen zusammenarbeitete. Er wurde zusammen mit acht Dorfbewohnern verhaftet und erschossen. Sie waren alle zwischen 43 und 45 Jahre alt. Mein Vater war auch im Krieg. Onkel Vitja, Onkel Mischa und Onkel Schura – sie alle waren im Krieg", erzählt Alexander Senior. „Wir hatten die Vorstellung, der Krieg sei etwas Heldenhaftes. Aber als ich im wahren Leben einen echten Krieg miterleben musste, den Krieg in Afghanistan, hat sich meine Wahrnehmung vom Krieg verändert." Saschas Vater macht eine Pause. Es ist spürbar, wie sehr es ihn mitnimmt, wenn er darüber spricht.

Wie in Russland stehen auch in Belarus die Veteranen des Afghanistankrieges in einer Linie mit den Rotarmisten des Großen Vaterländischen Krieges. Jenseits des patriotischen Bildes, das die Kämpfer als Helden stilisiert, liegen die persönlichen Erlebnisse und Traumata der Veteranen, die Gräueltaten und der Zweifel der Soldaten am Sinn des sowjetischen Einsatzes gegen die zahlreichen Gruppierungen der islamistischen Mudschaheddin. Die Intervention begann 1979 und dauerte über zehn Jahre. Mehr als 600.000 russische Soldaten wurden während dieser Zeit nach Afghanistan entsandt.
Saschas Vater trat im April 1987 als Offizier in den Krieg ein. Seine Stimme zittert, als er sich an diesen Moment erinnert: „Man steht natürlich große Ängste durch, weil man sich nicht nur um sich selbst sorgt, sondern auch um seine Familie, seine Frau und seine Kinder.

Als ich in den Krieg zog, waren sie noch klein, sie waren erst zehn und zwölf Jahre alt."
Sascha ist der ältere der beiden Brüder, 1975 geboren. Ich frage ihn, ob er sich daran erinnern kann, wie es für ihn war, als sein Vater in den Krieg gehen musste.
Sascha weiß es noch ganz genau: „Er war in der Küche, als er es erfuhr und Mutter die Nachricht überbrachte. Ich erinnere mich daran, dass sie weinten. Ich schlich mich heimlich heran und sah sie in der Küche sitzen. Mein Vater weinte und meine Mutter ebenfalls. Ich erzählte meinem Bruder, der schon im Bett war, dass unser Vater weinte."
Alexander stehen Tränen in den Augen, als sein Sohn die Situation so plastisch beschreibt, als sei es gestern gewesen und nicht 1987. Sascha bemerkt es und berührt sanft den Arm seines Vaters. Die beiden zeigen mir ein Fotobuch, das sein Vater zum 50. Geburtstag geschenkt bekommen hat. Das Album zeigt Alexander Metla als Offizier der sowjetischen Armee bei seinem Einsatz in Afghanistan. Man sieht ihn mit einer Kalaschnikow auf einem Panzer sitzen. Das Foto ähnelt auf gewisse Weise dem von Opa Hans. Auf einem anderen Bild ist er kurz davor, mit einem Fallschirm aus einem Flugzeug zu springen. Vor einem Schützenwagen steht er stolz mit einer schweren Kanone, die er selbst entwickelt hat und die seinen Namen trägt: Metla.

Ich frage ihn, was er im Krieg erlebt hat. Er erzählt vom Partisanenkrieg in den afghanischen Bergen, bei dem es keine klaren Ziele gab. Die russischen Soldaten wurden von den afghanischen Rebellen oft aus dem Hinterhalt attackiert.
„Ich fuhr mit einem Sergeant im Auto. Er fragte mich, ob er mit dem Zug fahren darf. Ich sagte ihm, dass es sicherer ist, im Auto zu bleiben. Er entschloss sich, den Zug zu nehmen und stieg aus dem Wagen. Plötzlich explodierte eine Bombe, und er war tot", erinnert sich Alexander. „Es gibt viele solcher Geschichten."

Ruhmreich und mit einem traurigen Blick in den Augen kehrt Saschas Vater aus dem Krieg zurück. Auch auf Familienportraits trägt er oft eine Uniform. Auf späteren Aufnahmen wirkt er übergewichtig und steht unglücklich neben Ministern und Generälen auf offiziellen

Militärparaden. Auch all die Orden konnten ihm wohl nicht über das Erlebte hinweghelfen.

Ich frage ihn, ob er nach dem Krieg bei einem Psychologen war.

„Ich hatte keine Probleme, ich bin psychisch sehr stabil", sagt er abgeklärt, „man ist froh, am Leben zu sein, es gesehen zu haben und erzählen zu können. Es sind schon fast 30 Jahre vergangen. Aber ich hätte dortbleiben und nie wieder meine Söhne sehen können."

1988 kehrt Alexander Metla aus Afghanistan zurück. Im Jahr 2002 gründet er die Stiftung „In Erinnerung an die Veteranen Afghanistans". Die gemeinnützige Organisation unterstützt Rückkehrer des Afghanistankrieges und ihre Kinder und Frauen. Die Stiftung ist zugleich auch Betreiber der Stalin Line, die 2005 ins Leben gerufen wird. Hin und wieder finden hier auch Inszenierungen von Schlachten aus dem Afghanistankrieg statt.

„Es ist einer unserer großen Erfolge, dass meine Söhne sich hier mit friedlichen Kriegen beschäftigen. Nicht nur meine Söhne, sondern auch meine Enkelkinder, die 16 und 17 Jahre alt sind, beteiligen sich bereits an der Inszenierung militärischer Schlachten, und Gott gebe, dass sie im wirklichen Leben nicht daran teilnehmen müssen."

„Glauben Sie, es ist eine gute Idee, Menschen den Krieg wieder und wieder vor Augen zu führen?", frage ich Saschas Vater.

„Wir antworten auf solche Fragen immer, dass wir den Krieg nicht propagieren. Wir zeigen das Grauen des Krieges. Es ist eine Sache, einen Film zu gucken, und es ist eine andere Sache, es zu sehen, wenn es direkt vor dir geschieht. Die Geschichte muss man kennen, und es darf nie wieder passieren. Pazifismus ist hier nicht angebracht", antwortet Alexander. „Die Leute wollen sich hier selbst verwirklichen und wie ihr Großvater, Urgroßvater und Vater sein. Das finde ich normal, weil manche nicht bei der Armee waren."

Saschas Vater erinnert sich an einen finnischen Besucher, der zum Schießen in die Stalin Line kam. „Nach dem Schießen fragte er, warum niemand gefallen ist. Er war beleidigt, dass wir ihm keine echten Patronen gegeben haben", lacht Alexander und Sascha erzählt, dass der Mann ernsthaft sein Geld zurückforderte, als ihm klar wurde, dass nur Platzpatronen im Maschinengewehr sind. „Es ist besser, nur zu spielen, als einen echten Krieg zu haben", meint Alexander.

Ich frage die beiden, ob sie manchmal vom Krieg träumen. Saschas Vater nickt. Er träumt häufig vom Krieg. Es sind sowohl realistische Traumbilder als auch fantasierte Situationen. Sein Sohn Sascha träumt nur selten vom Krieg. Vor langer Zeit hatte er einen Traum vom Zweiten Weltkrieg.

„Erinnerst du dich daran?“, frage ich ihn neugierig.

„Ja, ich erinnere mich, dass ich mit Freunden in einem Wald war. Ich trug die Uniform eines Leutnants. Wir hatten ein kurzes Gefecht mit den Deutschen. Dann haben wir uns zurückgezogen. Ich war in Panik. Als ich aufgewacht bin, habe ich mich gefragt, warum ich das geträumt habe. Ich weiß es nicht.“

„Das Beste an solchen Träumen ist, wenn du danach aufwachst und feststellst, dass Du am Leben bist“, lacht sein Vater. Dann wird er plötzlich ganz ernst und erzählt mir, dass nicht viel gefehlt hätte, und er wäre in Afghanistan getötet worden.

„Der Krieg ist eine schwere Prüfung für jeden Menschen, ganz egal welcher Krieg“, sagt er schwermütig.

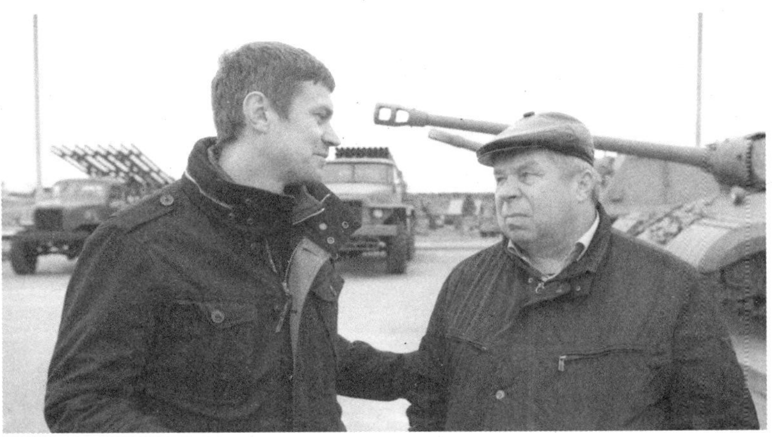

Alexander Metla, junior und senior, in der Stalin Line bei Minsk

Auch wenn ich mich mit meiner pazifistischen Sozialisierung und Grundhaltung oft ziemlich fremd fühle in der Stalin Line, komme ich den beiden Männern in diesem Gespräch näher. Ich spüre, dass eine eigene Betroffenheit hinter ihrem Kriegsspiel steckt. Der Krieg und das Militär haben die Familie geprägt: Saschas Großvater war in der Roten Armee, sein Vater diente lange Zeit als sowjetischer Soldat und Sascha selbst war über fünf Jahre Soldat bei den weißrussischen Streitkräften, zuletzt als Offizier. Sie wissen, wovon sie sprechen und handeln aus eigener Erfahrung. Vielleicht ist es ihr Weg, mit dem Erlebten umzugehen. Ein Weg, der mir auch nach den Erfahrungen hier absolut fremd bleibt. Es ändert nichts daran, dass ich nach wie vor nicht verstehe, was erwachsene Menschen dazu treibt, an solchen Spektakeln teilzunehmen und dann noch ihre Kinder diesen auszusetzen. Doch ich bekomme ein besseres Verständnis dafür, welche tiefer liegende, möglicherweise sogar unbewusste Triebkraft hinter ihrem Unternehmen steht. Sind es die Folgen des Krieges, die sie dazu antreiben, den Wahnsinn wieder und wieder auf die Bühne zu bringen? Ist es wie eine traumatische Endlosschleife, die keine Erlösung und Heilung verspricht, sondern nur dazu führt, dass sich der Horror des Krieges in Form eines Spiels kontinuierlich wiederholt?

Für mich hat es diesen Anschein, doch als Außenstehender kann ich mich auch täuschen und möchte kein Urteil fällen. Ich bin dankbar und berührt davon, mit welcher Offenheit sie uns begegnen und Tür und Tor öffnen für unseren Dreh, auch wenn wir ganz offensichtlich unterschiedliche Sichtweisen auf den Umgang mit der kulturellen Erinnerung an den Krieg haben.

Zudem finde ich in Sascha und seinem Vater ein spannendes Spiegelbild zur Beziehung mit meinem eigenen Vater. Während unseres Gesprächs spüre ich eine starke Verbundenheit zwischen den beiden, die sich auch körperlich ausdrückt. Sascha berührt seinen Vater oft und hält seinen Arm, während er von seinen Erfahrungen in Afghanistan berichtet. Einmal streichelt er zärtlich seine Wange, und sie nehmen sich gegenseitig in den Arm. Da ist eine körperliche Nähe, die ich bei mir und meinem Vater manchmal vermisse. Und es zeigt sich noch etwas anderes, das meine Aufmerksamkeit erregt. So wie der großgewachsene Sohn und sein untersetzter Vater nebeneinanderstehen und mit welcher Fürsorglichkeit sich Sascha seinem Vater zuwendet, wirkt es auf mich, als ob hier ein Rollentausch stattgefunden hat. Es ist der Sohn, der sich jetzt um den Vater kümmert, während es doch eigentlich genau andersherum sein sollte. Sascha hat die Leitung der Stalin Line auf Wunsch seines Vaters hin übernommen. Sein Vater ist stark geprägt von seinen traumatischen Erfahrungen, die er als Soldat in Afghanistan gemacht hat. Seine Söhne erfüllen seinen Traum vom Kriegsspiel. Und damit möglicherweise auch sein Trauma. Ich frage mich, ob sie sich dieser Dynamik bewusst sind. Doch es wirkt nicht so, und ich scheue mich davor, dieses Thema anzusprechen. Schließlich geht es mich auch nichts an. Ich bin hier, um in mein eigenes Leben zu schauen, die Zusammenhänge besser zu verstehen. Was gibt es in der Dynamik zwischen mir und meinem Vater zu entdecken? An welcher Stelle lebe ich den Traum meines Vaters? Was erfülle ich für ihn, wozu er selbst nicht in der Lage ist?

Spannende Fragen, die mich auf der Rückreise nach Deutschland begleiten. Als ich im Zug nach Hause liege und nachdenklich in die vorbeirauschenden Birkenwälder schaue, lasse ich den Lebensweg meines Vaters vor meinem inneren Auge vorüberziehen.
Dabei gehe ich gedanklich in eine Zeit, lange vor meiner Geburt, die ich nur aus der Erzählung meines Vaters kenne.

Eigentlich wollte mein Vater Journalist werden. Das Schreiben war sein Traum. Als er sich nach der Schule bei der Hessisch-Niedersächsischen Allgemeinen Zeitung bewirbt, ist jedoch kein Platz für ein Volontariat frei. Er bekommt das Angebot, ein Jahr später damit zu beginnen und bis dahin eine Ausbildung als Industriekaufmann zu machen. Er hängt an dieses Jahr ein zweites dran und macht dann seinen Abschluss. Mein Vater folgt dem Lockruf des Geldes und zieht die materielle Sicherheit seinem Traumberuf vor. Mit Ehrgeiz, Lernbereitschaft und Einsatzfreude kompensiert er Lücken in seiner Ausbildung und wird am Ende seiner Laufbahn in die Vorstandsetage einer börsennotierten Aktiengesellschaft berufen.

Doch seinen Traum vom Schreiben hat er sich bis jetzt nicht erfüllt. Ich hingegen bin Journalist geworden. Mit Anfang zwanzig schreibe ich bereits für Zeitungen und Magazine und entdecke später den Dokumentarfilm für mich. Verwirkliche ich damit den Traum meines Vaters? Jetzt drehe ich einen Film, bei dem ich den Spuren seines Vaters folge und mich mit dessen Kriegsvergangenheit auseinandersetze. Ist das nicht eigentlich seine Aufgabe, die ich gerade für ihn übernehme, weil er selbst nicht dazu in der Lage ist? Ist das eine Form der „Parentifizierung“, bei der ich Verantwortung für ein Thema trage, das eigentlich gar nicht meins ist?

Das Rattern der Gleise, auf denen der Berlin-Moskau-Express durch Polen fährt, versetzt mich in einen leichten Schlaf. Ich mache die Augen zu und schon bald sind wir wieder im Westen.

3. TEIL:
VERSÖHNUNG MIT DEM VATER

Kapitel 16: **Die Schneeschuhwanderung**

Ich bin Teil einer deutschen Wehrmachtseinheit. In einer Stadt hangeln wir uns mit einem Seil an Häuserwänden entlang. Wir sind im feindlichen Gebiet. Selbst beim Essen habe ich mein Gewehr in Reichweite. Aus Angst, wir könnten überfallen werden. Die Stimmung ist abenteuerlich.

– Traumtagebuch –

Nach meiner Rückkehr aus Belarus schlafe ich schlecht und träume erneut vom Krieg. Hat mich die Panzerfahrt in der Stalin Line retraumatisiert? Warum mache ich das Ganze eigentlich? Was hat es für einen Sinn, weiter in der Vergangenheit zu graben?

Während mich Schlaflosigkeit und Selbstzweifel plagen, gibt es eine überraschende Entwicklung im Leben meines Vaters: In einem Telefonat erzählt er mir, dass er eine Therapie begonnen hat, in der er sich auch mit der Beziehung zu seinem Vater auseinandersetzt. Ich verabrede mich mit ihm, um darüber zu sprechen – bei einer gemeinsamen Schneeschuhwanderung durch den verschneiten Schwarzwald.

An einem Sonntagnachmittag stapfen wir durch den tiefen Schnee über eine große Wiese in der Nähe unseres Dorfes. Der Schnee knirscht unter unseren Schneeschuhen, mit denen es etwas leichter fällt, den Berg zum Wald hochzukommen. Das Team filmt uns aus großer Distanz. Um die richtige Einstellung zu finden, müssen wir den Gang bergauf einige Male wiederholen. Mein Vater kommt ins Schwitzen und atmet schwer.

Am Waldrand setzen wir uns auf eine Bank und machen eine Pause. Von hier aus geht der Blick weit über das Dorf und die schneebeladenen Baumwipfel. Ich spreche über meinen Großvater und frage mich, wie es wohl für ihn gewesen sein muss, den russischen Winter im Krieg durchzustehen. Doch da weder mein Vater noch ich eine Antwort darauf finden, schweigen wir und schauen still in die Winterlandschaft.

Schließlich gehen wir weiter und gelangen tiefer in den Wald. Der Schnee fällt von den Tannenzweigen in kleinen Lawinen auf den Waldboden. Nach einer Weile finden wir eine Lichtung und setzen uns in der Dämmerung an einen Baum. Wir haben Fackeln dabei, die wir in den Schnee stecken und in einem Halbkreis um uns herum entzünden. Mein Vater hat seine Schamanentrommel mitgebracht. Wie er mit seinem dunkelgrünen Filzhut am Baum sitzt und sachte auf die bunt bemalte Rahmentrommel schlägt, sieht er wirklich ein bisschen aus wie ein Schamane.

Seit unserem letzten Gespräch im Wald hat sich einiges bei meinem Vater verändert. Nach seinem Ausstieg aus der Vorstandsetage hat er eine Ausbildung zum Naturcoach und Wildnispädagogen gemacht. Doch als er ein attraktives Angebot von einem Unternehmen aus seiner alten Branche bekommt, kehrt er in die Welt der Wirtschaft zurück, um die letzten Jahre bis zu seinem Renteneintritt als Vertriebsleiter zu arbeiten.

In einer Muschelschale entzündet mein Vater jetzt weißen Salbei, von dem es heißt, dass er reinigende Wirkung hat. Die trockenen Blätter verbrennen knisternd. Dichte, würzig duftende Rauchschwaden ziehen in meine Richtung. Der Geruch erinnert mich ein wenig an Marihuana und an meine Jugend. Damals hatte ich wenig Kontakt zu meinem Vater, der in dieser Zeit viel als Außendienstmitarbeiter unterwegs war. Jetzt genieße ich es, Zeit mit ihm zu verbringen.

„Was glaubst du, wie unsere Welt aussehen wird, wenn ich so alt bin wie du jetzt?“, frage ich ihn.
„Ich habe die Hoffnung, dass das, was im Moment an Fehlentwicklung da ist, dass dieses ganze System kollabiert und daraus die Chance entsteht, etwas wirklich Neues und Positives zu machen. In Richtung zu einer besseren Welt. Mit mehr Gerechtigkeit.“
„Hast du das Gefühl, das passiert gerade?“
„Im Moment passiert das mit Gewissheit nicht. Weil die Finanzwelt, die Banken und der Staatsapparat Freiheiten eher einschränken, als

dass es eine vernünftige Entwicklung gibt. Das ganze System wird künstlich am Leben erhalten. Und die Umverteilung von fleißig zu reich gewinnt radikal an Fahrt."

„Wie verbindet sich diese Sichtweise denn mit dem Job, den du jetzt machst?", frage ich ihn.
„Tja", sagt mein Vater und seufzt, „das ist schon ein Problem. Ich bin da ambivalent unterwegs. Ich gehöre auch zu den Predigern, die das Wachstum verkünden, und es gibt jedes Jahr neue Ziele. Ich habe bisher noch kein Jahr erlebt, wo wir niedrigere Ziele hatten als im Vorjahr. Sondern es geht immer um mehr. Aber auf der anderen Seite weiß ich, dass dieses Wachstum Schuld ist an vielen schlechten und katastrophalen Zuständen auf dieser Welt, weil wir letztendlich auf Kosten anderer wachsen, indem wir Länder mit hohem Rohstoffaufkommen und deren Arbeitskraft ausbeuten. Nicht nur woanders, auch bei uns."
„Und inwieweit fühlst du dich selber als Teil dieses Systems?"
„Ja, ich bin da in diesem Räderwerk mit drin und funktioniere. Nicht mehr allzu lange."
„Und was machst du dann?"
„Weniger sinnbefreite Geschichten."
„Zum Beispiel?"
„Mit dir in den Wald gehen. Gute Gespräche führen. Gerne auch mit anderen Leuten."

Mein Vater lacht. Er holt etwas aus seinem Rucksack und schaut mich vielsagend an.
„Ich habe ein Geschenk für dich", sagt er, „und ich denke, das ist ein guter Augenblick, es dir zu geben."
„Ein Geschenk?", frage ich überrascht.
Mein Vater hält einen geschliffenen Bergkristall in der Hand.
„Wenn ich dich richtig verstanden habe, geht es in deinem Projekt um Klarheit, was die Vergangenheit angeht", fängt mein Vater vorsichtig an. „Und ich suche die ja auch. Da hast du mich ganz neugierig gemacht." Er macht eine Pause und schaut auf den Edelstein in seiner Hand. „Der Bergkristall soll dafür stehen, Klarheit zu gewinnen. Nicht nur für dich, sondern auch für mich."

Mein Vater gibt mir den Kristall. Ich bedanke mich bei ihm und drehe den glatten, durchsichtig schimmernden Edelstein in meiner Hand. „Was meinst du damit, Klarheit auch für dich zu gewinnen?", frage ich ihn.
„Ich würde gerne Klarheit über die Rolle meines Vaters im Krieg gewinnen."
„Hast du denn irgendeine Vermutung dazu oder ein Gefühl?"
„Kein so wirklich gutes", sagt er, „eher, dass es vielleicht alles andere als eine glorreiche Rolle war. Ich habe ihn eigentlich auch wenig kennengelernt. Und über diese Jahre habe ich gar nichts gehört. Ich habe mal gefragt, aber da kam nicht viel, und wenn er dann etwas erzählt hat, dann gefiel das meiner Mutter nicht. Dann hat sie Einhalt geboten."
„Warum wollte sie das nicht?"
„Gesagt hat sie, dass sie das schon alles tausend Mal gehört hat. Aber ich glaube nicht, dass das der Grund war. Vielleicht wusste meine Mutter auch viel mehr. Ja, also eher so ein Tabuthema", sagt mein Vater achselzuckend. „Ja, und es ist eben auch komisch, dass ich gar nicht wusste, dass mein Vater in Osteuropa war. Der hat mir was von Norwegen erzählt, von Belgien, aber von Osteuropa gar nichts."
„Von Weißrussland hat er dir nichts erzählt?"
„Nee. Das macht ja neugierig."

Ich frage meinen Vater, ob er sich vorstellen kann, gemeinsam mit mir nach Belarus zu fahren, um die Orte zu besuchen, an denen sein Vater im Krieg war. Vor wenigen Wochen war er noch etwas zögerlich, doch jetzt steht er der Idee sehr offen gegenüber. Er nimmt sich eine Woche Urlaub in der Firma, und wir planen im Frühling gemeinsam auf Spurensuche zu gehen.

Kapitel 17: **In der Uniform von Opa Hans**

Wir sind in einer fremden Stadt, mitten in einem Häuserkampf. Es tobt ein erbitterter Stellungskrieg. Ich spüre die Gefahr und habe Angst, getroffen zu werden. Die feindlichen Soldaten rücken vorwärts. Sind es die Russen?

Wir verlieren. Ich kämpfe mit einem Kameraden. Ist es mein Vater?

Vor uns schmeißen sich Soldaten und Zivilisten auf den Boden, um verschont zu werden. Es erleichtert mich, dass das möglich ist. Ich will mich auch ergeben.

– Traumtagebuch –

Schon seit Beginn dieses Projekts begleitet mich die Idee, mir eine Uniform zu besorgen, wie sie mein Großvater Hans im Krieg getragen hat. Ich weiß nicht genau warum, aber es gibt in mir den Wunsch, eine solche Uniform anzuziehen und damit Szenen für den Film zu inszenieren, die den Bildern in meinen Träumen ähneln.

Ich recherchiere im Internet nach Wehrmachtsuniformen. Das Angebot an Originalen aus dem Zweiten Weltkrieg ist riesig groß und die Preise hoch. Für eine Uniform der Luftwaffe zahlt man um die 3000 Euro. Dafür habe ich kein Budget.

Antonia unterstützt mich bei der Suche und macht einen Theaterverleih in Berlin ausfindig, der Uniformen verleiht. Wir fahren gemeinsam hin und gehen zum Theaterfundus im Westen der Hauptstadt. Hier gibt es eine eigene Halle nur für Uniformen: vom kaiserlichen Regiment bis hin zur aktuellen Wüstentarnung, die die Bundeswehr in Afghanistan aufträgt. In der Abteilung für die Zeit des Dritten Reichs hängt eine breit gefächerte Auswahl an Modellen. Quentin Tarantino besorgte sich hier die SS-Uniformen für „Inglorious Bastards“, Wolfgang Petersen die Marineausstattung für „Das Boot“ und

Michael Haneke die Kostüme für „Das weiße Band“. Die Filmposter meiner prominenten Vorgänger hängen an der Wand. Jetzt bin ich hier auf der Suche nach nur einer einzigen Uniform. Einer, die mich wie mein Großvater aussehen und fühlen lässt.

Mit der Mitarbeiterin, die uns durchs Lager führt, hat Antonia schon im Vorfeld häufiger telefoniert und ihr die Soldatenfotos von meinem Großvater geschickt. Anhand der Aufnahmen hat sie unterschiedliche Jacken der Luftwaffe herausgesucht, die sie mir vorführt. Mein Favorit ist eine rauchblaue Fliegerbluse.
„Sitzt sehr schneidig“, sagt die Kostümbildnerin, als ich das Modell anprobiere. Selbst die passenden Orden und Abzeichen, die mein Großvater auf den Bildern trägt, hat sie auf Lager: Eisernes Kreuz, Verwundetenabzeichen, Kampfabzeichen der Flak. Alles so wie auf den Fotos. Die Stiefelhose, die Fliegerbluse und die groben Stiefel sind Originale aus dem Zweiten Weltkrieg. Es ist ein merkwürdiges Gefühl in den Kleidern eines Soldaten zu stecken, der tatsächlich im Krieg gekämpft hat. Ich rieche an der Uniform. Ein leicht muffiger Duft entströmt ihr. Wir verbringen einige Stunden damit, das richtige Outfit für mich zusammenzustellen. Mit Stahlhelm posiere ich vor dem Spiegel. Ich lache den Mann, der vor mir steht, unsicher an. Bin das wirklich ich? Wie viel Soldat steckt noch in mir?

Antonia schaut mich zunächst skeptisch an, als sie mich in der Uniform mit dem Handy fotografiert. Dann schnappt sie sich selbst ein russisches Barett aus der Zeit und lacht mich strahlend an. Ihre Unbefangenheit tut mir gut.

Ich leihe mir die Uniform für drei Monate aus. In dieser Zeit will ich herausfinden, was es mit mir macht, in die Haut meines Großvaters zu schlüpfen.

Zuhause im Schwarzwald hänge ich die Uniform in mein Wohnzimmer. Es ist befremdlich, sie im Haus zu haben. Auf der Brust der Jacke prangt ein Reichsadler mit Hakenkreuz. Ich bin froh, dass meine Kinder gerade nicht da sind. So brauche ich ihnen nicht zu erklären, was es mit dieser merkwürdigen Verkleidung auf sich hat.

Ich ziehe mir die Uniform noch einmal an. Jetzt bin ich ganz alleine und komme mir noch komischer vor als im Kostümverleih. Ich ziehe die Gardinen zu, damit mich niemand von außen beobachten kann. Als ich mich im Spiegel betrachte, habe ich gemischte Gefühle. Einerseits finde ich es abschreckend. Andererseits geht eine gewisse Faszination von der Uniform aus. Ich gefalle mir auch ein bisschen darin. Ein seltsames Gefühl. „Schneidig", hatte die Dame im Kostümverleih gesagt.

Ich stelle mir vor, wie sich Opa Hans damals gefühlt hat, als er seine Uniform bekam: Wie war das wohl für ihn? War er stolz auf seine Fliegerbluse und später auf die Tapferkeitsauszeichnungen? Auf den Fotos wirkt es so.

Selbstbewusst lächelnd schaut er in die Kamera. Ich nehme eines seiner Portraits in die Hand und vergleiche mich mit ihm im Spiegel. Wir sehen uns ähnlich. Ich kneife die Augen zusammen und versuche, seinen Blick zu imitieren.

Ich weiß noch nicht genau, was ich mit der Uniform drehen will. Antonia befürchtet, dass ich zusammengeschlagen werden könnte, wenn ich in Weißrussland als Wehrmachtssoldat erscheine. Der einzige Ort, an dem ich mir das tatsächlich vorstellen kann, ist die Stalin Line. Dort laufen ja alle den ganzen Tag verkleidet herum.

Ich packe die Uniform in meinen großen Reiserucksack, der mit den Stiefeln und dem Stahlhelm viel zu schwer ist. Ein bisschen komme ich mir nun wirklich wie ein Soldat vor, der in den Krieg zieht.

Kapitel 18: **Die Friedenstraße**

Ich bin in der Wohnung meiner Großeltern in der Friedenstraße. Allein. Im Wohnzimmer. Eine Angst, eine Panik kommt hoch. Unerträgliche Gefühle. Kaum auszuhalten. An der Wand hängt ein Bild, das ich nicht erkennen kann. Es ist etwas Innerliches, das wirksam ist.

– Traumtagebuch –

Ich breche ein weiteres Mal Richtung Weißrussland auf, dieses Mal gemeinsam mit meinem Vater. Ich will ihm das Land zeigen, wo sein Vater im Krieg war. Was können uns die Orte erzählen, an denen mein Großvater damals war?

Bevor wir in Berlin in den Zug nach Minsk steigen, machen wir einen Zwischenstopp in Nordhessen. Wir fahren mit dem Wohnmobil meiner Eltern nach Dörnhagen, in das Dorf, in dem mein Vater aufgewachsen ist. Mein Vater war schon lange nicht mehr hier, das letzte Mal am Tag der Beerdigung seiner Mutter. Das liegt schon fast zehn Jahre zurück.
„Wo zieht es dich denn so hin?", frage ich ihn, als wir in den Ort hineinfahren.
„Mich zieht hier so furchtbar viel gar nicht", antwortet er trocken. Mein Vater hatte schon immer ein ambivalentes Verhältnis zu seinem Heimatort. Schon früher habe ich die Besuche, die wir bei meinen Großeltern gemacht haben, als Pflichttermine erlebt, die mein Vater in regelmäßigen Abständen hinter sich gebracht hat. Ich wiederum war immer gerne bei ihnen und habe die Aufmerksamkeit genossen, die sie mir als Enkel entgegenbrachten. Bei meinem Vater konnte ich oft spüren, dass er froh war, wenn wir wieder gefahren sind. Seitdem der Kontakt meines Vaters zu seiner Schwester abgebrochen ist, war er kaum noch in Dörnhagen. So hat er zunächst auch Schwierigkeiten, den Weg zum Friedhof zu finden. Wir wollen das Grab meines Großvaters besuchen. Doch zuerst finden wir das Grab seines älteren

Bruders: Adolf Heinzel. „Der kam auch aus Schlesien", erinnert sich mein Vater. „Aber die kamen erst später hierher, so Mitte der 1950er-Jahre."
Dann finden wir den Grabstein meines Großvaters. „Hans Heinzel. Geboren am 23. Dezember 1914" – das war am Anfang des Ersten Weltkriegs. „Gestorben am 11. Oktober 1991." – Da war ich zwölf Jahre alt. Ich erinnere mich noch gut an sein Begräbnis. Es waren viele Menschen dort. Als Schreinermeister war Opa Hans ein bekannter Mann im Ort. Den Altar in der Kirche hatte er selbst gezimmert. In den 1950er-Jahren war er einer der ersten im Dorf, die ein eigenes Auto besaßen.

„Meine Güte, mein Vater ist ja schon vor 26 Jahren gestorben", sagt mein Vater. Ich frage ihn, ob er sich an den Tod seines Vaters erinnern kann, und er erzählt mir von dem Tag, als mein Großvater starb. Nach mehreren Herzinfarkten lag er damals auf der Intensivstation in einem Krankenhaus in Kassel. Mein Vater war überrascht, dass er plötzlich in ein normales Zimmer verlegt wurde. Mit seiner Mutter besuchte er ihn, und der Arzt erklärte ihnen, dass keine akute Bedrohung mehr bestehe.
„Wir haben ganz normal mit ihm gesprochen. Er war ganz guter Dinge", erinnert sich mein Vater. Ich hatte eigentlich das Bedürfnis, noch dazubleiben, aber meine Mutter wollte unbedingt nach Hause. Ich habe sie dann nach Hause gefahren, hier nach Dörnhagen, und bin selbst nach Hause, nach Emstal, gefahren. Ich war keine Stunde zuhause, da klingelte das Telefon. Meine Schwester war dran und sagte mir, dass der Vater verstorben sei. Ja, das habe ich dann zuerst gar nicht realisiert."
Mein Vater hält kurz inne. Ich spüre, wie bewegt er ist, als er weiterspricht:
„Es war unglücklich, weil ich gedacht habe, schade, wir hätten uns noch unterhalten und miteinander reden können. Das war dann halt nicht so."
„Gibt es denn etwas, worüber du gerne mit ihm gesprochen hättest?"
„Ja, da gibt's eine ganze Menge. Zum Beispiel über den Krieg, darüber haben wir nie gesprochen."
„Was hättest du ihn gerne gefragt?"

„Ich hätte ihn einfach gerne nach seinen Erfahrungen gefragt, die er da gemacht hat, welchen Dingen er da nachgegangen ist. Ob er letztendlich Menschen umgebracht hat. Ich hätte ihn auch gerne gefragt, wo er damals war."

„Wie ist das, hier zu stehen?", frage ich ihn vor dem Grab von Opa Hans.

„Ach, das berührt mich schon", sagt mein Vater. „Ich war ewig nicht hier."

„Welche Erinnerungen hast du denn an deine Eltern?"

„Das war ein sehr gespanntes Verhältnis. Insbesondere zu meiner Mutter. Zu meinem Vater war das relativ distanziert. Er hat immer viel gearbeitet, ist viel weg gewesen. Wir haben nicht viel zusammen unternommen. Ich habe eine ganz frühe Kindheitserinnerung. Wir zusammen im Urlaub im Schwarzwald, in der Nähe, wo du jetzt wohnst. Daran habe ich ganz schöne Erinnerungen. Und wir waren später mal an der Nordsee auf der Insel Amrum. Sonst, was den Alltag angeht, hat bei uns jeder so sein Ding gemacht."

„Was meinst du damit?", frage ich nach.

„Das war eher ein Nebeneinander als ein Miteinander", sagt mein Vater und plötzlich fällt ihm etwas ein. „Eine sehr schöne Erinnerung habe ich an die Holzwerkstatt. Die Maschinen, die fand ich unwahrscheinlich spannend. Auch der Holzboden, das Holzlager. Da wurde nicht nur Holz gelagert, sondern da standen auch ein paar Särge. Mein Vater war hier im Ort auch der Bestatter. Für uns Jungs war das dann eine Mutprobe, sich in den Sarg reinzulegen. Und ganz mutig war dann der, der auch den Deckel hat zumachen lassen. Ansonsten haben wir uns auf der Bandsäge dann Schwerter und Gewehre gesägt."

Ich stelle mir vor, wie mein Vater als kleiner Junge in der Werkstatt meines Großvaters gespielt hat. Auch ich erinnere mich noch an den Holzgeruch in der Werkstatt und daran, dass mein Großvater, typisch für Schreiner, an einer Hand nur noch vier Finger hatte. Einer ist damals der Kreissäge zum Opfer gefallen. Das hat mich beeindruckt.

Vom Friedhof gehen wir zu Fuß zum ehemaligen Haus meiner Großeltern in der Friedenstraße. Als Kind hatte der Straßenname keine Bedeutung für mich, heute finde ich es besonders, dass mein Großvater ausgerechnet in der Friedenstraße gebaut hat. Es ist ein großes weißes Haus mit drei Etagen. Meine Großeltern wohnten im Erdgeschoss und über ihnen meine Tante Gudrun mit ihrer Familie. Sie hat das Haus schon vor vielen Jahren verkauft, heute sind Mietwohnungen darin. An den Klingelschildern stehen Namen, die mir fremd sind. Mein Vater erinnert sich an den Bau des Hauses in den 1970er-Jahren.

„Das war in der Zeit, als ich deine Mutter kennengelernt habe, Thea. Vor 42 Jahren. Ich weiß das deshalb so genau, weil die Abende von Thea und mir häufig sehr ausgedehnt waren, und ich dann samstagmorgens antanzen musste zum Arbeiten, was eine große Freude war", lacht mein Vater. „Einmal hat der Vater mich erwischt, wie ich schlafend in einer Badewanne lag, die da stand."

„Weißt du noch, was er gesagt hat?"

„Ja, er fand das nicht witzig."

Wir besuchen noch ein anderes Haus, das mein Großvater gebaut hat, und fahren dann weiter an den Rand des Dorfes zur „dicken Eiche", einem über tausend Jahre alten Baum, der heute ein Naturdenkmal ist. Hier hat mein Vater als Kind oft gespielt. An diesem Ort übernachten wir mit dem Wohnmobil. Am nächsten Morgen werde ich früh wach. Mein Vater schläft noch fest neben mir. Draußen scheint die Sonne. Doch für Anfang Mai ist es ziemlich kalt. Ich setze mich an den Stamm der dicken Eiche und schalte meine Kamera ein:

> *Gestern Abend, beim Essen, haben wir noch länger über das Thema Schuld gesprochen. Die Schuld meines Großvaters, aber auch die Schuld der Deutschen. Dass diese Schuld immer noch so stark auf uns lastet. Und ob es nicht besser wäre, von Verantwortung zu sprechen, die man für sich, sein Leben und seine Taten übernimmt? Statt immer wieder die Schuld zu betonen. Da geht es ja im Grunde nur um ein schlechtes Gewissen, das bringt ja niemandem was. Ja, mit diesen Gedanken bin ich jetzt hier. Und hinter mir ist dieser unfassbare Baum, eine hunderte Jahre alte Eiche. Hier an diesem Baum habe ich schon mit meiner Oma einen Film gedreht, als sie noch gelebt hat. Sie ist auch gerne hierhergekommen und hat hier gesessen an der dicken Eiche.*

– Videotagebuch –

Nach dem Frühstück fahren wir zum Bahnhof nach Kassel. Hier stellen wir das Wohnmobil ab und steigen in den Zug nach Berlin. Bevor unsere Reise weitergeht, haben wir noch ein paar Stunden Zwischenstopp am Ostbahnhof. Eine Strandbar an der Spree hat bereits geöffnet. Ich bestelle uns zwei Caipirinhas, und wir setzen uns in Liegestühle in den Sand. Mein Vater beobachtet die Gäste in der Strandbar, die am Nachmittag schon gut gefüllt ist.
Ich freue mich auf die gemeinsamen Tage mit ihm. Naja, wirklich zu zweit werden wir nicht sein. Das Schweizer Filmteam kommt natürlich auch mit. Am Bahngleis wartet unser Kameramann Adrian auf uns. Er filmt uns dabei, wie wir in den Zug steigen.

Von Berlin aus fährt zweimal am Tag ein Zug nach Moskau mit Zwischenstopp in Minsk. Es gibt den alten, langsameren Berlin-Moskau-Express, der mitten in der Nacht einen Radwechsel an der weißrussischen Grenze durchführen muss, weil die russischen Gleise 89 Millimeter breiter sind als im Westen. Dabei werden die Waggons von Kränen in die Luft gehoben, und die Passagiere können von oben zuschauen, wie unter ihnen die Räder des Zuges gewechselt werden. Ein Erlebnis der besonderen Art.

Wir sind im „Strizh" gelandet, dem „Mauersegler", einem modernen Eilzug, dessen Fahrwerke, fast unmerklich, in einer Umspurungsanlage auseinandergeschoben werden. Das bringt uns in knapp 15 Stunden nach Minsk. Ich bin etwas enttäuscht. Die neuen Züge sind perfekter eingerichtet, es gibt ein teures Bordrestaurant mit internationalen Speisen und die Ansagen erfolgen vom Band auf Englisch, der Sprecher hat sogar einen amerikanischen Akzent. Mir fehlt die gemütliche Atmosphäre der alten russischen Eisenbahnen, in denen die Schaffner schwarzen Tee aus einem urigen Samowar in nostalgisch anmutenden Gläsern serviert haben. Was sich nicht verändert hat: Die uniformierten Zugbegleiter sprechen immer noch kein Englisch sowie die meisten nicht-russischen Passagiere kein Wort Russisch können.

Wir beziehen unser Schlafabteil. Es gibt zwei Betten und ein Waschbecken mit Spiegel. Während wir unseren Proviant auspacken, sprechen wir über die nächsten Tage. Ich bin aufgeregt, weil ich nicht weiß, wo wir unsere Suche beginnen werden. Wir klappen die Liegeflächen aus. Mein Vater liest in einem Weißrusslandführer. Ich spüre, dass die Reise für ihn ein echtes Abenteuer ist. Er war noch nie so weit im Osten.

Die Räder des Zuges rattern auf den Gleisen, draußen wird es dunkel. Ich schaue aus dem Fenster, sehe mich verschwommen im Spiegelbild, dahinter ziehen die Lichter mir unbekannter polnischer Bahnhöfe vorbei. Wir werden nachts Warschau und in den Morgenstunden die weißrussische Grenze bei Brest passieren. Mitten in der Nacht klopft es an die Tür unseres Abteils. Passkontrolle. Ein weißrussischer Grenzbeamter kassiert unsere Pässe ein und bringt sie kurze Zeit später wortlos zurück. Ich kann nicht mehr schlafen und lese in meinem Tagebuch der vergangenen Wochen:

> *Die erstaunliche Entwicklung meines Vaters: Wie kommt es, dass er plötzlich eine Therapie macht, um sich mit seinem Vater zu versöhnen? Noch vor wenigen Monaten, ja wenigen Wochen, hat er mich gefragt, was wir eigentlich in Weißrussland wollen. Jetzt will er einen Rucksack packen, um ihn seinem Vater symbolisch zurückzugeben – das schwere Erbe, das ihn belastet, loswerden. Geht das?*
>
> *Was ist eigentlich meine Rolle in diesem Film? Mache ich sichtbar, was bisher in meiner Familie verborgen geblieben ist? Mein Vater sieht sich als braver Soldat im Wirtschaftsleben. Wo bin ich bislang zu brav, zu obrigkeitshörig geblieben? Wo funktioniere ich, obwohl ich mich unwohl fühle? Wie kann ich mich von den alten Verhaltensmustern befreien – authentisch werden, wo bislang die Maske des Falschen regiert? Und die Frage, die viele Menschen umtreibt: Wie hätte ich an der Stelle meines Großvaters gehandelt?*
>
> – Tagebuch –

Kapitel 19: **Spurensuche im Niemandsland**

Der „Mauersegler“ erreicht Minsk in strömendem Regen. Ilya, unser Übersetzer, wartet mit hochgezogener Kapuze am Bahngleis auf uns. Seine Ortskenntnisse und Kontakte werden uns helfen, den Spuren meines Großvaters weiter zu folgen. Wir setzen uns in ein Café am Bahnhof und studieren die alten Landkarten, die Ilya aufgetrieben hat. Sie stammen noch aus der Zeit des Zweiten Weltkriegs. Der Ort, den wir suchen, heißt Sesiulino. Dort wurde mein Großvater verwundet. Sesiulino existiert heute nicht mehr, doch auf einer der Karten ist das Dorf noch eingezeichnet. Es befindet sich in der Region von Witebsk, hoch oben im Norden des Landes. Uns steht eine längere Autofahrt bevor.

Unser Fahrer Vitalij ist wortkarg, er spricht nur russisch. Er hilft uns dabei, das Gepäck in seinen schwarzen Mercedes-Bus zu laden. Wir fahren durch die graue, verregnete Hauptstadt. Ilya erzählt eine Anekdote aus seiner Zeit als Service-Producer für das deutsche Fernsehen: „Ich holte die ARD-Leute vom Flughafen ab, und wir fuhren durch Minsk. Ein älterer deutscher Kameramann fragte den Fahrer: ‚Wo ist die Altstadt von Minsk?‘“ Der Fahrer sagte: ‚Frag deine deutschen Soldatenkollegen.‘ Ilya lacht. „Sie existiert nicht mehr, sie haben sie platt gemacht.“ Wir lachen mit. „Ein schlechter Witz!“, sagt mein Vater unsicher. „Eine wahre Geschichte, kein Witz“, antwortet Ilya und lehnt sich im Sitz zurück.

Wir lassen Minsk hinter uns und fahren auf schnurgeraden Straßen Richtung Norden. Die Autoheizung läuft. Für Anfang Mai ist es selbst für hiesige Verhältnisse bitterkalt. Die unzähligen Birkenbäume, die beim Blick aus dem Fenster an mir vorbeiziehen, tragen noch kein grünes Blätterkleid. Auf dem Weg geraten wir sogar für kurze Zeit in ein wildes Schneegestöber. Alle schlafen, nur ich kriege kein Auge zu. Ich mache Aufnahmen mit meiner Kamera von der Fahrt und frage mich, ob mein Film der hoffnungslose Versuch ist, etwas festzuhalten, das sich nicht festhalten lässt. Etwas Unsichtbares, Inneres, das ich zu begreifen versuche, das sich aber jeglicher

Dokumentation hartnäckig entzieht. Was suche ich hier eigentlich? Spuren von Opa Hans. Es ist über 70 Jahre lang her, dass er hier im Einsatz war. Ich will eine Ahnung davon bekommen, was er damals erlebt haben könnte. Irgendetwas erfahren, das mir mehr erzählt über meinen Großvater, über meinen Vater und über mich. Draußen vor dem Fenster zieht ein weites, schier endloses Land vorbei, das mir überhaupt keine Anhaltspunkte gibt.

Der Regen trommelt auf unsere Windschutzscheibe, als wir in Kusmino ankommen. In seiner Akte steht, dass mein Großvater in diesem Ort nach seiner Verwundung verarztet wurde. Es gibt eine breite Durchgangsstraße und ein paar vereinzelte Häuser am Straßenrand. Wir sind alle hungrig, doch weit und breit ist kein Restaurant in Sicht. Es sind auch keine Menschen auf der Straße bei diesem Wetter, niemand, den wir fragen könnten. Wir fahren weiter. Die Scheiben sind beschlagen, die Stimmung gedrückt.

Wie aus dem Nichts taucht schließlich ein kleines Gasthaus am Straßenrand auf. Ich steige aus und schaue durch die Fenster ins Innere. Es scheint offen zu sein. Mir kommt es vor, als ob wir das private Wohnzimmer einer Familie betreten. Es gibt nur drei Tische. In der Ecke steht ein Fernseher, der ununterbrochen läuft. An der Holzwand hängt ein Wolfsfell. Ein Paar sitzt nebeneinander, beide essen schweigend. Die Kellnerin kommt. Es gibt keine Speisekarte, nur ein Gericht: Draniki. Kartoffelpuffer. Wunderbar.

Während wir auf das Essen warten, frage ich die Bedienung nach dem Ort, den wir suchen. Sie winkt ab und ruft ihren Chef. Der Wirt weiß auch nicht weiter und nimmt uns mit in die Küche. Hier sitzt eine alte Frau auf einem kleinen Schemel und schält Kartoffeln. Neben ihr spielt ein kleines Kätzchen, das versucht, die Schalen zu fangen, bevor sie in den weißen Plastikeimer fallen.

Es folgt ein umständlicher Dialog zwischen dem Wirt und der Frau, immer wieder fallen die gleichen Ortsnamen und Wegbeschreibungen. Die beiden gestikulieren dahin und dorthin und diskutieren leidenschaftlich. Sie scheinen sich nicht ganz einig zu sein, wo genau Sesiulino liegt oder besser gelegen hat. Ilya kommt mit dem Übersetzen kaum hinterher. Schließlich bekommen wir den entscheidenden Hinweis: „Die Leute in Smorodniki wissen sicher, wo der Ort ist. Dort lebt ein Mann, der alles weiß. Zu Kriegszeiten war er vier Jahre alt. Er erinnert sich an alles, als wäre es gestern gewesen."

Ausgehungert machen wir uns über die Kartoffelpuffer her. Es sind die besten, die ich je gegessen habe. Sie schmecken sogar besser als die von meiner Oma Lisa. Knusprig, goldbraun gebacken. Sie werden serviert mit Smetana, einer Art Schmand. Köstlich. In den nächsten Tagen wird das kleine Straßenrestaurant zur Kantine für unsere Filmcrew und die Kartoffelpuffer werden zum Hauptnahrungsmittel. Wir haben ja auch keine andere Wahl.

Heute ist es zu spät, um nach Smorodniki zu fahren und den Hinweisen unserer Gastgeber zu folgen. Satt und zufrieden machen wir uns auf den Weg zu unserer Unterkunft, die Ilya im Internet ausfindig gemacht hat. Wir brauchen noch eine geschlagene Stunde auf einer holprigen, sandigen Trasse mit Schlaglöchern, bis wir dort ankommen. Es ist ein völlig abgeschiedener Ort, mitten auf einer Lichtung im Wald stehen vereinzelte Blockhäuser aus Holz, idyllisch am Ufer eines kleinen Sees gelegen. Ein Ferienort für Jägergruppen, die gleich von hier aus auf die Jagd gehen können. Unser Holzhaus ist voller Trophäen: Hirschgeweihe, Wolfsfelle und ein Elchkopf hängen an den Wänden. Ich falle erschöpft ins Bett.

Am nächsten Morgen wache ich früh auf. Hier oben im Norden von Weißrussland wird es in dieser Jahreszeit schon gegen vier Uhr morgens hell. Im Bett neben mir schläft mein Vater tief und fest. Der Traum, den ich hatte, verunsichert mich. Leise schleiche ich mich nach draußen, um die anderen nicht aufzuwecken. Ich nehme ein Handtuch mit und meine kleine Kamera. Nebelverhangen liegt der See in der morgendlichen Stille. Die kahlen Birkenbäume am Ufer spiegeln sich blass im Wasser. Ich baue das Stativ auf, drücke den roten Aufnahmeknopf und spreche in die Kamera, um meine Gedanken zu sortieren:

Ich bin mitten im Nirgendwo. Irgendwo in der Nähe der russischen Grenze. So tief in der weißrussischen Provinz wie noch nie zuvor. Ich glaube, hier hört man die Wölfe jaulen. In unserem Ferienhaus hängen mehrere Wolfsfelle an der Wand.
Ich bin gerade aufgewacht nach heftigen Träumen und habe mich extrem alleine gefühlt auf dieser Spurensuche.

Ich habe von meinen Teammitgliedern geträumt. Wir haben darüber diskutiert, wer dafür verantwortlich ist, wenn ein Autounfall passiert. Ich war der Meinung, jeder ist selbst dafür verantwortlich, wenn er einen Unfall baut. Aber die anderen waren der Meinung, dass ich die Verantwortung trage und dafür auch bezahlen muss. Wir haben uns gestritten. Sie haben mich ausgelacht für meine Haltung und ich bin weggegangen.

Jedenfalls konnte ich nach diesem Traum nicht mehr schlafen und habe mir jetzt vorgenommen, ein Bad in diesem eiskalten See zu nehmen.

– Videotagebuch –

Behutsam wate ich ins Wasser. Vor Kurzem lag hier noch Schnee. Ich muss schnell reingehen, sonst wird das nichts. Ich tauche unter, das eisige Wasser brennt am ganzen Körper. Ich schaffe nur ein paar Schwimmzüge und renne zurück zum Ufer. Nachdem ich mich abgetrocknet und wieder angezogen habe, stellt sich ein angenehmes Kribbeln auf der Haut ein.

Später, am Nachmittag, wird uns Nikolaj, der alte Mann, der uns im Restaurant als Kontakt empfohlen wurde, erzählen, dass die deutschen Soldaten hier auch im See geschwommen sind. Ob Opa Hans auch hier gebadet hat? In diesem eisigen Wasser? Hat er auch das Kribbeln gespürt auf seiner Haut? War das Eintauchen eine kurze Möglichkeit, dem Krieg zu entfliehen? Waren die Wölfe damals auch hier, oder hörte man nur das Donnern der Panzer und Flak-Geschütze?
Nach dem Frühstück machen wir uns mit dem Auto weiter auf den Weg nach Smorodniki. Von der Straße aus entdecken wir alte verfallene Holzhäuser. Wir halten spontan an, steigen aus und laufen durchs hohe Gras. Über uns am Himmel zieht eine Schar von Kranichen vorbei. In Japan gelten die Vögel als Glücksbringer. Ihre Rückkehr ist ein Zeichen dafür, dass der Frühling auch bald hier Einzug hält. Wir entdecken eine ehemalige Ortschaft mit mehreren windschiefen Häuschen. Hinter einem Fenster steht eine leere Wodkaflasche. Hier war einmal Leben, ein Dorf. Warum haben die Bewohner ihre Häuser verlassen?

Wir betreten eine der verfallenen Hütten, der gesamte Boden ist herausgerissen. In der Ecke steht ein alter russischer Holzofen. An den Wänden kleben Zeitungen, mit denen die Bewohner tapeziert haben. „Kann doch sein, dass er hier früher gewohnt hat", sagt mein Vater plötzlich.
„Du meinst Opa Hans hat hier gelebt?", frage ich ihn verwundert. Auf diese Idee wäre ich nicht gekommen. Aber es stimmt, dass die Soldaten sich während des Krieges bei den Einheimischen einquartiert haben. Die Vorstellung löst gemischte Gefühle in mir aus. Es sind die immer gleichen Fragen, die in meinem Kopf kreisen: Wie hat sich mein Großvater im Krieg verhalten? Konnte er sich seine Menschlichkeit im Wahnsinn des menschenverachtenden Ostfeldzugs bewahren?

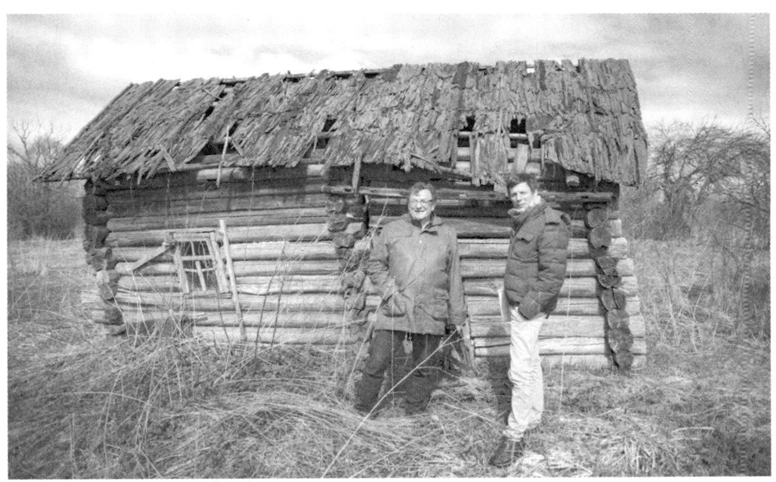

Mit meinem Vater vor einem verfallenen Holzhaus in der weißrussischen Provinz

Nachdenklich gehen wir zum Auto zurück und fahren weiter. Im nächsten Ort halten wir an einem Denkmal an. Ein silberner Sowjetsoldat kniet stolz mit seinem Maschinengewehr auf einem schwarzen Podest. Jemand hat einen Kranz aus rosa Plastikblumen davor niedergelegt. „Sieht ein bisschen anders aus als bei uns", sage ich zu meinem Vater. „Bei uns sind sie meistens dunkler und gefallen. Da gibt's kein Heldendenkmal." Ich denke an den sterbenden Wehrmachtssoldaten an der Kirche meines Heimatdorfs Bad Emstal. Jeden Tag bin ich als Kind auf dem Weg zur Schule an ihm vorbeigelaufen.

„Undenkbar, dass ein Soldat mit einer Waffe in so einer Pose bei uns abgebildet würde“, meint mein Vater. „Ein Riesenunterschied, hier geht's um Sieg“, antwortet mein Vater.

„Bei uns geht's um Schuld“, sage ich.

Wir halten uns eine Weile an der Kreuzung des kleinen Dorfs auf. Es ist ein skurriler Ort. Auch hier ist kein Mensch zu sehen. Eine überdimensionale goldene Leninbüste steht vor einem großen verfallenen Gebäude. Der goldene Kopf schaut starr nach vorn. Er wirkt wie der Wächter einer vergangenen Zeit, während das ehemalige „Haus der Kultur“ hinter ihm Stück für Stück zerfällt. Gegenüber ist eine Bushaltestelle. Mein Vater setzt sich in das kleine Häuschen. Es ist ein merkwürdiges Bild, wie er da sitzt, als ob er auf einen Bus wartet, der nie kommen wird. Er ruft mich zu sich und spricht aus, was auch wir anderen uns fragen: „Sebastian, denkst du, dass das Folgen des Krieges sind, dass es hier so aussieht, oder ist das einfach Landflucht? Hier wohnt ja überhaupt keiner mehr.“

Eine schwierige Frage. Ich weiß es auch nicht. „Das hat, glaube ich, verschiedene Ursachen“, antworte ich. „Erst war der Erste Weltkrieg hier, dann der Zweite mit dem verheerenden Rückzug. Es gab Stalin, das Leben in der Sowjetunion. Und dann hat sich das Ganze aufgelöst – also eine große Veränderung nach der anderen.“ So war es natürlich in der gesamten Sowjetunion. Doch warum leben hier nur noch so wenige Menschen?

Mein Vater blickt nachdenklich über die verlassene Szenerie, die wie eine nicht mehr gebrauchte Filmkulisse wirkt. „Hmm“, murmelt er leise, „keine Struktur.“

An der Kreuzung tauchen drei Männer in Tarnkleidung auf. Mühsam versuchen wir, mit ihnen ins Gespräch zu kommen. Ich frage sie, warum es hier so viele verlassene und zerstörte Gebäude gibt, und ob das irgendwie mit dem Zweiten Weltkrieg zu tun hat. „Nein, es ist ganz anders“, sagt einer der Männer, „der Krieg ist schon lange vorbei. In Deutschland wurde auch viel bombardiert, aber es sieht dort anders aus, richtig? Von Dresden ist auch nichts übriggeblieben, oder? Amerikaner haben Dresden bombardiert und komplett zerstört.

Jetzt wurde schon alles restauriert. Und wie ist es bei uns nach dem Krieg? Es ist besser, nichts zu sagen. In Minsk ist es gut, wie es in den Dörfern aussieht, sehen Sie hier selber."

Der Mann antwortet zögerlich, zurückhaltend. Seine Begleiter schweigen. Ich vermute, dass er nichts Falsches über die Politik und den Präsidenten sagen will. „Ziehen die jungen Leute in die Städte?", frage ich ihn. „Es gibt keine jungen Leute mehr hier. Früher gab es hier ein Verwaltungsgebäude des Zentrums der Landwirtschaft und eine Schule. Heute ist hier nichts mehr." Ich will von ihm wissen, wie er unter solchen Bedingungen leben kann. „Wir arbeiten Teilzeit. Wir sind Bauarbeiter. Für euch Deutsche ist es wahrscheinlich nicht klar, wie wir hier Geld verdienen. Im Sommer sammeln wir Beeren und Pilze." Ich spreche den Mann auf seine Tarnkleidung an und frage ihn, ob er jagen geht. „Ich persönlich nicht. Ich bin Tischler. Ich habe seit fünf Uhr früh gearbeitet."

Wir sprechen über die Region. Viele Häuser stehen leer. Die letzte verbliebene Schule wird im nächsten Jahr schließen. Der einzige Laden weit und breit hat heute seinen freien Tag. „Es gibt nur Natur hier", sagt er. Ich frage ihn nach seinem Namen, doch er will ihn mir nicht sagen. „Ich bin kein Held", meint er nur trocken. Wir fragen die Männer, ob sie schon einmal von Sesiulino gehört haben, und zeigen ihnen die alte Landkarte. „Sie müssen nach Ozerischtsche fahren! In Richtung Leningrad. Ihr Dorf sollte da sein!" Die Menschen hier wirken wie aus der Zeit gefallen. St. Petersburg, die nordrussische Stadt, die seit 1991 wieder offiziell ihren ursprünglichen Namen trägt, heißt für sie nach wie vor Leningrad. Wie zu Zeiten der Sowjetunion. Kein Wunder, dass Lenin hier noch in der Ortsmitte wacht. „In 40 Minuten werden Sie an der Stelle sein!", ruft uns der Mann zum Abschied lachend zu. „Sie werden es finden! Es ist nicht Shanghai."

Auf unserem Weg kommen wir an weiteren Kriegsdenkmälern vorbei. Fast an jeder Straßenecke wird an den glorreichen Sieg der Roten Armee über die faschistischen Deutschen erinnert. Viele dieser Monumente bekommen gerade einen neuen Anstrich, die Vorbereitungen für den Tag des Sieges, in einer Woche, am 9. Mai, sind bereits in vollem Gange. Die Maler erledigen ihre Arbeit mit stoischem Gleichmut. Hier ticken die Uhren anders, langsamer als bei uns.

Mein Vater scheint diese Ruhe zu genießen. Wir sprechen wenig miteinander. Ich bin konzentriert auf die Filmaufnahmen, die wir unterwegs machen, während er sich immer wieder von der Gruppe löst und die Gegend auf eigene Faust erkundet. Von weitem sehe ich, wie er über das Gelände einer alten verfallenen Fabrik geht. Auf dem Rückweg bleibt er verwundert stehen und fotografiert einen urigen sowjetischen LKW, auf dessen Ladefläche eine einzelne schwarz-weiße Kuh steht. Ich beneide meinen Vater um seine Gelassenheit hier. In mir ist es unruhig. Immer wieder stelle ich den Sinn unseres Unterfangens in Frage. Ich bin getrieben davon, verwertbare Ergebnisse mit nach Hause zu bringen: Filmaufnahmen, neue Erkenntnisse, Texte. Pausenlos drehen, schreiben, mit den Menschen sprechen – das alles erschöpft mich. Ich mühe mich ab, während er die Reise einfach auf sich zukommen lassen kann. Er scheint seine Rolle als Beobachter gefunden zu haben, während ich den aktiven Part des Suchenden übernehme. Dass mich das insgeheim auch richtig wütend macht, fällt mir erst viel später auf, als wir wieder zuhause sind.

Nach längerer Fahrt erreichen wir den kleinen Weiler Smorodniki. Die ruckelige Landstraße endet hier. Gleich am Ortseingang begrüßt uns Nikolaj, der alte Mann, der uns als Gesprächspartner im Kartoffelpuffer-Restaurant empfohlen wurde. Es wirkt so, als ob er auf uns gewartet habe, obwohl wir keinen Termin mit ihm ausgemacht haben. Vielleicht haben ihn die Besitzer des Wirtshauses schon darüber informiert, dass die Deutschen kommen.

Nikolaj trägt einen schlichten blauen Kapuzenanorak, der übersäht ist von Nähten und vorne von einer großen Sicherheitsnadel zusammengehalten wird. Er trägt grobe, schmutzige Lederstiefel und eine schwarze „Schapka“ auf dem Kopf, eine typische Russenmütze. Keine schlechte Wahl – bei diesem frischen Wind, der uns alle frösteln lässt.

Mit unserem Mercedes-Bus, dem teuren Filmequipment und dem ganzen Team komme ich mir völlig überkandidelt und unnatürlich vor neben Nikolajs einfacher Erscheinung. Ich frage ihn, ob er uns das

Dorf zeigen kann. Nikolaj lacht herzlich: „Kommen Sie!," ruft er uns zu. „Da ist niemand, nur meine Frau und ich. Ein alter Mann wohnt noch da, das war's." Wir lernen Vera kennen. „58 Jahre sind wir schon zusammen!", stellt Nikolaj sie vor und nimmt seine Frau in den Arm. „Fünf Urenkel haben wir schon." Alle Kinder sind bereits erwachsen und haben das Dorf verlassen, erzählen sie uns. Eine Tochter ist sogar schon im Ruhestand. Ein Enkel ist Oberleutnant beim Militär, ein anderer Polizist und ein dritter arbeitet als Elektriker. „Uns geht es gut", sagt Nikolaj. „Uns wird die Rente hierhergebracht, und wir sind glücklich. Wir brauchen kein besseres Leben."

Es ist ein wunderbares Bild, wie das alte Paar strahlend auf der Dorfstraße steht. „Schön, dass Sie so freundlich zu uns sind", sage ich und Ilya übersetzt es für Nikolaj und Vera, die beide als Kinder den Krieg erlebt haben. „Wieso? Wir sind doch alle Menschen", sagt sie und winkt ab.

Am Ende der Straße erscheint ein Lastwagen. „Da kommt unser Einkaufsladen", sagt Nikolaj. Vera verlässt uns, um ihre wöchentlichen Einkäufe zu erledigen. Nikolaj führt uns weiter durch das Dorf. „Das ist ein guter Ort", sagt er und erzählt uns von dem schönen See. Auch hier gibt es einen, in dem die deutschen und später die russischen Soldaten schwimmen waren. „Weißt du, was das Leben uns gezeigt hat?", fragt er mich. „Wozu gab es den Nazismus? Den hat doch kein Mensch gebraucht. Die Menschen haben damals sehr gelitten. Und wir waren noch so klein. Aber es gab auch gute Deutsche. Die haben uns Bonbons gegeben. Sie hatten ja auch Kinder zu Hause, sie hatten Verständnis." Insgeheim hoffe ich, dass mein Opa einer dieser netten Soldaten war, die Süßigkeiten verteilt und die Kinder beschützt haben.

Nikolaj zeigt uns eine alte Scheune, die zu Kriegszeiten ein Lazarett war. Vielleicht war mein Großvater hier. „Er wurde in Sesiulino verwundet", erzähle ich Nikolaj. „Sesiulino liegt in dieser Richtung", sagt er. „Da gibt es jetzt aber kein Dorf mehr. Aber es war früher dort." Dieser Augenblick wird zum Schlüsselmoment für mich auf unserer Reise. Endlich haben wir jemanden gefunden, der weiß, wo Sesiulino ist. Ich frage Nikolaj, ob er uns dorthin führen kann. Der alte Mann winkt ab. „Es ist sehr weit weg. Man muss einen Umweg fahren.“ Es ist klar, dass er den langen Weg nicht auf sich nehmen will. Ich bin etwas enttäuscht und nehme mir vor, später Nikolajs Hinweisen zu folgen.

Der dritte und älteste Dorfbewohner von Smorodniki taucht auf. Michail ist 86 Jahre alt. Sein linkes Auge ist blind, und er geht stark gebeugt. Er sieht so aus, als ob er schwer zu tragen hat.

„Ich erinnere mich gut an den Krieg“, sagt er und Nikolaj fügt hinzu: „Er war in der zweiten Klasse, als der Krieg begann.“ Als Michail erfährt, dass wir aus Deutschland kommen, kocht etwas in ihm hoch: „Eure Großväter und Urgroßväter haben das gut gemacht hier. Sehr schön haben sie das gemacht“, sagt er bitter, „sie nahmen kleine Säuglinge und warfen sie in Gruben hinein. Lebendig.“ Michail macht eine Wurfbewegung mit den Armen und schaut uns verachtend an. „Wie viele von unseren Leuten sie erschossen haben! Das haben sie prima gemacht!“

Stumm und betroffen hören wir dem alten Mann zu. Auch wenn ich die einzelnen Worte nicht verstehe, seine Bitterkeit kommt direkt bei uns an. Und es gibt etwas in mir, das nicht wahrhaben will, was er da sagt; das unbewusst in den inneren Widerstand geht, sich abspaltet von solcher Grausamkeit. Dass mein Großvater und seine Einheit direkt an solchen Gräueltaten beteiligt waren, ist nach unseren Recherchen nicht belegt, daher vielleicht sogar eher unwahrscheinlich. Doch genau wissen wir es nicht. Als Unteroffizier der Luftwaffe war er Teil eines menschenverachtenden Krieges, in dem Soldaten Dinge getan haben, die ich mir gar nicht vorstellen will. Er muss zumindest davon gewusst haben.

Die Verbitterung des alten Mannes versetzt mich in eine innere Starre und Betroffenheit. Wie in keiner anderen Begegnung auf unserer Reise ist hier das Trauma zu spüren, dass der Krieg noch nach über siebzig Jahren bei ihm hinterlassen hat. Und er ist der Erste auf unserer Reise, der es so drastisch zum Ausdruck bringt. Später kommt sein Sohn hinzu, er erzählt uns, dass die Brüder seines Vaters beide von Deutschen erschossen wurden, und seine Mutter von einem deutschen Arzt gerettet wurde. „Ihr könnt euch vorstellen, was er Deutschen gegenüber empfindet."

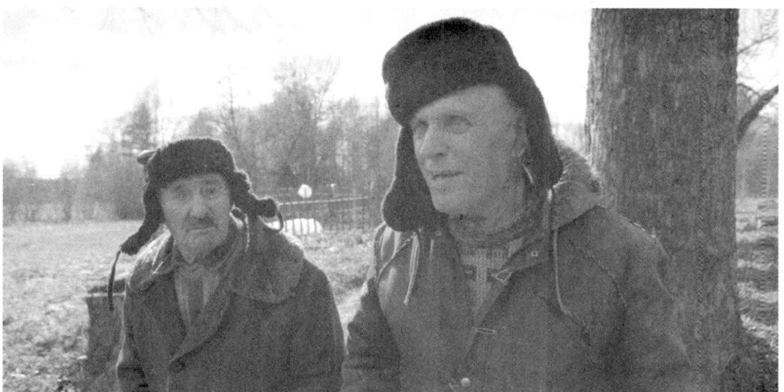

Michail (links) und Nikolaj (rechts) sind die beiden letzten verbliebenen Männer im kleinen Weiler Smorodniki.

Nikolaj ist Michails bittere Haltung sichtlich unangenehm, und er versucht dessen Worte zu relativieren. „Es war ja Krieg", sagt er zwischendurch. Ihm ist an einer harmonischen Stimmung im Gespräch mit uns gelegen. Er erzählt uns von seiner Zeit in der DDR, er war dort als sowjetischer Soldat nach dem Krieg stationiert und hat sich ein paar Brocken Deutsch gemerkt, die er uns gerne mitteilt. Doch auch er findet klare Worte für die Verwüstung, die Deutsche hier angerichtet haben: „Erst wurde unser Dorf niedergebrannt, Smorodniki. Dann wurden Prut, Derjavushki und Kljuch niedergebrannt. Bedavitsy wurde niedergebrannt, Sharino ebenfalls. Ab 1942 hatten wir keine Häuser mehr. Wir wohnten in Erdlöchern, Panzergräben, unter Baumwurzeln. Es ist ein Wunder, dass wir überlebt haben. Wir mussten ja irgendwas essen." Wenn Nikolaj von dieser Zeit erzählt, gestikuliert er energisch und bleibt trotzdem in einer heiteren, lebensbejahenden Stimmung. Es fällt auf, wie unterschiedlich die beiden alten Männer damit umgehen, was ihnen widerfahren ist. Michail, der neunjährige Junge, der seine beiden Brüder im Krieg verloren hat, und Nikolaj, der als Kleinkind in Erdlöchern hausen musste. Ich will von Nikolaj wissen, wie lange er im Wald gelebt hat. „Bis zur Befreiung", meint er. Das muss 1944 gewesen sein.

„Und was gab es nach der Befreiung?“, frage ich ihn. „Nichts gab es!“, ruft er lachend. „Nur Sauerklee. Aber wir haben überlebt. Und jetzt sind wir Freunde.“ Und dann fügt er auf Deutsch hinzu: „Was wollen Sie? Ich liebe Sie, Genosse Freundschaft!“ Wir lachen erleichtert. Seine zugewandte Fröhlichkeit steckt an.

Bei unserer Verabschiedung bedanke ich mich bei Michail für seine Offenheit und dafür, dass er uns seine Geschichte erzählt hat. Doch mein Versuch des Aufeinanderzugehens misslingt und kommt bei meinem Gegenüber nicht an: „Wenn du den Krieg selbst erlebt hättest, würdest du nicht so reden“, konstatiert er zum Abschied und verschwindet wortlos hinter seinem Zaun. Die Tür fällt ins Schloss. Dem ist nichts hinzuzufügen. Ich komme mir unendlich naiv vor. Der Krieg ist noch hier und steht zwischen uns.

Zum Glück ist Nikolaj zur Stelle und fängt uns mit seiner Herzlichkeit auf. Er lädt uns in sein Haus ein, zeigt uns Fotos von seiner Familie, und seine Frau Vera schenkt uns Tee ein. Später sitze ich lange allein vor ihrem bunten Holzhaus in der Nachmittagssonne. Eine Katze kommt vorbei. Sie fängt an zu schnurren, als ich sie streichle. Es wird ganz still in mir. Ich genieße die Ruhe von Smorodniki, dem Dorf mit den drei Einwohnern am Ende der Welt, wo mein Großvater vor 73 Jahren im Krieg war.

Kapitel 20: **Das Ritual am See**

Wir verabschieden uns von Nikolaj und seiner Frau. In der Nähe des Dorfes finden wir einen kleinen lichten Birkenwald. Die hellen, symmetrisch gepflanzten Bäume faszinieren mich. Die Sonne scheint zwischen ihren Stämmen hindurch. Während des Krieges haben die Soldaten, wenn sie kein Briefpapier mehr hatten, auf den weißen Blättern der Birkenrinde an ihre Lieben zuhause geschrieben. Daran muss ich hier denken. Ich zupfe mir einige „Seiten" von den Stämmen ab und nehme sie mit.

Schweigsam sitzen wir im Auto und fahren zurück zu unserer Unterkunft. Mein Vater macht sich ein paar Notizen. Am Abend gehen wir mit dem ganzen Team in die Banja, eine Sauna am See. Es ist eine urige Kabine. Auf dem Ofen stehen große Kessel mit dampfendem Wasser. Dazu gibt es Birkenzweige, die wir in das Wasser tauchen. Der ganze Raum ist von ihrem würzig-frischen Duft erfüllt. Mit den Zweigen schlagen wir uns nach russischer Tradition gegenseitig auf den Rücken. Dann springen wir in den kalten See. Es tut gut nach den Anstrengungen der letzten Tage auf diese Weise zu entspannen. In dieser Nacht schlafe ich endlich tief und fest.

Am nächsten Morgen werde ich wieder mit der Sonne wach. Ich wecke meinen Vater. Es ist unser letzter gemeinsamer Tag in Weißrussland, und wir haben uns etwas vorgenommen: ein besonderes Vater-Sohn-Ritual am See. Aus meinem Reiserucksack hole ich die Wehrmachtsuniform aus dem Berliner Theaterfundus. Ich ziehe mir Hose und Jacke an, knöpfe sie zu. Zuletzt stopfe ich die Hosenbeine in die schweren Stiefel und ziehe mir den Stahlhelm auf den Kopf. Mein Vater schaut mich kritisch an. Ich spüre, dass ihm meine Erscheinung unangenehm ist. Doch er sagt nichts. Schweigend gehen wir zum See. Am Ufer entzünden wir ein kleines Lagerfeuer.
Als es brennt, setzen wir uns an das Feuer. Keiner von uns sagt ein Wort. Plötzlich taucht, wie aus dem Nichts, ein großer deutscher

Schäferhund auf. Er scheint den Besitzern der Feriensiedlung zu gehören, bei denen wir das Haus gemietet haben. Bellend rennt er auf uns zu. Ich bekomme Angst, doch der große Hund bleibt vor mir stehen und schaut mich unterwürfig an. Wahrscheinlich ist ihm mein Aufzug nicht ganz geheuer. Es sind kuriose Filmaufnahmen, die mein Kameramann von mir als Soldat mit dem Hund in der Morgensonne macht. Sie wirken wie ein Propagandafilm aus dem Dritten Reich: Ich in Uniform am Feuer und der deutsche Schäferhund schwanzwedelnd an meiner Seite. Ein skurriler Moment.

Zum Glück wird der Hund gerufen und wir können unser geplantes Ritual beginnen. Mein Vater macht den Anfang. Er hat eine kleine Tasche dabei. Aus ihrem Inneren holt er Zettel, die er in den vergangenen Tagen, während unserer Reise, beschriftet hat. Es sind Botschaften, die direkt an seinen Vater gerichtet sind. Er beginnt sie laut vorzulesen:
„Du bist mein Erzeuger. In deinem Umfeld und durch deine Fürsorge konnte ich wachsen, und dafür danke ich dir." Dann fährt er fort.
„Ich habe eine Frage an dich, die ich schon lange in mir trage und die mich belastet. Hast du russische Erde verbrannt? Wenn es so war, dann war es deine Verantwortung. Es war und ist nicht meine Verantwortung. Ich gebe dir diese Last zurück."
Mein Vater hält inne. Er wirft den Zettel ins Feuer. Das Papier verbrennt mit einem Zischen in den Flammen. Mein Vater liest einen weiteren Brief vor.
„Ich habe noch eine Frage: Hast du mit deinen Geschützen und deinen Gewehren Unheil über andere Menschen gebracht? Wenn es so war, dann war es deine Verantwortung, nicht die von mir. Die Belastung daraus ist deine Last und nicht meine. Ich gebe sie dir zurück."
Auch dieses Papier landet im Feuer und flammt auf.
„Du hast mich in materiellem Wohlstand aufwachsen lassen. Das hat vieles in meinem Leben leichter gemacht. Ich danke dir dafür", sagt mein Vater und schaut dabei ins Feuer.
„Durch deine emotionale Distanz, die ich häufig gespürt habe, habe ich gelernt, wie wichtig die Liebe in meinem Leben ist. Dafür danke ich dir." Mein Vater macht eine kurze Pause, dann übergibt er auch diese Nachricht dem Feuer.

„Auf deinen Feldzügen warst du mehrfach verwundet. Das sind deine Wunden, das ist dein Schmerz. Ich gebe ihn dir zurück." Mein Vater schaut den Flammen dabei zu, wie sie das Papier in Asche verwandeln. „Meine Mutter hatte für dich häufig keinen hohen Stellenwert. Das hat mich gelehrt, meine Beziehung und meine Liebe umso höher wertzuschätzen. Meinen Zorn auf dich übergebe ich dem Feuer. Du warst in deinem Leben schnell gereizt, häufig genervt und impulsiv. Das habe ich von dir übernommen. Ich gebe es dir zurück." Als auch dieser Zettel verbrannt ist, holt er den letzten Brief aus der Tasche. „Du hattest Humor und hast gerne gelacht. Das habe ich von dir übernommen und trage es gerne weiter. Ich danke dir dafür. Dass wir so weit voneinander entfernt waren, ist meine und ist deine Verantwortung. Wir haben beide Chancen vergeben. Meine Trauer darüber übergebe ich dem Feuer."

Zum Schluss nimmt mein Vater seine kleine Tasche und legt auch diese ins Feuer. Es dauert eine Weile, bis die Flammen den Stoff schwer rauchend in Brand setzen. Still schaut mein Vater dabei zu. Er wirkt in sich gekehrt, innerlich tief bewegt und zufrieden. Wir sitzen lange Zeit nebeneinander, ohne etwas zu sagen.

Ich hole die Birkenrinde aus meiner Tasche, die ich im Wald in Smorodniki gesammelt habe. Auf die einzelnen Stücke habe ich mit einem schwarzen Stift einzelne Worte geschrieben. Auf dem ersten Rindenblatt, das ich in die Hand nehme, steht: *„Heimatlosigkeit"*.
„Das ist etwas, das mich schon lange begleitet", beginne ich. „Eine Heimatlosigkeit, die vielleicht daher kommt, dass auch mein Opa seine Heimat früh verlassen hat." Ich schaue meinen Vater an. „So wie du auch deine Heimat früh verlassen hast. Und auch ich habe meine Heimat früh verlassen. Ich gebe dieses Gefühl von Heimatlosigkeit dem Feuer zurück und verbinde damit den Wunsch, anzukommen." Ich werfe die Rinde ins Feuer, wo sie knisternd verbrennt.
Auf dem nächsten Stück steht: *„Schuld"*.
„In mir gibt es immer wieder Gefühle von Schuld, von denen ich gar nicht weiß, wo genau sie herkommen. Aber mein Gefühl ist, dass sie mit dem Zweiten Weltkrieg zu tun haben und dass es eine Schuld ist, die nicht meine ist. Und diese Schuld übergebe ich dem Feuer."

Als ich das ausspreche, steigen mir Tränen in die Augen und meine Stimme stockt. Zischend zerfällt die Rinde im Feuer.
„Verbunden mit dem Gefühl von Schuld ist auch ein unheimlicher *Leistungsdruck*", fahre ich fort. „Diesen Druck möchte ich gerne loswerden." Die Schrift auf der Birkenrinde wird vom Feuer zersetzt.
„Daraus entsteht eine *Arbeitswut*", ergänze ich und richte die Worte direkt an meinen Vater. „Diese Arbeitswut, die kenne ich auch von dir. Und du hast mir erzählt, dass auch dein Vater sie schon hatte. Und diese Arbeitswut, die brauche ich nicht mehr." Ich werfe das Birkenblatt in die Flammen.
„In meinem Leben geht es viel um *Anerkennung*. Ich suche Anerkennung bei anderen und ich suche sie bei dir." Dabei schaue ich meinen Vater an. „Ich wünsche mir, dass ich diese Anerkennung von mir selbst bekomme."
Ich nehme das letzte Birkenstück in die Hand. „Ich habe das Gefühl, auf meinen Schultern liegt eine *Last*, die nicht meine ist. Und alles, was damit verbunden ist und was nicht zu mir gehört, das übergebe ich jetzt hiermit dem Feuer."
Nachdem die Rinde zu Asche verbrannt ist, bleiben wir schweigend am Feuer. Ich schaue meinen Vater an. Doch er erwidert meinen Blick nicht. Er wirkt völlig vertieft in seine Welt. Schließlich stehen wir beide auf. Mein Vater macht einen Schritt auf mich zu. Er schaut mich lächelnd an. „Zieh den Fetzen aus!", sagt er und nickt mit dem Kopf zu meiner Uniform.

Ich atme tief durch, nehme den schweren Stahlhelm vom Kopf. Das ist eine große Erleichterung. Dann ziehe ich Stiefel und Uniform aus, bis ich ganz nackt bin. Die kühle Morgenluft streift über meine Haut, als ich in den See schreite. Dann tauche ich kopfüber in das eisige Wasser. Wieder brennt es auf meinem ganzen Körper. Prustend mache ich ein paar Schwimmzüge und rette mich dann schnell zurück ans Ufer.

Nach unserem Ritual wirkt mein Vater wie ausgetauscht. Irgendetwas ist von ihm abgefallen.
Auch ich spüre eine neue Leichtigkeit. Mir ist schon fast nach Feiern zumute. Ich ziehe mein helles Sakko an und eine Sonnenbrille. Mein Kameramann schaut mich mit großen Augen an, als wir später zum

Dreh aufbrechen. „Was ist denn mit dir los? Willst du auf eine Cocktailparty?“, fragt er mich irritiert.

Vor dem Haus kommt noch einmal der Schäferhund angelaufen. Er ist jetzt viel zutraulicher. Wahrscheinlich, weil ich die Uniform und den Helm nicht mehr trage, denke ich. Wir sitzen noch einen Moment in der warmen Frühlingssonne, bevor wir das schöne Holzhaus und den kleinen See verlassen. Ich habe das Gefühl, dass ich noch einmal an diesen Ort zurückkehren werde, wenn der Film fertig ist. Vielleicht um ein paar Tage Urlaub zu machen.

Wir machen uns auf den Weg, um mit den Hinweisen von Nikolaj das Dorf zu finden, in dem mein Großvater verwundet wurde: Sesiulino. Das Dorf, das es nur noch auf alten Karten und in Erinnerungen gibt. Der Name hat einen schönen Klang. In meiner Vorstellung war es ein idyllischer Ort. Eine kleine Dorfstraße führt an einzelnen Häusern vorbei, die im typischen Stil der Region bemalt sind. Blaue Fenster, grüne Zäune und rote Dächer. Doch Sesiulino existiert nur noch in meiner Fantasie.

Wir gelangen auf einen Feldweg mit großen Schlaglöchern. Die Strecke wird immer unwegsamer.
„Wenn wir steckenbleiben, müssen wir schieben“, meint unser Fahrer Vitali. Eigentlich ein wortkarger Mensch, ist er jetzt besorgt um seinen Mercedes. Als der Weg irgendwann auf einem matschigen Acker endet, hält er an.
„Schieben bringt nichts, wir brauchen einen Traktor“, sagt Vitali trocken.
Wir steigen aus und schauen auf die tiefen Furchen im Feldboden.
„Ich glaube, das war's wohl“, meint Ilya lachend.
„Wir sollten besser zu Fuß gehen“, sage ich und die anderen schauen mich kritisch an.
Ich studiere gemeinsam mit Ilya die alte Karte, in der Sesiulino noch eingezeichnet ist.
„Das Dorf sollte sich am Ufer dieses kleinen Sumpfes befinden. Vielleicht hier.“ Ilya zeigt auf einen Hügel in gut einem Kilometer Entfernung. Bepackt mit dem Filmequipment laufen wir in diese Richtung, sofort versinken unsere Schuhe tief im Ackerboden.

„Ich glaube, das war mal eine Straße", meint mein Vater, als wir an dem Hügel ankommen.
„Ja, könnte sein", sagt Ilya, „sieht aus wie von Menschen angelegt."
Ziellos streifen wir durch die Gegend und finden ein paar große Steine, die wie ein Fundament und eine Wand aussehen.
„Könnte zu einem Dorf gehören", mutmaße ich hoffnungsvoll.
„Ja, das waren sicher Häuser", stimmt Ilya mir zu.
Ich bin unzufrieden. Das Ergebnis unserer Spurensuche habe ich mir spektakulärer vorgestellt. Wir haben keinen Schatz gefunden, nur ein paar große alte Steine. Nichts, was auf meinen Großvater hinweist. Wie können wir das filmisch festhalten? Wir brechen ab.
„Ich weiß, dass ich nichts weiß." Dieser Satz des griechischen Philosophen Sokrates kommt mir in den Sinn, als ich neben meinem Vater über den weiten Acker zurück zum Auto laufe.
Wir finden viele Backsteine auf dem Feld. Mein Vater atmet schwer beim Laufen.
„Schon möglich, dass hier Gebäude standen", sagt er.
„Ist doch schon verrückt die Vorstellung, dass er hier war", murmele ich laut vor mich hin.
„Ja, es ist verrückt, dass alles weg ist", antwortet mein Vater.

Warum Sesiulino verschwunden ist, haben wir nicht herausfinden können. Wurde der Ort im Krieg von Deutschen zerstört? Wenn ja, war Opa Hans daran beteiligt? Wahrscheinlich nicht, weil er dort verwundet wurde. Aber spielt das überhaupt eine große Rolle?
Was hat das eigentlich noch mit uns zu tun?

Für meinen Vater war die Begegnung mit den beiden alten Männern im Dorf entscheidend. Er wird mir ein paar Wochen später erzählen, dass nach unserer Reise kein Tag vergangen ist, an dem er nicht daran gedacht hat. Für ihn ist durch die Erzählung der Weißrussen noch einmal deutlich geworden, was für ein Leid die Deutschen über diese Gegend gebracht haben. Und dass jeder Soldat auf irgendeine Weise daran beteiligt gewesen sein muss. Auch sein Vater. Was genau Opa Hans hier erlebt oder getan hat, werden wir wohl niemals herausfinden.

„Unter dem Aspekt kann ich jetzt auch sehr gut verstehen, dass dieses Thema *Krieg* im Elternhaus ein absolutes Tabuthema war", sagt mein Vater, als wir am Ende des Ackers angekommen sind. „Das ist ja unaussprechlich."

Wir fahren an diesem Tag in die Hauptstadt zurück. Mein Vater wird alleine mit dem Zug zurück nach Deutschland fahren, während ich noch mit dem Team in Minsk bleibe, um die Feierlichkeiten zum Kriegsende, zum Jahrestag der Befreiung zu besuchen. Ich bringe meinen Vater zum Bahnhof. Als wir die lange Rolltreppe zum Gleis herunterfahren, merke ich, dass ich traurig bin, dass er fährt. Wir sind uns nähergekommen auf dieser Reise.

Wir umarmen uns vor dem wartenden Zug. Als er schließlich abfährt, steht mein Vater hinter einem der Fenster und winkt theatralisch mit einem weißen Tuch. Ich muss lachen, obwohl ich weinen könnte.

Langsam und mit ächzenden Geräuschen setzt die alte Eisenbahn sich in Bewegung.

Ich bleibe auf dem Bahnsteig zurück und filme meinen Vater, wie er mit dem weißen Tuch wedelnd aus meinem Sichtfeld verschwindet, während die letzten Waggons den Minsker Bahnhof ruckelnd verlassen.

Kapitel 21: **Die Schlacht um Berlin**

Es sind noch ein paar Tage Zeit bis zum 9. Mai. Ilya lädt uns ein, übers Wochenende in sein Ferienhaus an der litauischen Grenze zu fahren, um ein wenig auszuspannen. Wir brauchen eine Sondergenehmigung vom Ministerium, um die Grenzregion als Ausländer zu besuchen, die wir in Minsk beantragen.

Nach drei Stunden Fahrt erreichen wir eine abgelegene Gegend, in der Ilya sich für ein paar Hundert Euro ein altes Holzhaus gekauft hat. Bevor wir ins Haus können, müssen wir uns bei den weißrussischen Grenzwächtern anmelden und unsere Aufenthaltsgenehmigung vorzeigen. Es hat sich schon herumgesprochen, dass wir einen Film drehen. Wir bekommen einen Aufpasser zur Seite gestellt, einen jüngeren Mann in Uniform, der uns mit seinem Militär-Jeep bis zum Haus von Ilya begleitet. Über einen Grasweg holpern wir zu dem idyllischen Grundstück. Wir sind mitten im Nirgendwo, in völliger Abgeschiedenheit. Der Beamte schaut sich kurz um und verabschiedet sich dann. Wir werden ihn nicht zum letzten Mal sehen. Ilya vermutet, dass er für den Geheimdienst arbeitet, der in Belarus immer noch mit KGB abgekürzt wird. Wir betreten das urige Haus und beziehen die alten Holzbetten. Abends machen wir ein Lagerfeuer und grillen mitgebrachtes Fleisch und Gemüse auf dem Rost. Unmittelbare Nachbarn gibt es keine. Das kommt unserem Vorhaben entgegen. Wir wollen ein paar Szenen für den Film mit mir in der Wehrmachtsuniform drehen. Ob das speziell bei den älteren Einwohnern hier so gut ankommen würde, wage ich zu bezweifeln.

Am nächsten Morgen haben wir einen ungebetenen Gast. Der Grenzwächter betritt das Haus, als wir beim Frühstück sitzen. Er erkundigt sich nach unseren Plänen für den Tag und fragt, welche Filmaufnahmen wir machen wollen. Ich erkläre ihm etwas umständlich, mit Hilfe von Ilyas Übersetzung, dass wir Szenen für die Traumebene des Films drehen werden. Was nicht gelogen ist. Wir wollen die Kulisse des alten Landhauses nutzen, um meine Kriegsträume zu inszenieren. Ich weiß nicht, ob der weißrussische Beamte versteht, was ich ihm erzähle, aber er gibt sich mit meiner Erklärung zufrieden und lässt uns in Ruhe. Als er am Nachmittag wiederkommt, um nach uns zu schauen, sind wir gerade dabei, eine Szene vor dem Haus einzurichten. Es gibt einen alten Brunnen mit einer Handpumpe, die aussieht, als ob sie noch aus der Zeit des Zweiten Weltkriegs stammt. Ich habe die Hose meiner Uniform an, die schweren Stiefel und stehe mit freiem Oberkörper an der Pumpe und wasche mich. Der Offizier schaut uns neugierig bei den Dreharbeiten zu. Nach einer Weile fährt er wieder weg. Ich glaube, er hält uns für verrückt.

Als Nächstes drehen wir, wie ich mit der Uniform das Haus betrete. Ich klopfe an die Tür und an die Scheibe. Dann trete ich die Tür auf. Dabei denke ich daran, dass mein Großvater damals auch in weißrussischen Dörfern unterwegs gewesen sein muss. Hat er sich gewaltsam Zutritt zu den Häusern der Einwohner verschafft und sich genommen, was er wollte? Oder war er freundlich zur einheimischen Bevölkerung?

Was mache ich hier eigentlich? Ich ziehe die Stiefel aus und lege mich mit der Uniform in eines der kleinen Holzbetten. Adrian dreht mich dabei. Wir werden diese Bilder nicht im Schnitt verwenden. Sie haben eine merkwürdige Wirkung, man hat das Gefühl, in einem Nazispielfilm zu sein. Ich entscheide mich später dafür, meine Traumbilder von Hand zeichnen zu lassen und als Animationen im Film zu zeigen. Die Wirkung ist besser, weil es abstrakter ist.

Am Abend kommt der Grenzwächter ein letztes Mal. Er hat uns Bier mitgebracht. Plötzlich ist er ganz freundlich. Offensichtlich hält er uns für harmlose Jungs, die ein bisschen Krieg spielen wollen. Er erzählt uns von seiner Familie und seinen Kindern. Dann verabschiedet er sich herzlich. Wir verbringen noch eine Nacht auf dem Land und fahren am nächsten Tag zurück in die Hauptstadt. Auf mich wartet noch eine weitere Herausforderung.

Sascha, der Leiter der Stalin Line, plant zum Tag des Sieges eine großangelegte Inszenierung zum Ende des Zweiten Weltkrieges. Akteure der Wehrmacht und der Roten Armee sollen dabei aufeinandertreffen wie zum entscheidenden Kampf um Berlin. Auf Einladung von Sascha kann ich an der Inszenierung teilnehmen. Dabei werde ich wieder die Uniform anhaben, die schon mein Großvater trug.

In der Nacht vor der Schlacht-Inszenierung kann ich vor Aufregung kaum schlafen. Ich telefoniere über Skype mit Antonia, die meine Anspannung auch aus 1700 Kilometern Entfernung spürt. Nach meiner Erfahrung auf dem Panzer habe ich mir vorgenommen, mich dieses Mal nicht zu überfordern.

Als wir morgens in der Stalin Line ankommen, sind die Vorbereitungen schon in vollem Gange. Hunderte von Menschen sind angereist, um an dem Event teilzunehmen, einige von ihnen kommen aus Russland, sogar aus China gibt es Teilnehmer. Ich bin der einzige Deutsche hier. Auf dem Parkplatz ziehe ich mir die Uniform an, so laufe ich über das Gelände. Es ist ein komisches Gefühl. Die ersten Zuschauer kommen an. Einige wollen gemeinsam mit mir fotografiert werden. Sogar das Staatsfernsehen interessiert sich für mich, ich werde von einem Reporter interviewt. Es herrscht Volksfeststimmung in der Stalin Line. Der 9. Mai ist ein nationaler Feiertag, viele sind mit der ganzen Familie hergekommen. Eine Frau in russischer Soldatenuniform grillt die hier beliebten Schaschlikspieße an einem Stand. Sie sind viel größer, als wir sie kennen. Junge Mädchen fotografieren sich mit ihren Smartphones auf den Panzern. Ein Sänger, ebenfalls uniformiert, schmettert sowjetische Soldatenlieder in ein Mikrofon. Dazu kommen größere Gruppen echter Soldaten und Milizionäre, Polizisten, die einen Ausflug in das Museum machen. Eine bizarre Veranstaltung.

Ich treffe Sascha, der mächtig im Stress ist, weil bei ihm alle Fäden der Organisation zusammenlaufen. Er erwartet Tausende von Zuschauern, sogar der Innenminister von Belarus hat seinen Besuch angekündigt. Für die Inszenierung hat er den Einsatz von zwei originalen Kampfflugzeugen aus dem Zweiten Weltkrieg geplant, doch aufgrund der Wetterlage muss der Start der Düsenjäger kurzfristig abgesagt werden. Sascha hängt am Funkgerät und instruiert seine Kollegen, die das Schlachtfeld präparieren. Es müssen Explosionen zum richtigen Zeitpunkt gezündet werden. Die Inszenierung wird minutiös vorbereitet. Sascha weist mich ein und fährt mich mit einem deutschen Kübelwagen – echtes Kriegsgerät – zu „meiner“ Einheit. Ich bin, wie es auch mein Großvater war, bei der Luftabwehr eingeteilt. Aufgrund meiner Uniform bin ich der ranghöchste Soldat und werde unfreiwillig zum Kommandanten meiner Einheit. Ein älterer Mann, der hier eigentlich das Sagen hat, scherzt in gebrochenem Deutsch: „Du bist Kommandeur, und die anderen sind die Gastarbeiter.“ Er tut so, als ob er einen seiner Kameraden mit dem Fuß in den Hintern treten will, und lacht. Bevor die Schlacht beginnt, gibt es Wodka aus der Feldflasche, dazu Brot und ein Stück Speck. Ich stoße gemeinsam mit den anderen an. Der Schnaps bringt mich etwas runter. Innerlich bin ich angespannt. Was mache ich denn als Kommandeur auf dem Schlachtfeld? Ich fühle mich völlig unwohl in dieser Rolle. Eigentlich hatte ich mich darauf eingestellt, nur mitzulaufen, jetzt soll ich den anderen befehlen? Was für eine absurde Situation!

Die Zuschauerränge sind bis auf den letzten Platz gefüllt, und der Kommentator eröffnet das Spektakel. Die ersten Panzer rollen los, und Maschinengewehrsalven schallen über das Feld. Ich sitze mit den anderen im schwarzen Kübelwagen der Wehrmacht, wir donnern über eine Straße auf das Schlachtfeld. Meine Kameraden sind ziemlich auf Zack. Sie rollen schon die Flugabwehrkanone am Straßenrand aus,

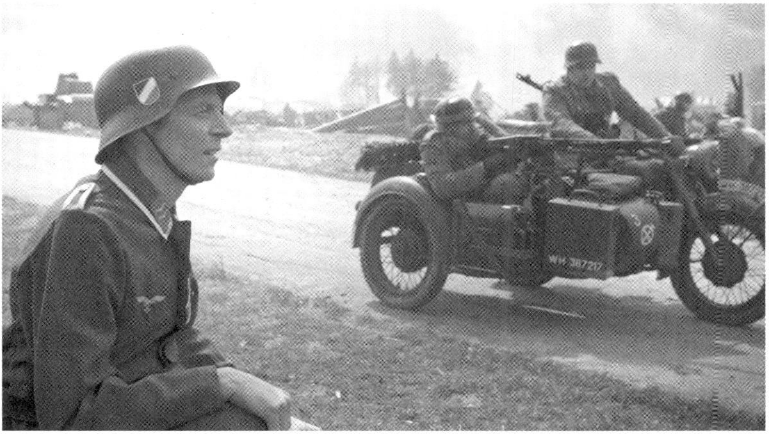

In der Uniform meines Großvaters auf dem Schlachtfeld in der Stalin Line

ohne dass ich irgendetwas befehle. Doch bevor sie den ersten Schuss abgeben, schauen sie mich doch fragend an. „Ähm, Feuer!“, rufe ich zaghaft, und die beiden legen los. Da es keine feindlichen Flieger am Himmel zu sehen gibt, feuern sie in Richtung der anrückenden Truppen der Roten Armee. Die russischen Soldaten verschanzen sich hinter Sandsäcken und schießen mit ihren Kalaschnikows in unsere Richtung zurück. Ich gehe in Deckung und komme mir extrem fehl am Platz vor. Als Befehlshaber bin ich nicht zu gebrauchen. Mein Großvater hat da sicher eine andere Figur abgegeben, denke ich mir. In meinem Rücken sitzen Tausende weißrussischer Zuschauer, und ich habe das Gefühl, alle schauen auf mich.

Von Katja, Ilyas Freundin, die als Schauspielerin am Theater arbeitet, habe ich mir eine Tube Kunstblut besorgt, die ich jetzt aus meiner Tasche zaubere. Ich warte einen heftigen Angriff der Russen ab und gehe mit einem lauten Aufschrei zu Boden. Während ich mich fallen lasse, drücke ich das Blut aus der Tube in meine Hände und schlage sie theatralisch vor mein Gesicht. Blutverschmiert liege ich nun schreiend auf dem Schlachtfeld. Innerhalb weniger Minuten erscheinen zwei deutsche Soldaten, die mich nach oben ziehen und in ein zerschossenes Gebäude schleppen. Währenddessen explodieren mehrere Granaten. Meine Helfer bringen mich zu den Sanitäterinnen, junge Weißrussinnen, die sich als deutsche Krankenschwestern verkleidet haben. Sie nehmen sich meiner besorgt an. Fachgerecht verbinden sie meinen blutenden Kopf. Ich schreie unentwegt weiter und wundere mich selbst über meinen dramatischen Ausbruch. Es ist, als ob mir die Verwundung die Möglichkeit gibt, einen Ausdruck zu finden für den Wahnsinn, den ich bei diesem Kriegsspiel empfinde. Ich schreie alles heraus, was sich in den letzten Tagen und Wochen in mir angestaut hat: die Trauer, den Schmerz, die Wut, das Unaussprechliche. Krieg zu führen ist eine durch und durch verrückte und menschenfeindliche Angelegenheit. Das wird mir in diesem Augenblick, an diesem Ort, in dieser nachgespielten Szenerie mehr als bewusst. Das unkontrollierte Schreien ist ein Kanal, um dem Widersprüchlichen Raum zu geben: die Fassungslosigkeit über die Taten der Deutschen, die Säuglinge in Gruben geworfen haben. Die Liebe zu meinen Großvätern, die für mich als kleiner Junge da waren. Meine Schwierigkeit, diese Menschen mit dem in Verbindung zu bringen, was die Wehrmacht in diesem Land angerichtet hat. Die Distanz zu meinem Vater und zugleich die Liebe zu ihm. Das Fremde in mir und das Vertraute. In diesem Moment kommt einiges zusammen. Und auch wenn es komisch klingen mag, erst durch diese vermeintliche Verwundung komme ich meinem Großvater näher.

Die Krankenschwestern kümmern sich um mich, und ich bekomme in diesem Moment eine leichte Ahnung davon, wie es für ihn gewesen sein muss, verwundet zu werden. Die unglaublichen Schmerzen und zugleich die Aufmerksamkeit, die einem durch die eigene Hilflosigkeit zuteilwird. Meine Großväter wurden beide von der Ostfront zurück in die Heimat in ein Lazarett gebracht. So sind sie dem drohenden Tod oder einer langen russischen Kriegsgefangenschaft entkommen. Wer weiß, ob es mich überhaupt gäbe, wenn Opa Hans und Opa Fritz nicht von russischen Granatsplittern und einer Mine getroffen worden wären?

All das geht mir durch den Kopf, als ich im Spiel verarztet werde. Währenddessen nähert sich die Schlacht um Berlin ihrem dramaturgischen Höhepunkt. Die sowjetischen Soldaten nehmen die Stadt ein, auch unser Gebäude wird von brüllenden Rotarmisten gestürmt. Ein russischer Kommissar steht mit einer Pistole über mir, die Krankenschwestern springen entsetzt zur Seite. Er zielt mit dem Lauf seiner Waffe direkt auf mein Gesicht.
„Kapitulation!", rufe ich ihm entgegen und hebe meine Hände abwehrend im Liegen über meinen Kopf. Er zögert einen Moment und lässt die Waffe sinken. Seine Kameraden feuern mit ihren Maschinengewehren Siegessalven in die Luft. Das Publikum johlt und applaudiert.
„Der Krieg ist aus", denke ich erleichtert.

Kurze Zeit stehen wir alle in einer Reihe vor den Zuschauerrängen. Fanfaren erklingen aus den Lautsprechern. Die sowjetische Nationalhymne wird gespielt, von den Zuschauerrängen ertönen Sprechchöre, die ich nicht verstehe. Neben mir stehen die Krankenschwestern und andere verwundete Wehrmachtssoldaten. Ich bin immer noch der einzige Deutsche hier. Und doch hat sich etwas verändert. Ich gehöre jetzt dazu.

Nach der Aufführung kommt Sascha auf mich zu und mustert kritisch das getrocknete Theaterblut auf meinem Gesicht.
„Ich glaube, du hast es ein bisschen übertrieben“, sagt er amüsiert und erklärt mir, wie ich es beim nächsten Mal besser machen kann, wenn ich mir das Blut ins Gesicht schmiere. „Du darfst es nur auf einer Seite auftragen und musst die Halspartie miteinbeziehen“, meint er fachmännisch.
Es wird kein nächstes Mal geben, da bin ich sicher. Ich bedanke mich bei ihm für sein Vertrauen, das er mir und meinem Filmteam entgegengebracht hat.
„No problem“, sagt er lakonisch und lädt mich ein, noch mit allen anderen Darstellern in die Sauna zu kommen. Es gibt Wodka dort, und die ganze Nacht wird gefeiert. Ich lehne dankend ab. Nach diesem Tag brauche ich nur noch Ruhe. Bevor ich die Stalin Line endgültig verlassen kann, kommen noch etliche Zuschauer auf mich zu, die sich mit einem verwundeten Wehrmachtssoldaten fotografieren lassen wollen. Mein Auftritt scheint wohl einen bleibenden Eindruck bei ihnen hinterlassen zu haben.

Am Abend gibt es ein großes Feuerwerk über Minsk zum Tag des Sieges. Zusammen mit Ilya und seinem zwölfjährigen Sohn Timofej schauen wir aus dem Fenster von Ilyas Wohnung zu. Wenn ich die Augen schließe, klingen die dumpfen Detonationen der Feuerwerkskörper wie Kriegsgeräusche. Es ist unser letzter Abend in Belarus. Ilyas Frau, Katja, hat für uns alle gekocht. Der Tisch ist reich gedeckt mit allerlei landestypischen Köstlichkeiten, und Ilya schenkt uns allen Wodka ein. Wir haben Freunde gefunden in diesem Land, und ich nehme mir vor, bald wiederzukommen.

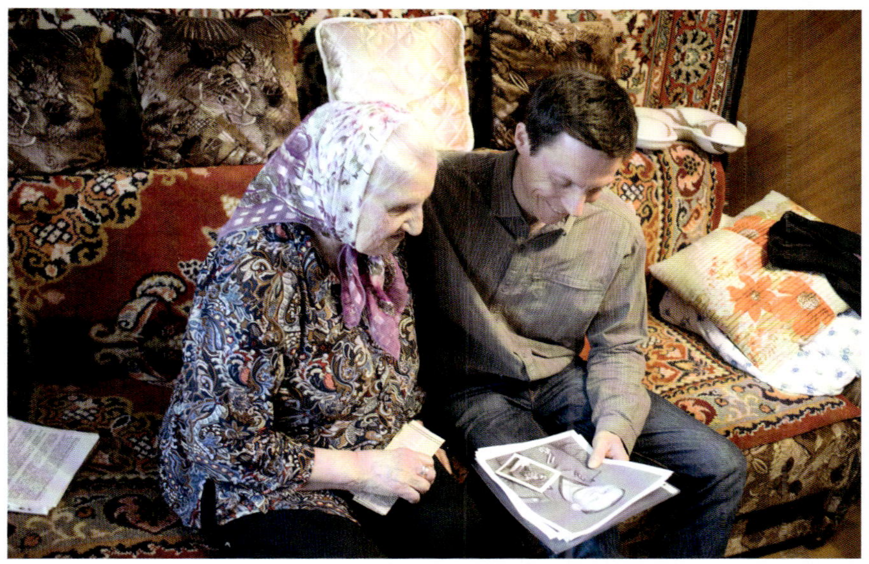

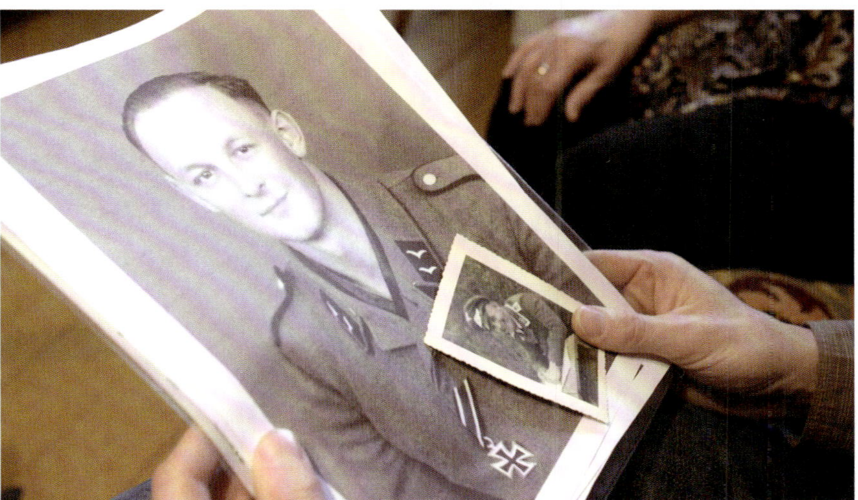

Als kleines Mädchen wurde Valentina Dimitrijewna von der Wehrmacht verschleppt. Doch sie hegt keinen Groll gegen die Deutschen: „Dein Großvater war ein Guter", sagt sie, als ich ihr Fotos von Opa Hans zeige.

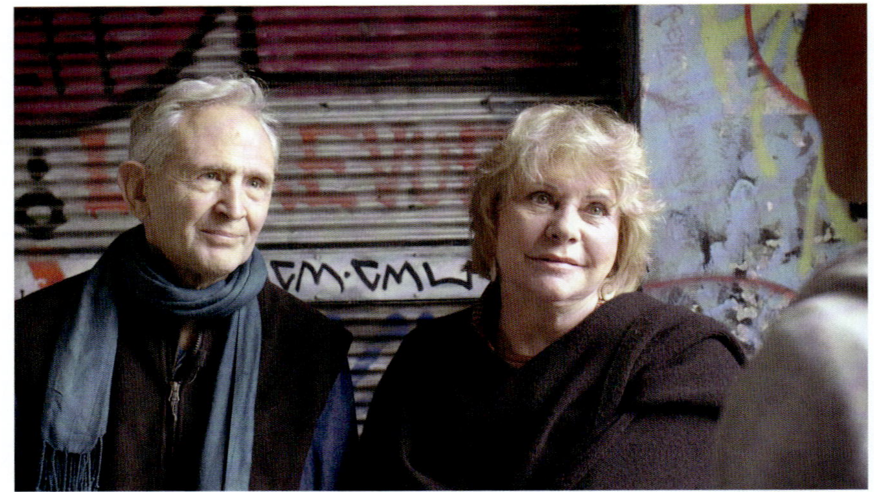

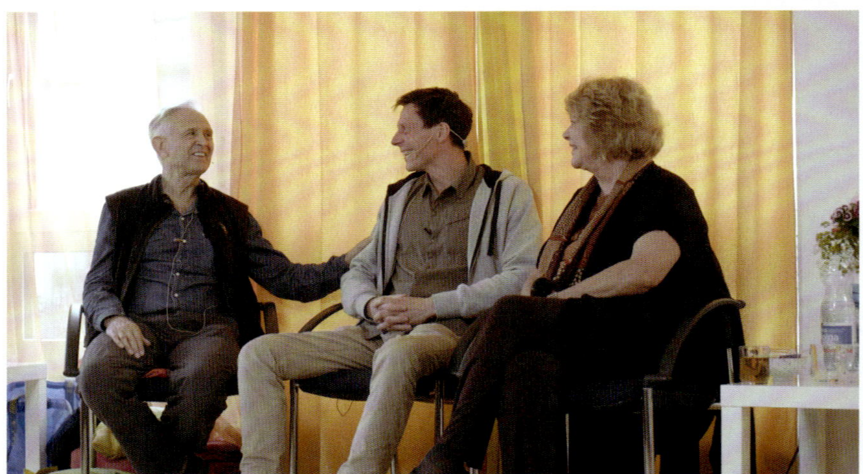

Mit den amerikanischen Traumatherapeuten Peter A. Levine und Anngwyn St. Just begebe ich mich auf eine innere Reise. Im Anschluss an die Sitzung sprechen wir über die Bedeutung von transgenerationalem Trauma für das eigene Leben.

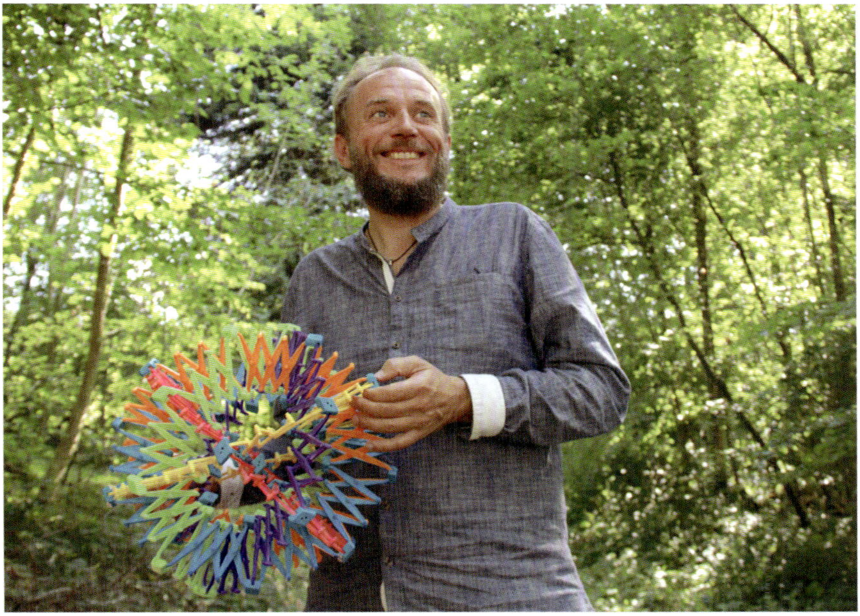

„Trauma ist ein Teil des Lebens“, sagt der Schweizer Traumatherapeut Andre Jacomet, der mit seinen Klienten am liebsten in die freie Natur geht.

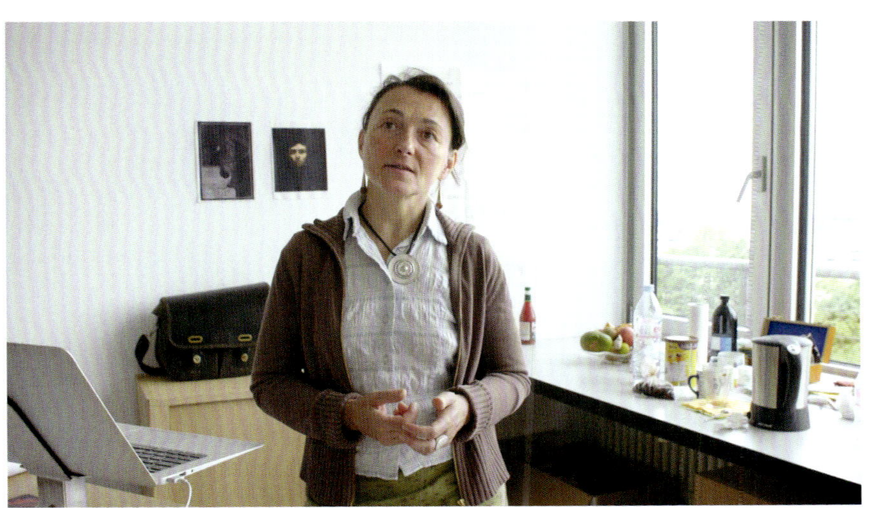

Prof. Dr. Isabelle Mansuy leitet das Institut für Neuroepigenetik an der ETH Zürich. Mit ihrem Team erforscht sie an Mäusen, wie ein Trauma von einer Generation in die nächste übertragen wird.

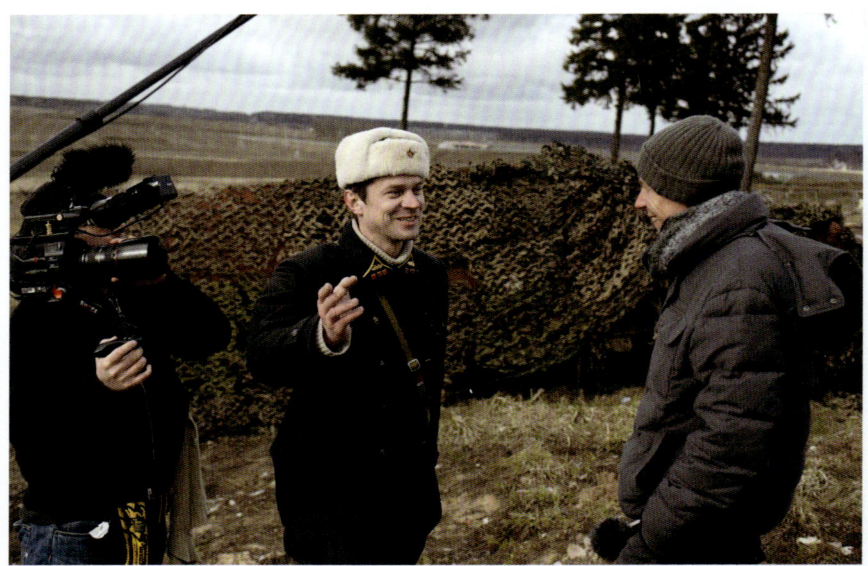

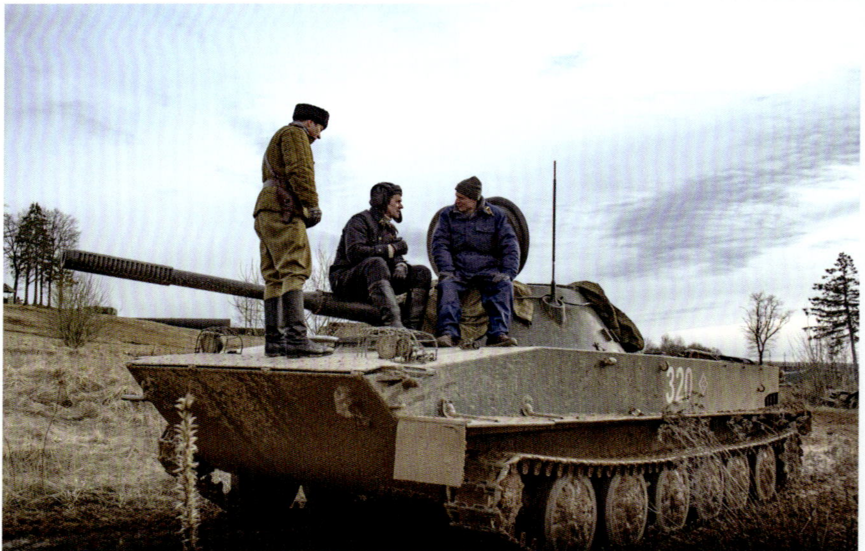

Alexander „Sascha" Metla leitet die „Stalin Line" als Familienunternehmen mit staatlicher Unterstützung. In aufwändigen Inszenierungen stellt er den Zweiten Weltkrieg nach. Sascha lädt mich zu einer Fahrt auf einem russischen Panzer aus Kriegszeiten ein.

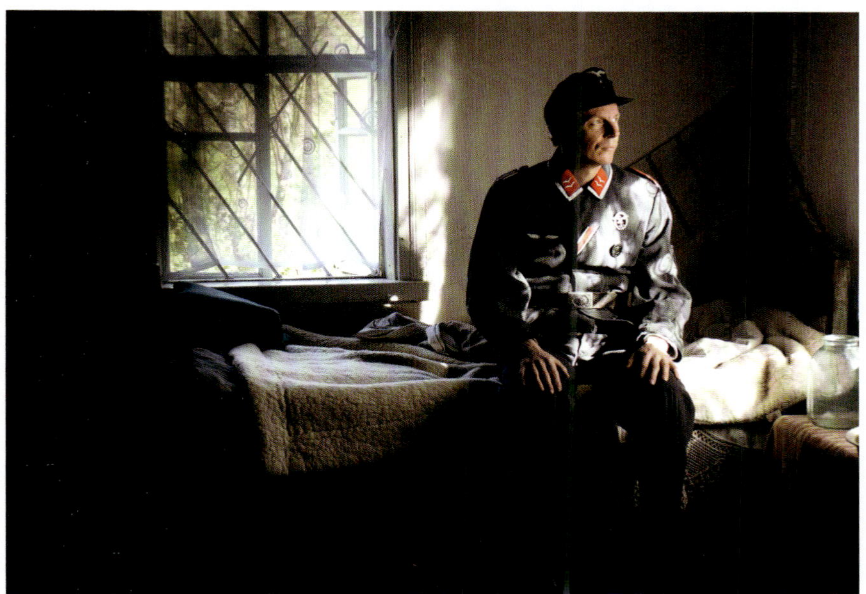

Im Film nehme ich an einer Inszenierung einer Schlacht in der Stalin Line teil. Dabei trage ich eine Wehrmachtsuniform, wie sie schon mein Großvater Hans hatte.

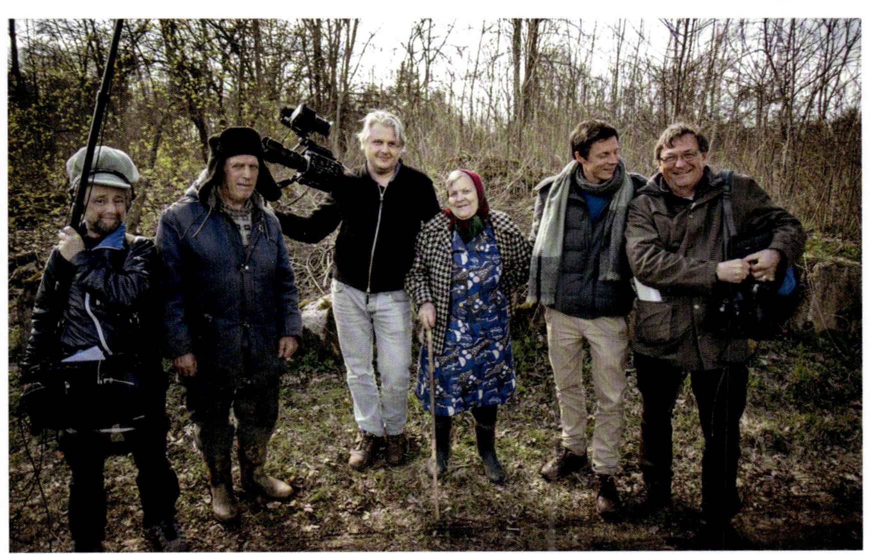

Mit dem Drehteam in Smorodniki, Weißrussland. Von links nach rechts: Markus Egloff (Ton), Nikolaj Mircherev, Adrian Stähli (Kamera), Vera Mircherev, Sebastian und Klaus Heinzel.

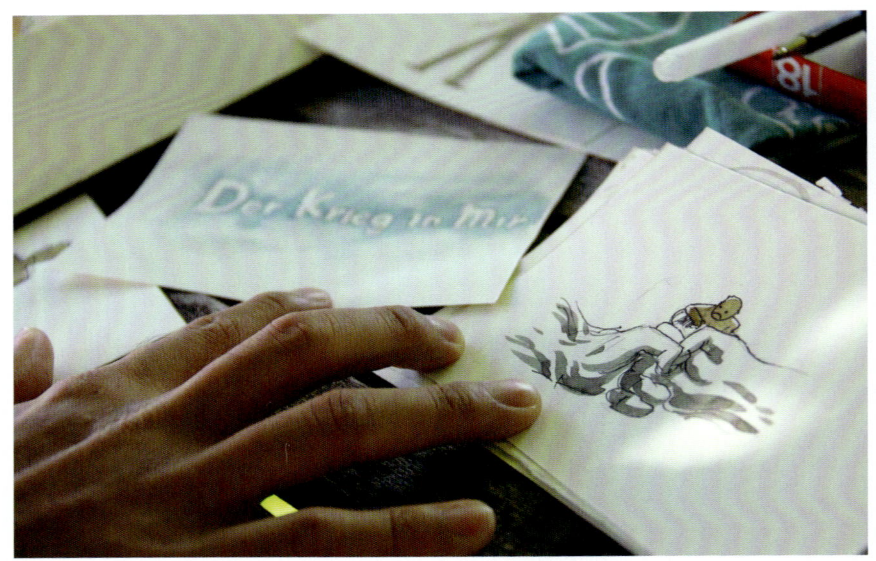

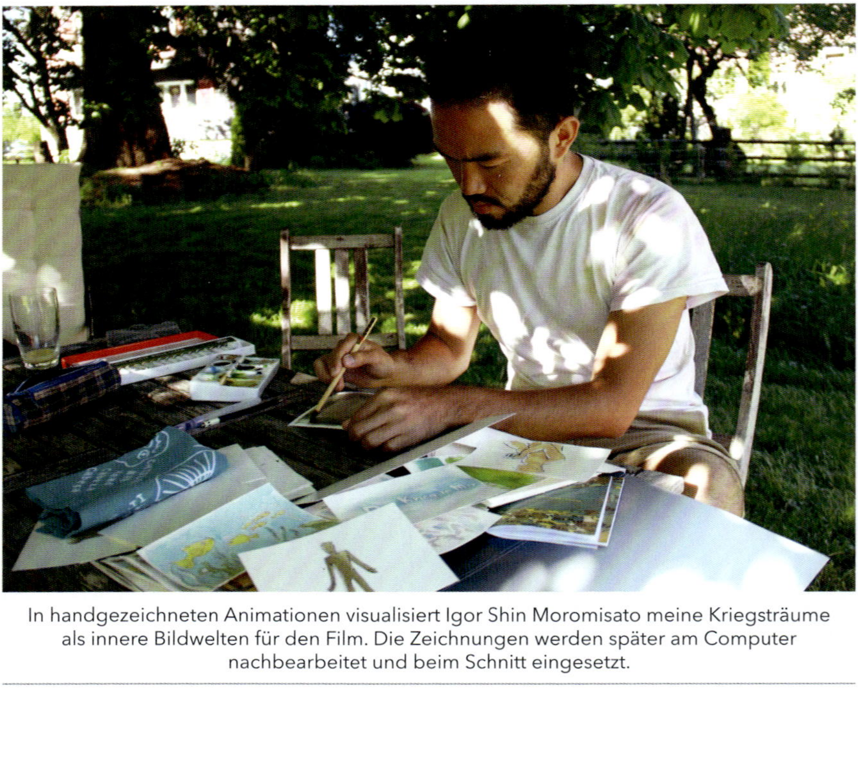

In handgezeichneten Animationen visualisiert Igor Shin Moromisato meine Kriegsträume als innere Bildwelten für den Film. Die Zeichnungen werden später am Computer nachbearbeitet und beim Schnitt eingesetzt.

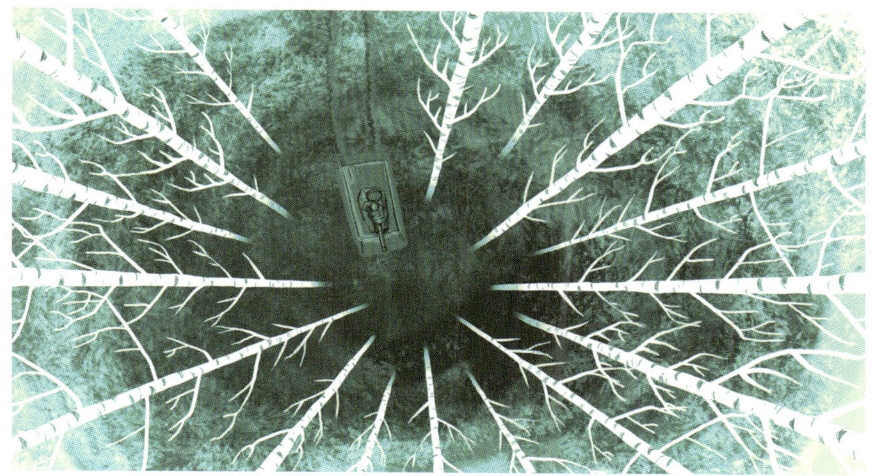

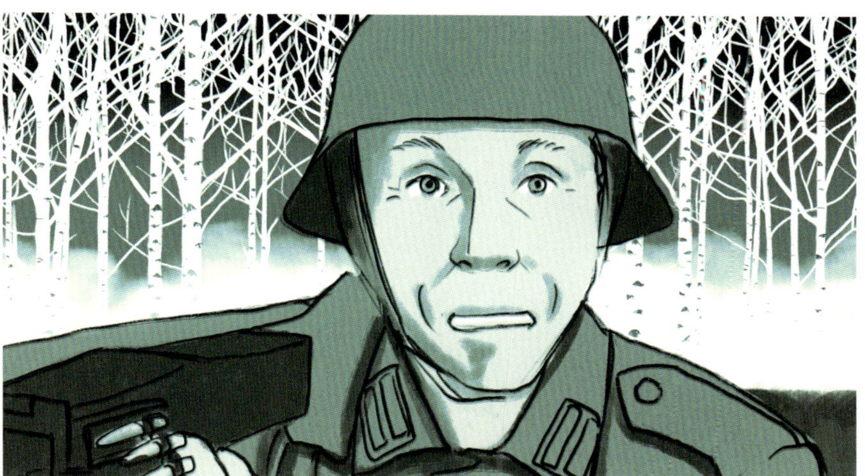

Die Anfangssequenz des Films zeigt einen meiner Kriegsträume, der auf einem Panzer in einem russischen Birkenwald spielt.

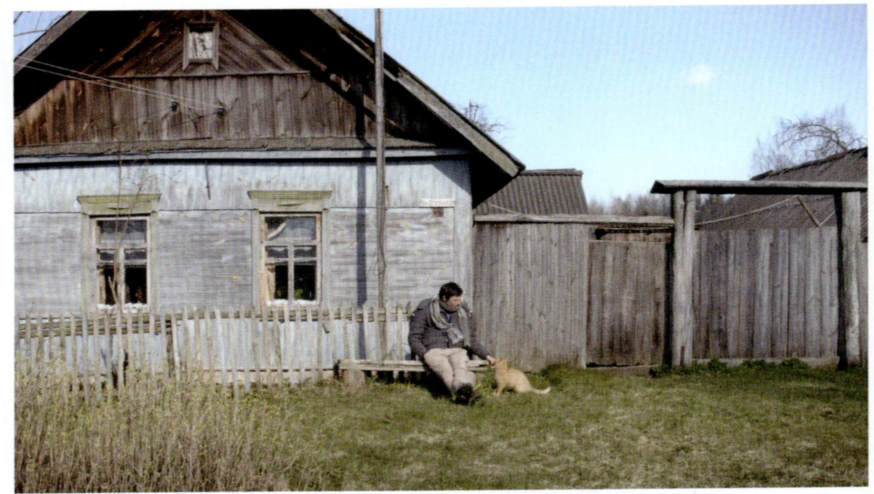

Auf Spurensuche in der weißrussischen Provinz.

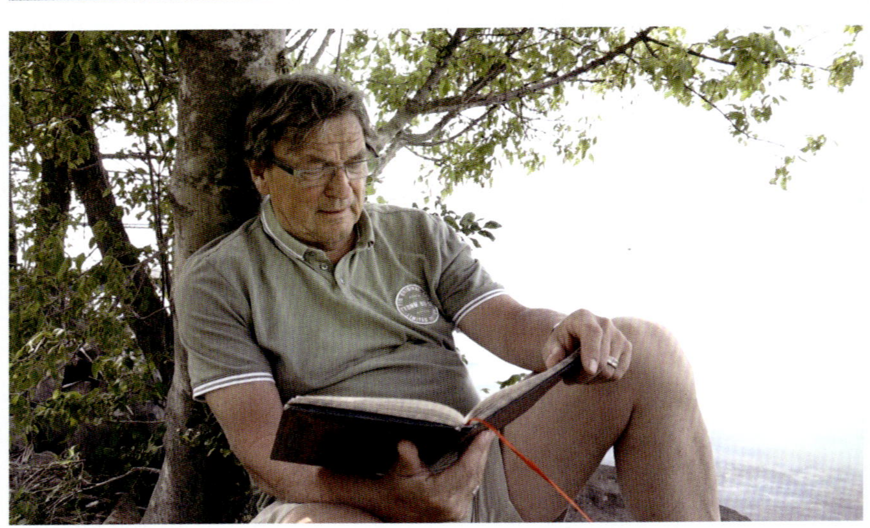

Mein Vater hat nach unserer Reise ein Gedicht über unsere Zeit in Weißrussland geschrieben. Es trägt den Titel: Der Frieden in mir.

Fotos und Filmstills: Heinzelfilm GmbH / Sebastian Heinzel / Ilya Kuzniatsou / Adrian Stähli / Igor Shin Moromisato

4.TEIL:
DER FRIEDEN IN MIR

Kapitel 22: **Der Frieden in mir**

Am Tag unserer Abreise, dem 10. Mai, schneit es in Minsk. Der Frühling, den die Kraniche angekündigt haben, scheint noch fern. Durch einen Schneesturm fahren wir zum Flughafen. Das Wetter macht den Abschied leichter. Ich verabschiede mich von Ilya und steige in einen Flieger nach Riga. Von hier aus nehme ich eine Maschine nach Budapest. Am Terminal wartet mein Vater mit meinem Sohn Theo auf mich. Sie sind – zusammen mit meiner Mutter und meiner Tochter – von Deutschland aus mit dem Wohnmobil nach Ungarn gefahren. Sie tragen kurze Hosen und T-Shirts. Es sind mehr als 30 Grad Temperaturunterschied zwischen Minsk und der ungarischen Hauptstadt.

Ich bin viel zu dick angezogen. Es ist unwirklich. Eben war ich noch in der Kälte, vertieft im Kriegsspiel der Stalin Line. Jetzt lande ich mitten im sommerlichen Familienurlaub. Wir fahren auf einen Campingplatz am Plattensee, wo wir die nächsten zehn Tage verbringen werden. Ich freue mich auf diese Auszeit mit der Familie. Ein paar Tage später kommt noch Antonia dazu. Tagsüber gehen wir mit den Kindern schwimmen im warmen, flachen Wasser des Sees, und ich verbringe auch endlich mal wieder Zeit mit einem Buch in der Hängematte, die ich direkt am Ufer aufspanne.

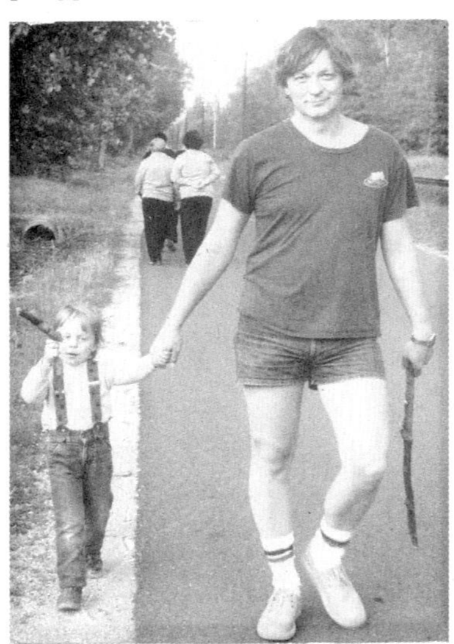

Mein Vater und ich im Urlaub in Ungarn, 1983

Das letzte Mal war ich vor über 30 Jahren am Balaton. Es war einer der ersten und schönsten Familienurlaube, an die mich erinnere. Ich war drei oder vier Jahre alt. Als wir die nähere Umgebung erkunden, stellen wir fest, dass wir, ohne es bewusst geplant zu haben, genau am gleichen Ort gelandet sind. Direkt neben dem Campingplatz entdecke ich unser Ferienhaus, in dem wir damals wohnten. Es gibt ein Foto von meinem Vater und mir aus diesem Ungarnurlaub 1983. Es ist eines meiner Lieblingsfotos von uns beiden. Auf diesem Bild gehe ich an der Hand meines Vaters. Er hat eine kurze Jeanshose an, ziemlich lange Haare und sieht richtig jung aus. Ich habe einen Stock in der Hand und ziele damit nach vorne.

Jetzt, über 30 Jahre später, setzen wir uns gemeinsam ans Ufer des Sees. Mein Vater hat ein Gedicht geschrieben über unsere gemeinsame Reise in Belarus. Er klappt sein Tagebuch auf, blättert und fängt an zu lesen:

Der Frieden in mir – Spurensuche

Eine Reise über 70 Jahre lang zurück
in eine fürchterliche Zeit.
Spurensuche in Weißrussland,
ein Land in damals großem Leid.
Die Spur des Vaters finden und vielleicht begreifen.
Begegnungen mit den Menschen suchen,
Gespräche führen, Chancen nutzen und persönlich reifen.
Friedlich seinen Spuren folgen, wo er mit großem Tross
den Krieg gebracht.
Den eigenen Frieden finden auch im Innern,
an Orten, wo er führte seine Schlacht.
Die Reise zeigt schnell tiefe Wunden,
die auch nach über 70 Jahren noch ganz nah.
Das Trauma dieser Zeit ist da,
viele Seelen konnten nicht gesunden.
Was du getan, musst du allein nur tragen.
Ich schultere diesen Rucksack nicht mehr länger.
Ich mach mich frei von deiner schweren Bürde,
und führe mein Leben ohne deine Schuld
in Freiheit und in Würde.

Ich bin berührt davon, was unsere Spurensuche in meinem Vater ausgelöst hat. Wie er da sitzt am Ufer des Balatons, braun gebrannt und mit dem türkisfarbenen Wasser im Rücken, da wirkt er tatsächlich sehr im Frieden mit sich und der Welt.

Und es gibt noch einen anderen Teil in mir, der es nicht wahrhaben will, dass es so einfach gehen soll. Wie kann es sein, dass mein Vater nun seinen Frieden gefunden hat, während ich noch immer vom Krieg träume und schlaflose Nächte habe?

Die Zufriedenheit meines Vaters erfüllt mich mit Neid. Auch wenn ich weiß, dass es ungerecht ist. Während die Spurensuche für ihn abgeschlossen ist, geht für mich die Arbeit nun erst richtig los. Das ist mein Job, mein Leben. Ich habe einen riesigen Berg an Rohmaterial, der vom Russischen ins Deutsche übersetzt und gesichtet werden muss. Der aufreibende Schnittprozess, der insgesamt über anderthalb Jahre dauern wird, liegt noch vor mir. Unzählige Rohschnittfassungen, Textüberarbeitungen und Korrekturläufe werden folgen, bevor der Film und dieses Buch fertig sein werden.

Kapitel 23: **Warum ich hier bin**

Nach unserer Spurensuche habe ich keineswegs das Gefühl, im Frieden mit mir, der Vergangenheit und der Welt zu sein. Im Gegenteil: Ich bin aufgewühlt und fühle meine innere Unruhe stärker als je zuvor.

In dieser Zeit erlebe ich meine erste Panikattacke. Es kommt völlig unerwartet, als ich in einer schlaflosen Nacht im Bett liege. Plötzlich schlägt mein Herz schnell, mein Atem geht flach und von einem auf den anderen Moment gerate ich in einen Zustand, der mir völlig neu ist. Ich sehe mich plötzlich von oben, so als ob meine Seele für einen Moment meinen Körper verlässt. Ich bin sicher, dass ich gleich sterben werde. Hier und jetzt. Mein Herz schlägt schneller und schneller, ich habe das Gefühl, keine Luft mehr zu bekommen, da ist diese extreme Enge in der Brust. Meine Hände fühlen sich taub an, mein Mund ist verkrampft. Mir wird schwindelig. Was, wenn ich gleich das Bewusstsein verliere? Sind das nicht eindeutig die Symptome eines Herzinfarkts?

Meine Gedanken wandern zu meinem Opa Hans, der selbst mehrere Herzinfarkte erlitt und letztlich daran starb. Ich sehe, wie ein Rettungswagen mit Sirene vor meinem Haus hält, wie die Sanitäter hereinstürmen und vergeblich versuchen, mich wiederzubeleben. Kurze, blitzschnelle Bilder, die vor meinem inneren Auge ablaufen und mich in den Zustand immer größerer Angst versetzen. Mein ganzer Körper zittert.

Antonia, die neben mir schläft, wird wach. „Dein Herz pocht so heftig. Ich dachte, da hämmert etwas draußen", sagt sie verschlafen.
„Ich glaube, ich sterbe gleich", antworte ich mit zittriger Stimme. Antonia knipst die Nachttischlampe an. Ich sehe die Angst in ihren Augen, als sie begreift, dass ich es ernst meine.
„Du bist so weit weg", höre ich sie sagen.
„Ich sterbe wirklich", stoße ich atemlos hervor. So klar sehe ich die Situation.

In mir läuft ein Film ab. Ich sehe mein eigenes Begräbnis, meine bestürzten Eltern. Der frühe Tod des Regisseurs als tragisches Ende seiner Dokumentation. Das wird den Film noch bekannter machen, denke ich absurderweise im gleichen Moment. Meine negativen Gedanken treiben mich immer tiefer in den Abgrund, der sich in meinem Inneren auftut.

Antonia wird jetzt selbst panisch. „Wo bist du?", ruft sie eindringlich. „Was ist denn los? Kannst du deinen Körper spüren?"

Ich fühle mich wie abgespalten von mir selbst. Hoffnungslos schüttele ich den Kopf.

Meine Freundin reißt mich aus diesem Strudel und rüttelt mich an den Schultern. Ich gebe mir einen Ruck, folge ihren Bewegungen, wir setzen uns auf. Antonia nimmt meine Hände.

Wir halten uns gegenseitig fest und wippen gemeinsam hin und her. Ich atme ruhiger und ruhiger. Plötzlich merke ich, wie mein Lebenswille zu mir zurückkommt. Ich will leben. Ich habe noch etwas zu erledigen.

Langsam fällt die Angst von mir ab, wie ein bleierner Mantel, der auf mir gelastet hat. Meine Gedanken werden klarer, die Bilder verblassen. Ich komme zu mir zurück.

Antonia lässt sich zurück ins Bett fallen. Erschöpft lege ich mich neben sie. Wir schmiegen uns aneinander. Draußen dämmert es bereits. Die Vögel zwitschern. Ein Hahn kräht in der Ferne auf dem Hof. Tränen fließen über mein Gesicht. Ich bin einfach nur froh, am Leben zu sein.

Später, am nächsten Morgen, schreibe ich die folgenden Worte in mein Tagebuch:

Ich bin hier, um zu lieben.
Ich bin hier, um ich zu sein.
Ich bin hier, um das Leben weiterzugeben.
Ich bin hier, um meine Sehnsucht nach Leben
größer werden zu lassen als meine Angst vor dem Tod.
Ich bin hier, um herauszufinden,
warum ich hier bin.

– Tagebuch –

Kapitel 24: **Sebastian 2.0**

Noch am selben Tag fahre ich zu meinem Freund Andre Jacomet nach Zürich. Ich erzähle ihm von meiner Panikattacke und frage ihn, was er als Traumatherapeut dazu sagen kann. Für ihn ist mein nächtliches Erlebnis nichts Außergewöhnliches. Solche Zustände kennt er von vielen seiner Klienten. Er spricht von einem „inneren Umwandlungsprozess", den er seit der Arbeit mit Peter Levine im vergangenen Jahr bei mir beobachtet.

Wir planen, am nächsten Morgen gemeinsam spazieren zu gehen und in Ruhe darüber zu sprechen. Genau wie für mich ist auch für Andre die Natur ein Ort des inneren Rückzugs, an dem er sich auf das Wesentliche besinnen kann.

Wir fahren mit dem Auto in ein Waldgebiet, eine gute Stunde außerhalb von Zürich. Ich folge Andre auf einem kleinen Pfad, bis wir an einen Bach gelangen. Wir bleiben stehen und schauen in das fließende Gewässer. Es ist ein zutiefst beruhigender Anblick, wie sich das glasklare Wasser plätschernd seinen Weg um die moosbewachsenen Steine sucht.
Ich frage Andre, was die Natur für seine Arbeit bedeutet.
„Wir haben als Menschen den rechten Kontakt zu unserem natürlichen Lebensraum, zum Organischen verloren. Das ist unser fundamentales Trauma. Ich glaube, dass uns die Natur dabei hilft, diese Rückverbindung wiederherzustellen. Zu dem, wer wir eigentlich sind", sagt Andre mit energischer Stimme.
„Wenn wir denken, dass etwas so und so ist, bedeutet das eine gewisse Starre. Aber das Leben ist nicht starr. Trauma ist Starre. Also müssen wir zurück aus der Starre wieder ins Leben, in dieses Fließen und die Natur hilft uns dabei."

Wir ziehen unsere Schuhe aus und laufen ein gutes Stück barfuß durch das Bachbett, klettern über querliegende morsche Baumstämme und finden nach einer Weile einen ruhigen Platz am Wald-

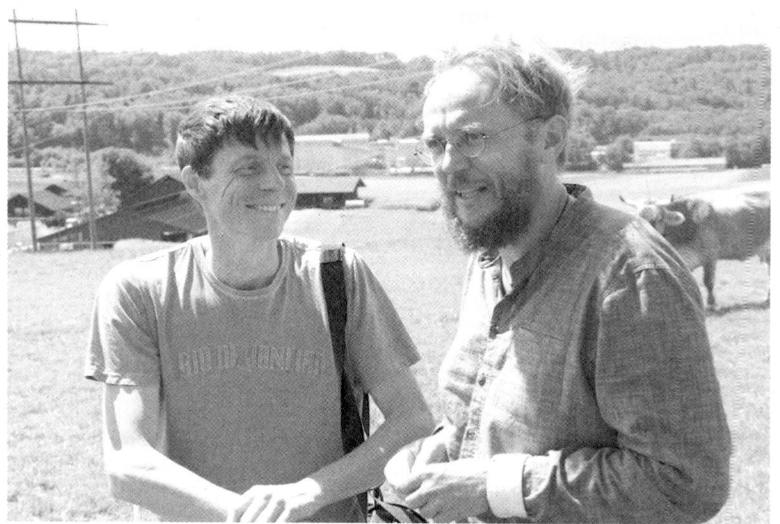

Mit Traumatherapeut Andre Jacomet beim Dreh in der Schweiz

rand. Als wir auf einer Decke Platz nehmen, hören wir plötzlich das Feuer eines Maschinengewehrs. Ich schaue Andre fragend an, und er erklärt mir, dass es in der Nähe des Waldes eine große Kaserne gibt. „So, jetzt gehen wir in den Wald in der friedlichen Schweiz und hören ein Maschinengewehr. Was sagt uns das?", frage ich Andre.
„Dass Dinge, die im Großen geschehen, sich in der Dynamik wiederholen", sagt er.

Ich frage Andre, wie er meine Entwicklung seit dem Seminar mit Peter Levine vor einem Jahr einschätzt. „Ich glaube, dass es ungefähr das ist, was zu erwarten war. Ich habe ja damals gesagt, das war die Vorbereitung auf das, was in deinem Leben auf dich zukommt. Und so fühlt sich das im Rückblick jetzt an. Dass du in der Session mit Peter von diesen Händen aus dem Himmel genommen wurdest, ja, geschüttelt wurdest, aufgeweckt wurdest, sich dein ganzes Leben fragmentiert hat und sich jetzt neu ordnet", sagt Andre.
„Alles bewegt sich zwischen diesen beiden Polen. Zwischen Chaos und Ordnung. Und ich glaube, dass dein Leben bis zu dieser Session mit Peter eine gewisse Ordnung gefunden hatte, sich irgendwie arrangiert

hat und dass das alles aufgeschüttelt wurde, und jetzt, wenn du es so willst, all deine Teile neu zusammenkommen können und dabei auch diejenigen integrieren, die damals abgespalten wurden in der alten Form", erklärt mir Andre. „Man könnte sagen, wie ein Sebastian 2.0! Grundsätzlich möchte alles gefühlt werden. Das gilt für ein Individuum genauso wie für eine größere Gruppe von Menschen oder für eine Kultur", sagt Andre.

„Die Natur möchte gerne Zyklen abschließen. In diesem Fall Erfahrungszyklen. Es geschieht irgendetwas, und ich erlebe das, und dieser Zyklus soll abgeschlossen werden. Das heißt: All das, was in Sebastian 1.0 noch nicht gefühlt werden konnte, dazu wird jetzt Sebastian 2.0 mehr und mehr in der Lage sein. Du wirst Dinge fühlen, die vorher abgespalten waren, auf einer ganz persönlichen Ebene, aber irgendwie auch auf eine Weise verbunden mit etwas kollektivem Transgenerationalem, das wir nicht verstehen. Weil das größere Kräfte sind, größere Dimensionen, die außerhalb unseres Erfahrungsbereiches liegen."

„Und was bedeutet Trauma in diesem Zusammenhang?", frage ich weiter.

„Trauma ist Verlust von Verbindung. Und dieser Verlust von Verbindung kann sich überall zeigen. Es kann zu mir selbst sein, zu anderen Menschen, zur Natur, zum Spirituellen – jede Art von Verlust von Verbindung", erklärt Andre.
„Wir sind Wesen, die das machen, was alles Lebendige macht. Es pulsiert. Und wenn in dieser Pulsation irgendetwas geschieht, was zu viel ist, dann wird dieses System überfordert. Das ist Verlust von Verbindung."
„Und was ist Traumaheilung?", frage ich ihn.
„Rückverbindung", sagt Andre knapp. „Etwas, das damals und dort zu viel, zu schnell, zu plötzlich, zu anspruchsvoll und zu überwältigend war, neu zu verhandeln, neu zu integrieren. Neu einzuweben ins Bewusstsein."
Andre verdeutlicht es mir am Beispiel meiner eigenen Familiengeschichte.
„Schau mal, deine beiden Großväter waren im Krieg. Sie kommen aus dem Krieg zurück und haben die entsetzlichsten Dinge gesehen. Sie

haben keine Möglichkeit gehabt, das in einer angemessenen Weise zu verarbeiten. Der Horror, die Gräuel waren so groß, dass sie abgespalten werden mussten. Das kann man sonst nicht aushalten. Das bedeutet, dass etwas in eine Starre geht bei diesen Menschen. Die Menschen, die aus dem Krieg zurückkommen, sind traumatisiert und zwar die große Mehrheit. Auch heute noch. Und diese Starre kann sich auf verschiedene Weise zeigen", erklärt Andre.

„Wie kann ich Mann sein, wie kann ich Vater sein, nachdem, was ich dort gesehen habe? Wie kann ich in Beziehung gehen zu meinem Sohn, der mich plötzlich an den erinnert, der ich einmal war, als ich mit 19 in den Krieg gegangen bin? Wie geht der Sohn damit um, dass der Vater nur kühl, abgespalten, eingefroren sein kann?"

Andre kommt auf meinen Vater zu sprechen, den er vor Kurzem persönlich kennengelernt hat. „Dein Vater hat das irgendwie leisten können, das alles auszuhalten, da durchzugehen und irgendwie bei Gesundheit zu bleiben. Sogar ein toller Mensch zu werden, wie ich weiß. Und trotzdem hat er ganz große Herausforderungen zu bewältigen gehabt. Die Herausforderungen, die ihm sein Vater beschert hat. Und mit relativ jungen Jahren, als er noch nicht so viel verarbeitet hatte, hat er dich gekriegt. Und da läuft dieselbe Geschichte wieder ab. Das, was ihn überwältigt hat, was für ihn zu viel war, zu wenig an Kontakt, läuft zwischen euch weiter ab, so wie eine Dominokette."

„Und wie gehe ich jetzt damit um?", frage ich Andre hoffnungsvoll.

„Ich freue mich, dass du einen Film machst zu dem Thema. Weil ich glaube, dass es ganz dringend und wichtig ist, dass wir beginnen, uns damit zu beschäftigen. Und konkret für dich heißt es jetzt, dass du dich deinen Schatten, deinen Dämonen stellst und dem begegnest, was sich da zeigen möchte in dir."

„Was meinst du damit?"

„Zum Beispiel, wenn du nachts nicht schlafen kannst. Wenn da Ängste sind. Wenn da physiologische Symptome wie Herzrasen sind. Wenn deine Gedanken immer kreisen. All diese Dinge."

„Und du denkst, es könnte damit zusammenhängen? Mit dem, was mein Opa und mein Vater erlebt haben?"

„Ich bin überzeugt!", sagt Andre.

„Und wie lassen sich diese abgespaltenen Erfahrungen integrieren?"

„Wenn du beginnst, Bewusstsein auf etwas zu lenken, dann folgt die Energie dieser Intention. Auf all das, was mit deinen Träumen begonnen hat. Und dann kommen die Dinge von selbst. Die zeigen sich auf die unterschiedlichsten Arten. Plötzlich hast du diese Panikattacken. Dann gilt es, damit umzugehen und das zu prozessieren."
„Und wie geht das?", frage ich nach.
„Anfang und Schlüssel ist das Bewusstsein", erklärt Andre.
Wie auf Kommando werden wir von den trommelnden Schüssen des Maschinengewehrs in der Ferne unterbrochen. Wir halten kurz inne und schauen uns vielsagend an.
„Trauma bedeutet, nicht da sein zu können. Weil Trauma etwas ist, was damals dort geschehen ist, kannst du jetzt nicht hier sein. Und wenn es uns gelingt, Bedingungen zu schaffen, dass du jetzt wieder hier sein kannst – dann ist das Trauma geheilt, das dich blockiert hat."
„In der Therapie geht es deshalb immer wieder darum, den Fokus auf den gegenwärtigen Moment zu richten: Das Traumatische in uns, das, was wir nicht haben wollen, was wir unbewusst abspalten, im Hier und Jetzt zu fühlen und damit in friedvollem Kontakt zu sein."

„Was würdest du sagen, wie viele Menschen sind davon in unserer Gesellschaft betroffen?", frage ich Andre.
„Millionen", antwortet er sofort.
„Wie ist das bei deinen Klienten?"
„Ich sehe heute, wenn die Menschen zu mir in die Praxis kommen, in drei Viertel der Fälle transgenerationale Themen. Was mir aufgefallen ist, wenn die Menschen ihre individuellen Geschichten hinreichend durchgearbeitet haben – das ist ja das Schöne, es muss nicht perfekt sein, hinreichend reicht –, dann scheinen kollektive und transgenerationale Sachen mehr an die Oberfläche zu kommen. Wenn man seinen eigenen Keller aufgeräumt hat, ist man anschließend in der Lage, sich um die Gemeinschaft zu kümmern."

Es dämmert im Wald. Das Maschinengewehrfeuer hat aufgehört. Die Schweizer Soldaten haben Dienstschluss. Es herrscht eine friedliche Stille. Mit einem anderen Menschen schweigen zu können, ist ein Zeichen gemeinsamen Vertrauens.

„Trauma ist Teil des Lebens“, sagt Andre. „Eigentlich möchten wir es nicht haben, aber es gehört eben zum Leben. Und trotzdem ist es so, dass es eine Öffnung bietet, eine Chance, dass wir mehr werden, wenn wir es integrieren können.“

Kapitel 25: **Träume und Trauma**

Es ist der Moment kurz vor der Schlacht. Wir stehen in Reih und Glied. Die Stimmung ist gespannt. Alle sind unter Adrenalin. Gleich geht es los. Man hört das Klicken der Handgranaten, die geworfen werden. Ich halte es kaum aus, weil ich weiß, dass bald tote Leiber durch die Luft fliegen. Ich will es nicht sehen. Es ist klar, dass so viele dabei sterben werden. Ich bin ganz allein mit dem Gefühl des Grauens.

– Traumtagebuch –

Warum träume ich vom Krieg? Um dieser Frage noch tiefer auf den Grund zu gehen, suche ich nach einem Menschen, der sich mit der Bedeutung von Träumen beschäftigt. Ich entdecke das Buch der Tiefenpsychologin Verena Kast „Träume. Die geheimnisvolle Sprache des Unbewussten". Die Schweizer Professorin ist Präsidentin des C.G. Jung-Instituts Zürich und hat sich in ihrer Arbeit tiefgehend mit Traumforschung und dem Werk von Carl Gustav Jung, dem bekannten Psychiater und Psychologen, auseinandergesetzt.

Verena Kast ist bereit, sich mit mir zu treffen und lädt mich zu sich nach Hause nach St. Gallen ein. Es ist ein warmer Julitag, als ich bei ihr im Wohnzimmer sitze. Verena Kast ist eine ältere Frau mit lockigem grauem Haar und einem offenen, freundlichen Lachen. Wir trinken grünen Tee und kommen schnell zur Sache.

Ich erzähle von meinen Großvätern, von meinen Kriegsträumen und dass ich versuche, herauszufinden, welche Ursache sie haben. Verena Kast bittet mich, einmal einen solchen Traum zu schildern, mit allen Emotionen. Ich habe mein Traumtagebuch mitgebracht und will ihr einen meiner Träume vorlesen, als sie mich gleich unterbricht.
„Und sie können ihn mir nicht erzählen?", fragt sie mich.
„Doch, ich kann ihn auch erzählen."

„Ich hätte ihn viel lieber erzählt“, sagt die Therapeutin zu mir.
„Es ist schon eine Weile her. Aber dieser ist mir sehr stark in Erinnerung geblieben“, beginne ich. In dem Traum war ich in Russland in einem Wald. Ich stand als Soldat auf einem Panzer und habe von oben mit dem Maschinengewehr geschossen. Alles um mich war im Nebel. Ich habe nicht gesehen, auf wen ich schieße. Nur war mir klar, ich schieße auch auf Menschen. Ich habe geschossen und geschossen, bis alles still um mich herum war. Dann bin ich langsam aus dem Panzer geklettert und in diesem Wald herumgelaufen. Ich war ganz alleine dort.“
„Und wie haben Sie sich gefühlt?“, fragt mich Verena Kast.
„Es war ein schreckliches Gefühl, dass ich möglicherweise Menschen getötet habe.“
„Aber Sie haben keine Toten gesehen?“
„Ich erinnere mich nicht dran. Ich erinnere mich nur sehr eindrücklich an diese Stimmung im Wald.“
„Können Sie die noch ein bisschen beschreiben?“
„Ja, es war eben dieses allumfassende Gefühl, alleine zu sein.“
„Und wie fühlt sich das an?“
„Ja, ganz isoliert. Es hat mich sehr verstört.“
„Also, irgendwie verloren.“
„Verloren, ja. Was mach ich hier eigentlich? Warum schieße ich auf Menschen? Warum bin ich hier im Wald?“
Verena Kast sieht sehr nachdenklich aus. Ich frage sie, was es mit ihr macht, wenn ich ihr von meinem Traum erzähle.
„Ich nehme ihn als Symbol. Mich berührt nicht so sehr das Herumballern, weil das für mich so ein Männlichkeitsritual ist. Sondern mich berührt emotional sehr stark das Verlorensein im Wald“, sagt sie.
„Gehen Sie eigentlich davon aus, dass Sie das Trauma Ihres Großvaters nochmal im Traum erleben?“, fragt sie mich.
„Das ist meine Frage, ob das möglich ist.“
„Man weiß ja sehr wohl, dass traumatische Erfahrungen der Eltern bei den Kindern fortschreiten, und das kann man über Gefühlsansteckung verstehen. Traumatisierte Menschen sind einfach vom Gefühl her anders als nicht traumatisierte. Man kann es sich auch mit der Epigenetik erklären. Auch schon der alte Jung hat in den 1930er-

Jahren bei Kinderträumen gesagt: Ja, dieser Knabe hat hier eigentlich das Problem des Vaters. Also, dass man sich identifiziert mit den Problemen der Eltern und dann auch ähnliche Bilder träumt."

Verena Kast macht eine Pause und schaut mich an. Ich habe noch nie einen Menschen getroffen, der so häufig blinzelt wie sie. Ihre Augen sind dadurch in einer dauerhaften Bewegung, was mich etwas irritiert. Wir sprechen über die Geschichte meines Großvaters Fritz, den Vater meiner Mutter, und über dessen Verwundung. Ich erzähle Verena Kast, wie er von seinem Offizier in letzter Minute vom Schlachtfeld gerettet wurde. Und wie er diesen Mann sein ganzes Leben lang gesucht und nie gefunden hat.
„Also war auch ihr Opa schon auf Spurensuche?", fragt mich die Psychologin.
„Ja", antworte ich mit erstickter Stimme. Ihre Frage berührt mich, und mir kommen die Tränen.
„Er hat Ihnen schon emotional erzählt?"
„Ja, ich habe seine Emotionen auf jeden Fall gespürt. Da bin ich mir sicher, sonst hätte ich sie jetzt nicht so stark."
„Klar", sagt Verena Kast. „Aber jetzt geht es um Ihr Leben und nicht mehr um das Ihres Opas. Wenn man die Träume anschaut und annimmt, dass man ein Stück weit identifiziert ist mit dem Trauma eines geliebten Menschen, dann muss man das ja auseinandernehmen, oder? Sein Leben, das Leben Ihrer Eltern, Ihr Leben. Sie haben Mitgefühl für diesen Opa und vielleicht auch dafür, dass er gar nicht so lang leben durfte. Ihn hätte es sicher gefreut, Sie noch zu erleben, bis Sie Ihre eigenen Kinder haben. Aber es ist sein Leben. Und für mich wäre die Frage: Was kann ich jetzt eigentlich mitnehmen aus dieser Verarbeitung heraus?", fragt mich die Psychologin ruhig.

„Eigentlich müssten ja Ihre Eltern damit konfrontiert worden sein. Die Väter sind zurückgekommen und haben wohl eine Atmosphäre von Verlorenheit mit sich gebracht."
„Ich möchte noch etwas dazu erzählen", unterbreche ich sie.
„Ich glaube, es gibt diese Verlorenheit bei meinen Großvätern, die beide ihre Heimat ganz früh verloren haben. Der eine Großvater kam aus Schlesien und der andere aus Pommern. Nach dem Krieg war

beides weg und mich begleitet diese Heimatlosigkeit auch. Ich bin sehr oft umgezogen in meinem Leben, habe ganz oft den Ort gewechselt, und es fällt mir immer noch schwer, wirklich anzukommen. Bei meinem Vater und meiner Mutter ist es genauso. Sie sind immer noch auf der Suche nach einer Heimat, obwohl sie weit über sechzig sind."
Ich erzähle ihr von der Spurensuche in Weißrussland, die ich gemeinsam mit meinem Vater gemacht habe und dass er sich als Nachkriegskind nie mit dem Thema auseinandergesetzt hatte.
„Dann ist das Trauma offenbar die Verlorenheit", sagt Verena Kast eindringlich. „Und wenn Sie sagen, Ihr Vater hat sich bis jetzt nicht damit beschäftigt, so eine Verlorenheit gibt man ja weiter."
Verena Kast nickt mitfühlend. „Ich denke Sie sind ja heftig dran. Sie setzen sich dem emotional voll aus und Sie versuchen, das in einen größeren Zusammenhang zu bringen. Erschwerend kommt dazu, dass Ihr Opa gestorben ist, als Sie zehn Jahre alt waren, und von daher meine ich, dass es bei Ihnen noch so eine gewisse Idealisierung des Opas gibt und auch Mitgefühl für das, was er durchgemacht hat. Das ist für mich eine Gefühlsansteckung, zwei Generationen zurück. Möglicherweise projizieren sie sogar Gefühle in den Opa hinein, die er gar nicht hatte. Mitgefühl bindet ja auch. Und vor allem dann, wenn man nicht mehr helfen kann."

Verena Kast schenkt mir Tee ein und bietet mir ein paar Kekse an, die auf dem Tisch stehen.
„Was kann ich denn tun, um mich von dieser Identifizierung mit meinem Opa zu lösen?", frage ich sie.
„Sie machen bereits einen ganzen Film daraus, also im Grunde genommen tun Sie alles, was man tun kann, um mit so einem Trauma umzugehen. Nur dürfen Sie emotional nicht dort stehenbleiben. Es geht um die Frage, wenn Sie da im Wald sind, sich so verloren vorkommen und sich fragen: Was soll ich denn eigentlich hier?"
Verena Kast schaut mich herausfordernd an. „Das Leben geht ja weiter, nicht? Sie können natürlich immer im Wald bleiben, wenn es Ihnen gefällt, aber vielleicht ist es ja auch sinnvoll, da herauszukommen. Sich einen Möglichkeitsraum eröffnen. Ich denke schon, dass Sie das Erbe Ihres Großvaters wunderbar verwaltet haben. Der wäre sehr stolz auf seinen Enkel, würde ich meinen", lacht sie freundlich.

Ich frage sie, was für therapeutische Methoden es gibt, um mit meinen belastenden Alpträumen umzugehen. Sie schlägt mir vor, meine Situation imaginativ einzustellen, meinen Traum weiterzuträumen. Ich frage sie, ob wir das gleich ausprobieren können.

Verena Kast ist einverstanden und lädt mich ein, mich auf das große rote Sofa in ihrem Wohnzimmer zu legen. Ich ziehe meine Schuhe aus und mache es mir bequem. Sie bittet mich, meine Augen zu schließen.
„Atmen Sie ein paar Mal tief aus. Stellen Sie bitte das Schlussbild Ihres Traums ein und erzählen Sie mir, was Sie sehen, was Sie fühlen."
Ich atme tief durch und erinnere mich an meinen Traum. Langsam entstehen die Bilder vor meinem inneren Auge.
„Ich sehe, wie ich in diesem nebligen Wald von einem Panzer runtersteige und dann in den Wald hineingehe. Ich habe das Gefühl, irgendwo sind hier auch meine Eltern. Ich kann sie aber nicht sehen."
„Wie riecht es?", fragt mich Verena Kast.
„Nach Moos. Feuchte Luft."
„Wie fühlen Sie sich?"
„Ich fühle mich alleine."
„Und wie fühlt sich das an?
„Ja, traurig."
„Wohin gehen Sie?"
„Ich gehe zu einem Baum, und ich will diesen Baum umarmen. Und ich habe das Gefühl, es ist mein Vater, den ich umarme."
„Wird aus dem Baum der Vater?"
„Ja."
„Und wie fühlt sich das an?"
„Fühlt sich gut an. Es ist eine feste Umarmung. Jemand, an dem ich mich festhalten, auch anlehnen kann."
„Und er auch an Sie?"
„Mmmh."
„Oder ist es nur einseitig?"
„Nein, es fühlt sich auf Augenhöhe an."
„Gehen Sie vielleicht miteinander weiter?"
„Ja, wir gehen nebeneinander weiter. Wir mögen beide den Wald gerne."
„Ist es gut so?"

„Ja."
„Machen Sie doch bitte mal die Augen auf."
Ich öffne die Augen und komme langsam in die Wirklichkeit zurück.
Verena Kast fragt mich, was wichtig für mich war.
„Den Vater zu umarmen", antworte ich.
„Ja, das war ja einigermaßen erstaunlich", sagt die Therapeutin.
„Dass aus dem Baumstamm der Vater wurde.
Gibt's denn auch ein Bächlein im Wald?", fragt sie mich.
„Woher wissen Sie das?", frage ich erstaunt zurück, „jetzt erinnere ich mich nämlich wieder an den Traum. Ich laufe im Traum durch diesen Wald und am Ende stehe ich an einem kleinen Bach. Und das fühlt sich gut an. Ich schau in das Wasser, und so endet der Traum."
Verena Kast nickt mir zu. „Ein Trauma ist ja etwas, das den Fluss des Lebens blockiert. Sobald ein Bächlein da ist, haben wir das Gefühl, psychische Dynamik fließt wieder. Das Leben ist wieder fließend. Sie haben so schön davon erzählt, wie Sie mit dem Vater im Wald spazieren, und mir schien das natürlich schon der ganz wichtige Punkt zu sein. Es ist ja so, als ob die Identifikation mit dem Trauma des Großvaters den Zugang zum Vater blockiert hat."
„Ja", sage ich zustimmend. „Ich merke zurzeit, wie die Beziehung zu meinem Vater sich dadurch verändert, dass er sich mit seinem Vater auseinandersetzt."
„Das denke ich mir", sagt Verena Kast, „der macht ja jetzt auch seine Arbeit und überlässt nicht alles Ihnen."

Unsere Sitzung ist beendet und Verena Kast verlässt kurz den Raum. Ich setze mich auf und schaue eine Weile in den sonnigen Garten. Etwas in mir wird ganz ruhig. Ich könnte stundenlang hier sitzen, denke ich. Es ist ein friedliches Gefühl.

Die Psychologin lädt mich in ihren Garten ein. Wir sitzen auf einem alten Steinbänkchen in der Sonne und sprechen über ihre Arbeit. Verena Kast hat viele erfolgreiche Beziehungsratgeber geschrieben. Ich nutze die Gelegenheit und erzähle ihr von meiner Trennung und von den Konflikten, die zwischen meiner Frau und mir ausgebrochen sind.
„Was ist denn für Sie das Geheimrezept für das Gelingen eines Friedens zwischen Männern und Frauen?", frage ich neugierig.

„Der freundliche Blick. Das man nicht immer mit diesem kritisierenden Blick einander anschaut, sondern mit freundlichen Blicken. Aber auch, dass man sich selber mit dem freundlichen Blick anschaut und nicht immer mit diesem nach Defizit heischenden Blick. Das heißt eben auch, dass man grundsätzlich dem anderen wohlwollend gegenüber ist, dann kann man auch mal einen Wutanfall haben, das ist nicht so schlimm. Aber einfach dieses grundsätzliche Wohlwollen, und dazu gehört natürlich ganz stark, dass jedem klar ist: Wir haben auch Schattenseiten. Wenn wir das Gefühl haben, ich mache alles richtig und der andere macht alles falsch, das geht überhaupt nicht. Sondern selbst zu wissen, ich kann mal rechthaberisch sein, ich kann mal gierig sein, ich muss das nicht projizieren auf den anderen. Es kann sein, dass ich etwas falsch mache. Dann kann man gut miteinander umgehen."
„Das klingt gut", sage ich. „Vielen Dank für die Möglichkeit, mich mal bei Ihnen auf die Couch zu legen. Das werde ich nicht vergessen, dieses Erlebnis."
„Das haben schon viele sich gewünscht", erwidert Verena Kast lachend, „und Sie haben's jetzt gekriegt."

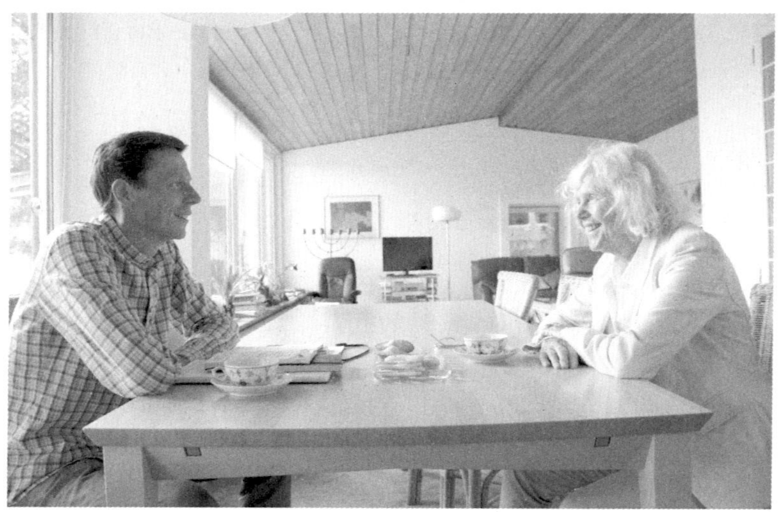

Im Gespräch mit Verena Kast beim Dreh in St. Gallen

EPILOG:
RAUS AUS DEM WALD

Ich habe Opa Hans im Traum getroffen. Wir haben uns ganz förmlich die Hand gegeben. Ich wollte wissen, ob ihm mein Film gefällt. Er war sehr reserviert und zurückhaltend.
Ich hatte das Gefühl, dass ich ihn nicht erreichen kann.

– Traumtagebuch –

Es gibt zwei Großväter, die beide eine unterschiedliche Rolle in meinem Leben spielten. Ich habe mich entschieden, mit meinem Vater nach den Spuren seines Vaters zu suchen.
Bei meinem Gespräch mit Verena Kast ist mir jedoch deutlicher bewusst geworden, dass mich meine Beziehung zu Opa Fritz emotional viel stärker geprägt hat. Bei ihm bin ich aufgewachsen, zu ihm habe ich ein fast schon väterliches Verhältnis gehabt. Bin ich womöglich den falschen Spuren gefolgt? Fällt es mir deshalb so schwer, loszulassen?

Vor diesem Hintergrund wird mir auch klar, warum mein Vater seinen Frieden gefunden hat und ich noch nicht. Für ihn war es die Frage, was sein Vater im Krieg verbrochen hat, die ihn sein ganzes Leben lang beschäftigt und blockiert hat. Die Erkenntnis, dass er nicht für die Taten seines Vaters verantwortlich ist, hat ihn schließlich entlastet und von einem Schuldgefühl befreit, das er lange Zeit mit sich herumgetragen hat. Unsere gemeinsame Reise nach Weißrussland war der Katalysator für seinen Prozess.

Wenn ich den Worten der Tiefenpsychologin Glauben schenken darf, habe ich mich unbewusst mit den Gefühlen meines Großvaters mütterlicherseits identifiziert: Heimatlosigkeit, Schuld, Verlorenheit. All das, was er aus dem Krieg mit nach Hause brachte und wofür es in der Nachkriegszeit weder Zeit noch Raum gab, es zu verarbeiten. Ich mache meinem Großvater keinen Vorwurf daraus. Fritz hat eine Familie gegründet und trotz seiner Verwundung sein ganzes Leben lang hart gearbeitet, um seine vier Kinder durchs Leben zu bringen. Und vielleicht ist es kein Wunder, dass er gerade mir, seinem Enkel, so viel Aufmerksamkeit entgegengebracht hat. Weil ich ihm als kleines Kind eine Nähe gegeben habe, die er an anderer Stelle vielleicht nicht bekommen konnte. Eine ähnliche Beziehung hatte ich später zu meiner Großmutter, die in Trauer und Depression versunken ist, nachdem mein Großvater so früh verstorben ist. Als Kind habe ich die Not meiner Großeltern gespürt. Insofern bin ich wohl nicht „parentifiziert" sondern „opafiziert".

Was mache ich nun mit dieser Erkenntnis? Ich merke, dass ich endlich einen Abschluss finden will in der Auseinandersetzung mit der Vergangenheit. Aber geht das überhaupt? Kann ich nun einfach einen Schlussstrich ziehen?

Ich denke an die Worte von Diana im Gorki Park in Minsk, die zu mir gesagt hat, dass es nicht darum geht, zu bewerten, ob das Verhalten meiner Großväter richtig oder falsch war. Sondern dass es darum geht, zu hoffen, dass sie stolz auf mich sind.

Was passiert, wenn ich mich darauf besinne, was ich an Qualitäten und Ressourcen von meinen Großvätern mitbekommen habe? Wenn ich darüber nachdenke, fällt mir einiges ein: Die liebevolle Art von Opa Fritz, sein geselliges Wesen und sein bedingungsloser Optimismus. Der Humor von Opa Hans, seine Verschmitztheit und sein Unternehmergeist. Der Fleiß meiner beiden Großväter und die Kraft, die sie aufgebracht haben, um Häuser zu bauen, Familien zu gründen und Kinder in die Welt zu setzen. Trotz ihrer Traumata. Meine Opas waren keine Helden im Dritten Reich. Sie waren Opfer wie Täter, Mitläufer und gleichzeitig Gefangene eines unmenschlichen Systems. Sie waren geprägt von dieser Zeit, und sie haben es geschafft, den Zweiten Weltkrieg zu überleben. Ohne sie würde es mich heute nicht geben. Ich erkenne das an, in all seiner Widersprüchlichkeit. Und ich spüre deutlich, dass es Zeit wird, den Blick nach vorne zu richten, in die Gegenwart, in mein Leben und auf meine Kinder.

Sie brauchen mich jetzt mehr als je zuvor. Als einen gut gelaunten und präsenten Vater. Als jemanden, der ihnen zeigt, wie das Leben

Freude macht. Wie man gut für sich selbst sorgt und die eigenen Träume verwirklicht.

Zum Abschluss meines Drehs plane ich eine gemeinsame Reise mit Antonia und den Kindern in meine ehemalige Heimat nach Nordhessen. Ich will ihnen den Ort zeigen, an dem ich aufgewachsen bin. Wir verbringen ein Wochenende in meinem Elternhaus in Bad Emstal in der Wohnung meiner Tante, die im Urlaub ist. In der Ecke eines Zimmers finden wir einen großen alten Bilderrahmen, der früher im Flur meiner Großeltern hing. Wie auf einem Stammbaum sind dort die Bilder aller Familienmitglieder angeordnet. Es ist spannend für Lola und Theo, Fotos von ihren Großeltern zu entdecken, als diese selbst noch Kinder waren. Unter den Bildern entdecke ich sogar eine alte Aufnahme meiner Urgroßeltern. Zusammen mit meinem Großvater stehen sie vor ihrem Haus in Pommern. Es ist das einzige Bild von Opa Fritz in Uniform, das ich kenne. Er sieht noch so jung aus. Vermutlich ist das Foto kurz vor seinem Aufbruch an die Ostfront entstanden. Ob er in diesem Moment schon geahnt hat, dass er seine Heimat und seinen Vater nicht mehr wiedersehen wird?

Wir gehen gemeinsam in den Garten, in dem ich als Kind so viel Zeit verbracht habe. Ich spiele Fußball mit Theo, wo ich früher mit meinem Vater gekickt habe. Wir entdecken eine Schaukel, die es damals nicht gab. Es ist ein milder, sonniger Septembertag. Die Kinder essen Himbeeren von den Sträuchern, klettern auf die Apfelbäume und pflücken sich ein paar der reifen Früchte ab. Vom Balkon unserer ehemaligen Wohnung im ersten Stock des Hauses ruft Alfred Zart herunter. Er ist ein alter Freund unserer Familie und hat die Wohnung meiner Eltern nach deren Auszug gekauft. Alfred lädt uns ein, nach oben zu kommen, um uns die Wohnung anzuschauen. Vieles sieht noch genauso aus wie früher. Es gibt sogar noch den alten Küchenschrank meiner Eltern, den ich wiedererkenne. Ich erinnere mich, wie ich im Alter von drei oder vier Jahren mit einer Freundin unserer Nachbarn in unserem Wohnzimmer gespielt habe. Einmal haben wir uns die Schallplattensammlung meines Vaters vorgenommen. Im Kühlschrank haben wir Leberwurst gefunden, die wir großzügig auf den Schallplatten verteilt haben. Dann haben wir entdeckt, dass man auf den runden Scheiben auch wunderbar Ski fahren kann und haben uns auf das Vinyl gestellt, um damit über den glatten Fliesenboden zu rutschen. Schließlich haben wir Blumenerde auf die Schallplatten gestreut und sie dann auf dem Plattenspieler laufen lassen. Meine Eltern waren nicht so begeistert, als sie unser neu erfundenes Spiel bemerkt haben. Meine Kinder lachen sich kaputt, als ich ihnen diese Geschichten erzähle. Im Vergleich dazu sind die Streiche, die sie mir heute spielen, richtig harmlos.

Abends sperren wir uns aus Versehen aus der Wohnung meiner Tante aus, weil wir den Schlüssel innen liegen gelassen haben. Ich klingele bei Alfred, der mit Werkzeug nach unten kommt. Fachmännisch hebeln wir das Glas aus der Wohnungstür und brechen in die Wohnung ein. Zum Dank lade ich Alfred auf ein Bier ein. Wir stoßen gemeinsam in der Küche an. Er wird richtig sentimental, als wir über die Zeit meiner Kindheit sprechen.
„Ich habe dich im Arm gehalten, als du ein Baby warst", sagt er zu mir und knufft mich freundschaftlich.

Als ich ihm von meiner Trennung erzähle, gibt er mir einen Rat aus eigener Erfahrung. Alfred hat selbst eine Scheidung von seiner ersten Frau hinter sich. Sie haben drei gemeinsame Kinder. „Ich wollte nie Krieg", erinnert er sich. „Man muss so auseinandergehen, dass man sich noch sehen kann", sagt er. „Da geht es um die Würde eines Menschen." Er schaut mich eindringlich an, so als ob er mir eine wichtige Botschaft mit auf den Weg geben will. „Ehre die Mutter deiner Kinder. Für dich bedeutet es inneren Frieden, wenn die Freundschaft zur Mutter deiner Kinder bleibt."

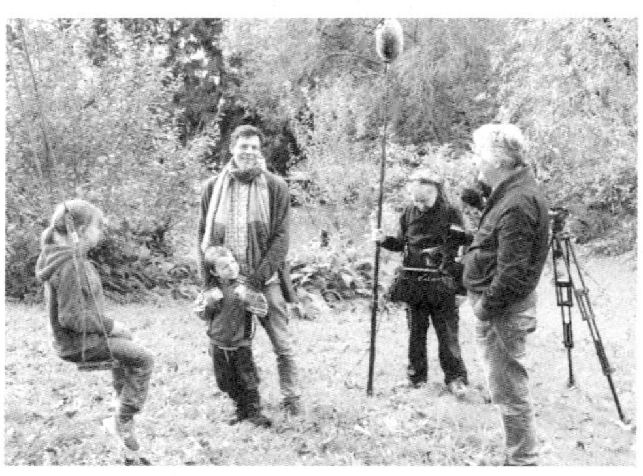

Mit Lola und Theo im Garten meiner Kindheit in Bad Emstal.

„Das ist schwierig“, sage ich ausweichend.
„Das kann nicht schwierig sein“, entgegnet mir Alfred entschieden, „wenn beide daran arbeiten.“ Ich nicke zustimmend und schaue ihn nachdenklich an.

Wir stehen noch eine ganze Weile zusammen in der Küche meiner Tante und sprechen über alte Zeiten. Wie gut, dass wir den Schlüssel in der Wohnung vergessen hatten.

Am nächsten Morgen gehe ich zusammen mit den Kindern meinen alten Schulweg entlang. Wir kommen an der Bäckerei vorbei, in der ich mir als Schüler „Mohrenkopfbrötchen“ und süßes Fruchtgummi gekauft habe. Es sind solche kleinen Erinnerungen, die das Gefühl von Heimat für mich ausmachen. Wir holen uns ein paar Brötchen. Die Inhaberin erkennt mich zunächst nicht wieder. Als ich ihr erkläre, wer ich bin, begrüßt sie mich herzlich wie einen verlorenen Sohn. Zum Abschied schenkt sie den Kindern ein paar Schokoküsse, wie sie heute heißen.

Wir fahren in den Schwarzwald zurück. Es wird Herbst. Der große Kastanienbaum vor unserem Haus verliert seine Blätter. Wie jedes Jahr säge ich mit meinem Vater Holz für den Winter. Dieses Mal hilft Theo uns dabei. Mein Vater steht an der Wippsäge und zerteilt die großen Meterstücke in kleinere Kaminscheite. Theo fährt mit seiner kleinen, roten Kinderschubkarre zu ihm, lädt sie voll und bringt das Holz zu mir unter die Treppe, wo ich die Scheite zu einem großen Haufen stapele.

Die Beziehung zwischen meinem Vater und mir hat sich durch unsere gemeinsame Recherche und die Reise nach Weißrussland verändert. Wir hatten schon vorher ein vertrauensvolles Verhältnis. Doch zwischen uns gab es eine unsichtbare Wand, die für eine gewisse Distanz gesorgt hat. Diese Wand löst sich langsam auf. Wir sind uns jetzt näher, das drückt sich auch körperlich aus. Es kommt hin und wieder vor, dass wir uns länger umarmen. Und es ist bestimmt auch kein Zufall, dass meine Eltern sich kürzlich entschieden haben, auch in den Schwarzwald zu ziehen. Sicher nicht nur, um ihre Enkelkinder öfter zu sehen.

Was ich in den sechs Jahren der Auseinandersetzung mit dem Krieg in mir gelernt habe, ist, dass es darauf ankommt, die richtigen Prioritäten zu setzen. Mir ist klar geworden, dass ich bislang meinen Beruf an die oberste Stelle in meinem Leben gestellt habe – so wie das vielleicht schon mein Großvater und mein Vater getan haben. Ich bin selbst zu einem viel arbeitenden Vater geworden, der manchmal innerlich abwesend ist. Vor lauter Leistungsdruck habe ich meine Beziehungen vernachlässigt, vor allem die Beziehung zu mir selbst.

Ich verstehe jetzt besser, warum meine Frau gegangen ist. Und ich weiß, was ich in meiner neuen Partnerschaft anders machen will. Ich gebe der Liebe den höchsten Stellenwert in meinem Leben. Denn unsere Beziehungen sind das, was unser Gefühl von Heimat und Geborgenheit im Wesentlichen ausmachen. Diese Erkenntnis erfüllt mich mit Freude.

Als es Winter wird, lassen meine Frau und ich uns scheiden. Es ist ein kalter Tag im Dezember. Das Ganze dauert keine halbe Stunde. Wir machen ein gemeinsames Foto vor dem Amtsgericht. Mir ist gleichzeitig zum Weinen und zum Lachen zumute. Im Anschluss gehen wir einen Kaffee trinken. Zum ersten Mal seit unserer Trennung führen wir ein versöhnliches Gespräch. Danach gehe ich allein in den Wald. Es beginnt zu schneien. Die dicken Schneeflocken legen sich sanft auf den grünen Waldboden und die Natur schlägt eine neue Seite auf in meinem Leben. Ich denke an Andres Worte von der Natur und den Kreisläufen, die sie abschließen muss. Ich schlage meinen Kragen hoch und mache mich auf den Heimweg. Es wird Zeit, dass ich aus dem Wald herausgehe.

Film- und Literaturempfehlungen

Erwähnte Dokumentarfilme von Sebastian Heinzel

Der Krieg in mir, 83 Min., Regie: Sebastian Heinzel, Produktion: Heinzelfilm und Mira Film, Loßburg/Zürich 2019.

Die Deutschen sind zurück – Spurensuche in Weißrussland, 60 Min., Regie: Sebastian Heinzel, Produktion: Heinzelfilm, Loßburg 2014.

Lost Paradise – Eine Reise nach Tschernobyl, 62 Min., Regie: Sebastian Heinzel, Produktion: Filmakademie Baden-Württemberg, Essence Film, Ludwigsburg 2008.

89 Millimeter – Freiheit in der letzten Diktatur Europas, 79 Min., Regie: Sebastian Heinzel, Produktion: Kloos & Co. Medien, Berlin 2005.

Samagon (Selbstgebrannter), 12 Min., Regie: Sebastian Heinzel und Eugen Schlegel, Produktion: HFF Potsdam-Babelsberg 2004.

Alle Filme sind erhältlich unter: www.heinzelfilm.de

Zitierte, genannte und empfehlenswerte Autoren

Adamowitsch, Ales: *Der Stumme* (Novelle), Belarus undatiert.

Alexijewitsch, Swetlana: *Der Krieg hat kein weibliches Gesicht*, Berlin 2004.

Alexijewitsch, Swetlana: *Zinkjungen. Afghanistan und die Folgen*, Berlin, 2016.

Bode, Sabine: *Die vergessene Generation. Die Kriegskinder brechen ihr Schweigen*, München 2004.

Bode, Sabine: *Kriegsenkel. Die Erben der vergessenen Generation*, Stuttgart 2009.

Hesse, Hermann: *Das Lied des Lebens. Die schönsten Gedichte*, Berlin 1986. S. 102

Hilbk, Merle: *Tschernobyl Baby. Wie wir lernten, das Atom zu lieben,* Köln 2011.

Kast, Verena: *Träume. Die geheimnisvolle Sprache des Unbewussten,* Ostfildern 2006.

Kast, Verena: *Imagination*, Ostfildern 2012.

Levine, Peter: *Trauma-Heilung. Das Erwachen des Tigers,* Essen 1998.

Neidhöfer, Loil: *Intuitive Körperarbeit*, Hamburg 2012.

Reich, Wilhelm: *Charakteranalyse*, Köln 1971.

St. Just, Anngwyn: *Soziales Trauma*, München 2005.

Zitierte Zeitungsartikel

Keine Laune des Schicksals, Interview von Matthias Daum mit Isabelle Mansuy, in: Die Zeit, 22.04.2014.

Bildverzeichnis

Archiv Familie Heinzel: Seiten 14, 19, 29, 62, 69, 71, 80, 162
Sebastian Heinzel: Seiten 29, 35, 57
Heinzelfilm GmbH / Adrian Stähli: Seiten 49, 85, 98, 117, 139, 145, 157, 169, 180
Heinzelfilm GmbH / Ilya Kuzniatsou: 98, 139
Heinzelfilm GmbH / Antonia Ehrhart: Seite 184

Danksagung

Dieses Buch ist entstanden durch die liebevolle Mitwirkung vieler wichtiger Menschen.

Zuallererst danke ich Elisabeth und Fritz Christian sowie Margarethe und Hans Heinzel für ihr Dasein als Großeltern und für alle Ressourcen und Qualitäten, die sie an mich weitergegeben haben.
Ich danke meiner Partnerin Antonia Ehrhart, die mich mit ihrer Liebe durch alle Höhen und Tiefen während der Entstehung von Buch und Film begleitet hat.
Ich danke meiner Mutter Dorothea und meinem Vater Klaus für ihr Vertrauen, bei meiner Spurensuche mitzuwirken und für ihre Präsenz als Eltern und Großeltern in einer turbulenten Zeit.
Ich danke Lola und Theo, den beiden wunderbarsten Kindern der Welt, und ihrer Mutter Liza Huber für ihre wertvolle Mitwirkung an diesem Projekt.
Ich danke meiner gesamten Familie für ihre Offenheit und ihre Teilhabe: meiner Schwester Tamara Woltert, meinem Cousin Sascha Zimmermann, Gisela und Klaus Richebächer, Brigitte Schmidt und Gudrun Schmidt.

Ein ganz besonderer Dank geht an Andre Jacomet, der mir die Augen für Trauma-Heilung geöffnet hat und mich bei meinem Projekt beratend begleitet hat. Danke auch an Jasmin Schuler, die mich mit Andre in Kontakt gebracht hat.

Ich danke Peter Levine, Anngwyn St. Just und Urs Honauer vom Polarity Center in Zürich, dass ich an ihrem Seminar „Globales Trauma“ teilnehmen und dabei filmen konnte.

Merci vielmals an Verena Kast für ihre Einladung nach St. Gallen und ihre leichte, humorvolle Art.
Merci beaucoup an Prof. Isabelle Mansuy von der Eidgenössischen Technischen Hochschule in Zürich für die Möglichkeit, ihre epigenetischen Forschungen zu dokumentieren.
Ein großer Dank gilt Nicole Saathoff für ihre historischen Recherchen sowie den Mitarbeitern vom Bundesarchiv in Berlin und Christiane Botzet vom Bundesarchiv-Militärarchiv in Freiburg.

Ich danke meinem gesamten Filmteam, ohne die DER KRIEG IN MIR nicht zustande gekommen wäre: Elke Baur, die während der Dreharbeiten verstorben ist, Susanne Guggenberger, Vadim Jendreyko, Anna Martensen, Adrian Stähli, Markus Egloff, Sascha Seidel, Cassis Birgit Staudt und Igor Shin Moromisato.

Ich danke allen Menschen, denen wir in Belarus begegnet sind: Ilya Kuzniatsou für die Organisation des Drehs und seine Übersetzung; Alexander Metla, seinem Vater, dem Team und den Mitwirkenden in der „Stalin Line"; Diana Darazhok und allen Darstellern des Stückes „Der Stumme" des Janka Kupala Theaters in Minsk.

Mein tiefer Dank gilt den Zeitzeugen Valentina Dimitreyevna, Afanasi Sagradski, Michail Barinkow, Nikolaj und Vera Mircherev. Es sind Begegnungen, die ich nie vergessen werde.

Ich bin dankbar für die steten Ermutigungen meiner Lektorin Ursula Kollritsch, noch persönlicher zu werden.
Ich danke meinem Verleger Joachim Kamphausen, Marianne Nentwig und dem gesamten Team von Kamphausen für die vertrauensvolle und geduldige Zusammenarbeit und Kerstin Fiebig für die Gestaltung des wunderbaren Titelmotivs für Buch und Film.

Herzlichen Dank an Rose Marie Gasser Rist, Susanne Hülsenbeck, Lietta Schröder und Sebastian Züger für ihre Begleitung während meines Schreibens.

Ich danke allen Menschen, die dazu beigetragen haben, dass dieses Projekt gelingen konnte, insbesondere Christian Cloos, Andres Veiel, Matthias Winter, Jonny Stadler, Franz Ruppert, Sabine Bode, Kathrin Fox, Andrea und Veit Lindau, Urs Augstburger, Iris Wangermann und Merle Hilbk, die mich zu diesem Projekt inspiriert hat.

Und ich danke mir selbst, dass ich mir meinen Kindheitstraum vom Schreiben tatsächlich verwirklicht habe.

Mein Dank gilt auch dir, liebe Leserin, und dir, lieber Leser, für deine Aufmerksamkeit.

Ich freue mich, wenn Du mir schreibst, was mein Buch mit dir gemacht hat, gerne per Post: *Sebastian Heinzel, Reinerzauer Str. 9, 72290 Loßburg* oder per E-Mail unter: info@derkrieginmir.de

Sebastian Heinzel, November 2019

Über den Autor

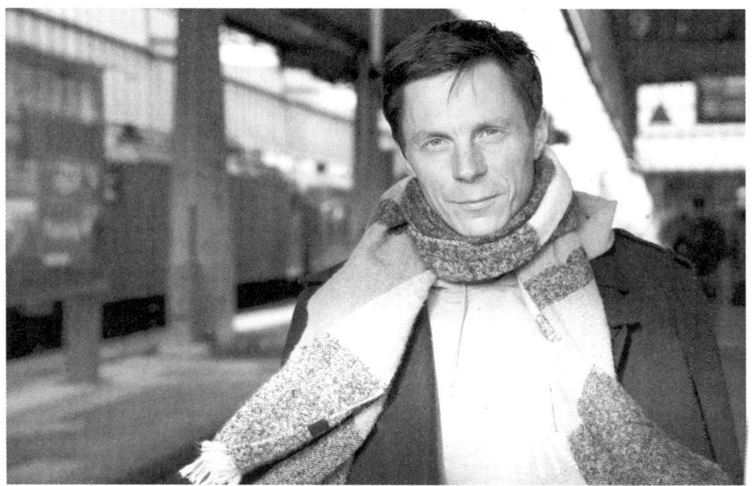

Foto: Charlotte Fischer

Sebastian Heinzel, geboren 1979 in Kassel, ist Autor, Regisseur und Filmproduzent. Bereits vor seinem Regiestudium an der Filmakademie Baden- Württemberg realisierte er die beiden Dokumentarfilme „b24 – 24 Stunden Berlin“ und „89 Millimeter“, die in Deutschland und Österreich im Kino gezeigt und international vielfach ausgezeichnet wurden.

2010 gründete er seine eigene Filmproduktionsfirma, heute die Heinzelfilm GmbH. Mit anderen Gleichgesinnten ruft er den gemeinnützigen Verein „Kulturwelten“ ins Leben und organisiert Filmfestivals und Veranstaltungsreihen. Er leitet kreative Filmworkshops und Seminare in Deutschland und auf internationaler Ebene. Heinzel ist zweifacher Vater und lebt auf einem Biobauernhof im Schwarzwald.

www.heinzelfilm.de **www.derkrieginmir.de**